社交力
如何打造你的个人品牌

THE FINANCIAL TIMES GUIDE TO SOCIAL MEDIA STRATEGY

（Martin Thomas）
[英] 马丁·托马斯 著
石峰 译

图书在版编目(CIP)数据

社交力：如何打造你的个人品牌 /（英）马丁·托马斯(MARTIN THOMAS)著；石峰译 . -- 北京：现代出版社，2020.10
ISBN 978-7-5143-8720-9

Ⅰ．①社… Ⅱ．①马… ②石… Ⅲ．①互联网络—传播媒介—研究 Ⅳ．① G206.2

中国版本图书馆 CIP 数据核字 (2020) 第 191287 号

版权登记号　01-2020-5714

This Translation of The Financial Times Guide to Social Media Strategy is published by arrangement with Pearson Education Limited.
本书中文简体字版由 Pearson Education（培生教育出版集团）授权现代出版社有限公司在中华人民共和国境内（不包括香港、澳门特别行政区及台湾地区）独家出版发行。未经出版者书面许可，不得以任何方式抄袭、复制或节录本书中的任何部分。本书封面贴有 Pearson Education（培生教育出版集团）激光防伪标签，无标签者不得销售。

社交力：如何打造你的个人品牌

作　　者：	［英］马丁·托马斯 (MARTIN THOMAS)　著
译　　者：	石　峰
选题策划：	杨　静
责任编辑：	杨　静　赵海燕
出版发行：	现代出版社
通信地址：	北京市安定门外安华里 504 号
邮政编码：	100011
电　　话：	010-64267325　64245264（传真）
网　　址：	www.1980xd.com
电子邮箱：	xiandai@vip.sina.com
印　　刷：	三河市宏盛印务有限公司

开　　本：	880mm×1230mm　1/32		
印　　张：	10.25	字　数：	224 千字
版　　次：	2020 年 11 月第 1 版	印　次：	2020 年 11 月第 1 次印刷
书　　号：	ISBN 978-7-5143-8720-9		
定　　价：	59.80 元		

版权所有，翻印必究；未经许可，不得转载

致艾莉森、丹尼尔和路易

目　录

快速参考指南 / 001
来自《金融时报》档案库的文章 / 003
出版社致谢 / 005
关于作者 / 006
致谢 / 008
前言 / 010

第一部分　计划——制定成功的社交媒体策略 / 001

第一章　定义目标 / 004
第二章　评估成功 / 014
第三章　创建操作系统 / 025
文章 3.1　网上的仇恨和辩论难以划分界限 / 073

第二部分　付诸行动——利用社交媒体的力量发展业务 / 077

第四章　交付核心社交媒体计划 / 079
第五章　充分利用社交情报 / 095
文章 5.1　大数据能否革新政府决策？ / 105
第六章　使用社交媒体促进销售和市场营销 / 112
文章 6.1　网红来袭 / 139

文章6.2　广告商敦促脸书和谷歌建立标准机构 / 145

第七章　拥抱社交客户服务 / 148

文章7.1　蹒跚学步的孩子给企业主上了一堂在线客户服务课 / 158

第八章　重振内部沟通 / 161

文章8.1　脸书表示，这意味着业务正在进行中 / 168

文章8.2　在工作中使用WhatsApp的危险 / 171

第九章　转变企业文化 / 175

文章9.1　商业：如何破除官僚主义 / 182

第三部分　内部审查——管理风险与评估绩效 / 188

第十章　避免问题与处理危机 / 190

文章10.1　企业争相打击"虚假新闻" / 213

第十一章　审核绩效 / 217

第四部分　成为——完善个人资料与提高领导技能 / 226

第十二章　提高社交媒体素养 / 229

第十三章　管理个人品牌 / 242

文章13.1　个人品牌提高了销量 / 261

文章13.2　MBA学生如何充分利用领英 / 265

第十四章　使用社交媒体作为领导工具 / 269

文章14.1　"菜鸟"首席执行官在社交平台上大展宏图 / 284

结语 / 289

快速参考指南

本书很自然地将重点放在战略思维和策划上,不过,在如何充分利用社交媒体和避免陷阱方面,我也努力提供实用建议。若想直接阅读相关指南,可参考以下内容。

指南	
如何决定是否创建其他社交媒体账户	
如何增加粉丝数量	
如何动员高级管理团队成为社交媒体的代言人	
如何动员员工成为社交媒体大使	
社交媒体政策该包括哪些内容	
如何对候选社交媒体活动进行筛选	
如何制订对话管理流程	
如何在监管严格的行业中处理社交媒体对话	
社交媒体调整政策该包括哪些内容	
如何制订社交媒体内容计划	
如何选择合适的共事社交媒体影响者	
如何计划和开展有偿社交媒体活动	
如何使用社交聆听来指导策略性规划	
如何维持内部社交媒体的使用	
如何减少客户投诉的负面影响	

如何避免站在监管人员的对立面	
如何避免不公正解雇的索赔	
如何修复负面的网上形象	
如何避免沦为网络欺诈的牺牲品	
如何成为高效网络工作者	
企业领导如何减少使用社交媒体的风险	

来自《金融时报》档案库的文章

我已获得英国《金融时报》的许可，可以从其出色的 FT.com 档案库中精选一系列有关社交媒体的文章。我将这些内容插入本书相关章节的末尾，若您希望直接查看一篇特定文章，可以在这里找到。

主题	文章	页面
内容审核	网上的仇恨和辩论难以划分界限 许多企业雇用内容审核员，但很难保证讨论富有建设性	[文章 3.1]
社交聆听	大数据能否革新政府决策？挖掘数字信息以获取准确、最新的经济快照，助力官员更快、更好地作出决策	[文章 5.1]
网红营销	网红来袭　新一代社交媒体明星正在用真实性的承诺来吸引品牌	[文章 6.1]
社交媒体广告	广告商敦促脸书和谷歌建立标准机构——各公司希望技术组织采用共同的政策来过滤不当内容	[文章 6.2]

主题	文章	页面
社交客户服务	蹒跚学步的孩子给企业主上了一堂在线客户服务课——社交媒体放大了那些曾经几乎不被注意的负面评论	[文章 7.1]
社交媒体与内部沟通	脸书表示，这意味着业务正在进行中——公司网络产品的推出将对现有企业软件制造商构成挑战	[文章 8.1]
社交媒体与企业文化	商业：如何破除官僚主义——从一家创新的初创公司到因繁文缛节而负担过重的公司，这可能只有一步之遥	[文章 9.1]
虚假新闻	企业争相打击"虚假新闻"——各品牌（从星巴克到好市多）均受到骗子的攻击	[文章 10.1]
个人品牌创建	个人品牌提高了销量——自由职业的兴起使得在社交媒体的喧嚣中推销自己变得更加重要	[文章 13.1]
个人品牌创建	MBA（工商管理硕士）学生如何充分利用领英——商学院鼓励学生塑造自己的良好个人形象	[文章 13.2]
社交媒体与领导力	"菜鸟"首席执行官在社交平台上大展宏图——向活跃在推特中的少数老板学习	[文章 14.1]

出版社致谢

对于以下许可使用版权材料的信息,我们深表感谢:

《肩负拯救人类的使命》(莎朗·拉弗,麦德龙,2017 年 10 月 13 日),第 123 页。https://www.metro.news/on-a-mission-to-save-humanity/779321/。

关于作者

作者马丁·托马斯曾在营销传播行业的各领域工作过，并在一些世界领先的媒体、公关、广告和赞助机构担任过高级管理和策划职务。他曾为客户，如施乐、索尼—爱立信、乐高、高露洁—棕榄、诺威奇联合保险、可口可乐、花旗银行、卡夫、绝对伏特加、时代啤酒、摩托罗拉和皇家邮政等，策划过卓有成效的营销传播活动。

目前，他是英国企业董事协会的数字和社交媒体课程主管，负责培训高级经理掌握一系列数字技能，另外，他还主持过30多场数字和社交媒体会议。

他的工作重点是研究各组织如何应对数字化客户的行为和不断变化的客户期望，在该领域成绩卓著，是位备受尊敬的作家、演讲者和评论员。他的处女作《人群冲浪》（与大卫·布莱恩合著），旨在研究世界各机构如何应对客户的增权赋能。在第二部作品《宽松》中，他探讨为什么组织机构必须采取一种较为宽松的思维和工作方式，才能在这个错综复杂、社交联系紧密的世界中生存和发展。

马丁·托马斯还是英格兰英联邦运动会非执行董事，以及皇家艺术学会会员，并曾担任英格兰体育协会的非执行董事（尽管他是一个骄傲的威尔士人）。

他的推特账户是：@Crowdsurfing；领英账号是：linkedin.

com/in/martinthomas-marketing。

"我特别喜欢马丁·托马斯的社交媒体工作。虽然现在有许多社交媒体产品,但那些身处董事地位的人,又有几个能在给自己的组织把控方向的同时,还能与社交媒体和年轻一代与时俱进?像马丁·托马斯这样的人实在少见。"

——西蒙·哈斯拉姆博士,英国企业董事协会战略咨询顾问、杜伦大学商学院客座研究员

致谢

编写本书的灵感源自我与好友詹姆斯·塞勒森的交谈,詹姆斯曾与我共事过。在他和约翰·阿诺德的鼓励下,我随即提笔写书。培生教育的埃路易斯·库克提出了许多实用性建议,在将初始概念发展为成熟理念方面发挥了重要作用,并说服英国《金融时报》将本书列入指南丛书之一。

在研究和撰写本书的过程中,最大的乐趣莫过于,我有幸采访了许多最聪明、最优秀的社交媒体和营销传播从业者和思想者。下列人员为本书提供了思路,为我提供了新鲜逸事和新的案例研究:大卫·布雷恩,马特·巴兰廷,坦妮娅·约瑟夫,罗兰·迪瑟,马歇尔·曼森,珍妮·阿什莫尔,加文·库姆斯,达米安·科贝特,克莱夫·罗奇,休·戴维斯,吉米·麦考夫林,杰里米·霍洛,罗宾妮·安德森,西蒙·哈斯兰,托马斯·舒尔茨·贾戈,马修·杰沃斯,迪·卡希尔,迈克·丹尼尔斯,威尔·麦金尼斯,安·查尔斯,莉桑·柯里,迪恩·德鲁,托米·洛尔希,阿拉斯泰尔·戈纳尔,迈克尔·贝茨,保罗·法布雷蒂和安东尼·特里戈。对于他们的贡献,我深表感谢,书中若有任何谬误,均与他们无关,完全应归咎于本人。

本书在很大程度上借鉴了过去几年来我在英国企业董事协会社交媒体研讨会上的讲话。在此,我要感谢英国企业董事协会的教学团队，尤其是课程主管西蒙·哈斯拉姆先生，正是由于他的大力支持，使得原本未列入董事议程的这门课程得以开设。我还要感谢研讨会与会代表在拓展我对学科领域知识和理解方面所给予的帮助。

查理·梅西和路易斯·托马斯的研究技能，以及丹尼尔·托马斯和阿比盖尔·塞勒森有关真正数字原住民社交媒体行为的洞察力，对我编写本书帮助颇多，对此我表示衷心感谢。此外，艾莉森与我朝夕相处，无微不至地照顾我的生活，在此我深表谢意！

前言

社交媒体已成为我们职业和私人生活中不可或缺的一部分。它正在转变客户服务、市场研究、人员招聘、销售、市场营销和内部沟通的方方面面，有助于我们发展替代商业模式和新的公司结构。就我们而言，正确理解社交媒体的力量、潜力和缺陷，已刻不容缓。

本书讲述如何通过采用专业和策略性方式来使用社交媒体，从而取得更好的效果，开展更有效的宣传活动，建立更有价值的业务网络，收集更有效的商业情报，以及增强客户的忠诚度并转变公司文化，与此同时，更好地应对自己和组织所面临的风险。

几乎所有的公司、慈善机构、社团和公共部门组织都拥有某种形式的社交媒体。大多数人的智能手机中都安装有各种应用程序，并乐于拥抱"主题标签"和"自拍"这样的术语。很多我们选举出的政客经常直接访问推特，有些干脆使用推特来设置政治和媒体议程。名人的相对知名度则取决于他们在照片墙（Instagram，一种社交媒体）上的粉丝数量。年轻的视频博主纷纷成了网红。如果人们对某产品或服务不满意，则直接发推文或发帖投诉，而不会付诸传统的客户服务渠道。聊天应用程序，比如 WhatsApp，正在取代电子邮件。脸书在广告市场中所占的份额不断增加，并已成为所谓"假新闻"网络战争的决定因素，这种网络战争似乎可以决定选举和公投的结果。在过去，社交媒体曾被视为商业世界中无足轻重的边缘产品，如今却越来越引起企业董事的重视。

我们越来越意识到，当事情出错时会对个人和组织造成巨大的声誉损害。员工对客户投诉处理不善，社交媒体使用不当，以及员工过度共享敏感信息（通常是无意间），都是常见问题。这会使组织暴露在一系列新的风险面前，而组织现有流程、政策、危机管理程序以及员工培训，均不足以应付这些风险，其结果会令组织感到措手不及，无计可施。一般说来，员工的智能手机往往存在潜在隐患。并非所有的风险都可以避免，不过，按照我所述的方法操作，只要有正确的计划、系统和流程，风险造成的后果都可以得到缓解和控制。

就个人层面而言，我们在潜在雇主和同事心目中的形象，越来越由我们的社交媒体足迹所定义——我们通过帖子、推文、状态更新、评论等留下的轨迹。不管我们处于职业生涯的哪个阶段，若我们想建立有效的社交网络，创建有用的人脉关系，以及获得下一次工作或商业机会，我们均需管理好自己的个人品牌。

一代企业领导者越来越将社交媒体视为其手中的强大领导工具，他们希望通过自己的帖子和推文向员工和其他股东分享自己的观点，展示自己开放、协作的领导风范。这种利用社交媒体吸引利益相关者参与并推动公司议程的能力，将成为具有前瞻性思维的首席执行官工作职责的一部分。

从"为啥社交"到"如何社交"

2008年左右，我开始主持社交媒体会议并举办研讨会（主题："新经济的悠久历史"），我常被问到的问题是"为什么我们要费心在这个领域投资"或"我如何说服首席执行官让我们开始使用社交媒体"。同样，当我问人们为什么使用社交媒体时，他们的回答往往是"因为别人在用"或"因为我们不想显得太落伍"。如今，我常被问到"我们如何才能在战略层面上更有效地使用社交媒体"？由此可见，讨论的焦点已从"为啥要社交"转变为"如何更好地社交"。在本书中，我将讲述这种重点的转移。

在过去10年中，我花费大量时间研究、探讨和撰写有关数字媒体及其对组织结构和行为影响的文章，并编写两本书。[①] 更为重要的是，我一直在为英国企业董事协会（世界顶尖商业组织之一）举办社交媒体培训讲习班。班上的学员包括董事会主席和首席执行官、非执行董事、中小学校长、银行家、工程师、企业家，以及人力资源和市场营销负责人。他们来自不同的社会背景，却面临相同的挑战。他们正在积极寻找如何管理风险，采取更具战略性的方法并获得更大投资回报，意图解决共同面临的诸多问题。本书的大部分内容是基于研讨会期间所进行的讨论和辩论的提炼总结。

这些类型的辩论很重要。我在英国企业董事协会的同事西蒙·哈斯拉姆博士是英国杜伦大学商学院的战略顾问和访问学者。

[①] 笔者与戴维·布莱恩合著《人群冲浪：在消费者增权时代生存和发展》（2008年9月，A&C Black出版社）；《宽松：商业的未来在于放手》（商业头条Plus，2011年3月）。

他表示，"推动变革的最强大催化剂是，董事集聚一堂，与同行进行实际交流，探讨如何拥抱社交媒体，分享现实生活中的真人真事。社交媒体的发展尚未定型，我们必须一起讨论，共同研究其中的规则"。

哈斯拉姆关于社交媒体"尚未定型"的观点，值得重申。社交媒体是诸多没有明确答案的新事物之一，此外，我们对什么是社交媒体最佳实践的理解也在不断演变。各社交媒体公司似乎患有集体注意力不足症，这意味着主要平台的功能、特征和格式似乎在不断变化。特别是，社交媒体公司用来决定新闻来源内容（包括品牌或个人提供内容之间的平衡）的算法，均处于不断变化的状态。

虽然产品的特征和算法会发生变化，但良好的战略思维和规划的基本要素不会改变。本书的目的在于，不管硅谷的聪明工程师决定设计什么新功能，我们都要制定出经得起时间考验的原理、流程和方法论。

谨慎职责

人们在社交媒体上发表错误言论往往会丢掉工作，例如批评公司、老板、同事和客户，或共享机密或不当信息。在大多数情况下，这些行为是无意的，反映出私有领域和公众领域之间过于常见的混淆——人们将其评论视为朋友之间的私人对话。一般来说，人们在其他场合往往不会发表其在社交媒体上的言论[1]，这便是心理学家定义的"在线禁忌效应"。当他们得知自己在社交媒体中所发表或共享的任何内容实际上是在公众领域时，他们通常会感到震惊。高管还发现，因其通过推文和帖子意外地泄露敏感财务信息，而将其置于监管机构的对立面。

我们生活在这样的社会中，共享（有些人甚至认为过度共享）已成为许多人的常态。美国一家主要银行的隐私和信息管理全球总监表示："就我而言，最大的风险莫过于员工在社交媒体上披露有关客户信息。鉴于参加工作的千禧一代员工不断增加，这种风险尤为普遍，因为他们习惯于通过社交媒体分享个人信息及其当前的许多活动。有时，他们过多披露自己的私人生活，会对他们的职业生活造成影响，因此，我们需要对此保密。"

千禧一代面临的其他挑战是，终其一生，他们都离不开网络。他们在过去行为上留下的数字痕迹或足迹，可能会使他们在公司晋升过程中陷入麻烦。[2]

组织有责任关心其员工，确保他们充分了解社交媒体所带来的风险和机遇，特别是过度分享和不加限制评论带来的危险。这需要组织付出更多的努力，而不是简单地为员工手册制订一套社交媒体指南。适当培训和支持对所有员工都至关重要，而不仅仅是那些直接参与社交媒体活动的人员。

---

[1] 许多崭露头角的公众人士因其社交媒体活动所暴露的昔日轻率行为或幼稚态度，而使其名誉受损。正如FT.com这篇文章所强调的那样，对于年轻政客而言，这是一个特殊问题——《千禧一代政治人士正视其网络过去》（2018年1月19日发表）。

[2] 埃森哲在《管理社交媒体风险和合规的综合方法》中引述。

采取策略性方法的重要性

大多数组织开始使用社交媒体时，往往没有明确的战略目标。其脸书网页和推特账号都是临时设置，有关它们的用途以及如何让不同利益相关者受益，多数组织均未能特意作出规定，因为在他们的心目中，只要安装了社交媒体就足够了。很少有人问这种简单的策略性问题，比如，为什么我们要这么做？这如何为客户增加价值？是否满足客户的实际需求？我们通过做其他事情能否更经济更有效地实现我们的目标？

微软公司搜索和社交媒体全球总监保罗·法布雷蒂指出，"与大多数其他学科（存在于更成熟的结构中，因而具有目的性、独特性和衡量性）不同的是，组织的社交采纳具有无组织和碎片化性质，这意味着，组织在建立社交声誉方面没有取得任何进展，就像流量或媒体（点击/转化）一样。只要问任何人什么是好的社交，您会得到一大堆不同的答复"。

新经济似乎忽视了策略性规划，使得问题进一步恶化。"快速失败、经常失败"已成为硅谷的口头禅，精英们往往利用深思熟虑、仔细分析以及对流程和策略严谨性等放任态度来证明自己急躁是合理的。当算法可以在十亿分之一秒内提供解决方案时，人类思考问题的行为可能会表现出自我放纵，而规划这门学科则被视为毫无必要性。既然可以测试所有可能的选项，直至找到解决方案，为什么还要费心去寻找正确答案呢？在许多新经济运作的领导人中，也存在一种趋势，即摒弃早期公认的观点和做法，其中包括他们认为过时的规划、流程和公司管理。这导致了对战术和技术的片面关注，从而忽视策略性思维。

这种临时性、非结构化方法造成的直接后果是，大多数组织缺乏健全的系统和流程或资源，无法充分利用社交媒体最大限度地降低其风险。这意味着：

- 活动和投资与组织优先事项或客户需求不符。
- 社交媒体渠道和账户的组合缺乏任何策略性逻辑。
- 有一些"孤儿"企业账户，粉丝少得可怜，这些账户的主人几个月甚至几年都没有发布推文或帖子。
- 结果可能不一致且难以评估。
- 造成时间和金钱的浪费。
- 团队成员不清楚他们的具体职责或目标。
- 社交媒体功能所有权在不同部门之间存在争议。
- 来自社交媒体的宝贵情报和信息未在整个组织中得到广泛共享。
- 许多管理者对社交媒体价值持怀疑或冷漠态度，因此对任何重要投资都很谨慎。这往往会造成恶性循环，其中怀疑态度会导致投资不足和缺乏高级管理者的关注，这意味着投资结果会更差，甚至使管理者对投资更加不屑一顾。
- 组织不经意间暴露于不必要的风险中。

在本书中，我将通过重点关注支撑所有社交媒体活动和投资的策略性思维、规划和流程来帮助您解决这些问题。

定义社交媒体

标签"社交媒体""社交网络"和"社交技术"往往可以互

换使用。在本书中，我通常使用"社交媒体"一词，因为它已成为使用最为广泛的描述符号。但不幸的是，它倾向于鼓励人们将其简单地视为另一种媒体渠道，因而它是营销部门的主要职责。

毫无疑问，通过在营销组合中纳入社交媒体，可以加强营销传播活动。因此，几乎不可能找到不包含重要社交媒体内容的营销案例研究或获奖活动。但是使用社交网络技术会有更广泛的潜在好处。社交媒体带来的大部分价值与营销无关。客户服务、内部沟通、市场调研和创新等领域可以通过使用社交媒体得到改善，而且通过节省成本或提高效率所带来的经济效益也相当可观。在打破内部壁垒，鼓励协同工作甚至创建新型"社交业务"方面，社交技术扮演着至关重要的角色。全球组织设计的顶尖专家之一罗兰·迪瑟告诉我，"社交技术"是"推动我们迈向 21 世纪组织的催化剂"。[①]

社交媒体网络或社交技术异常多样化。将它们统一成"社交"是因为它们为人们提供了交流、合作、共享和贡献的工具。对它们进行分类可能很困难。它们中的许多方面都是为了满足不同使用者的不同需求——难道脸书只是一个与朋友和家人分享信息的平台、一个社区布告栏、一个新闻聚合器、一个替代娱乐渠道或世上最强大的广告渠道吗？ 油管（YouTube）因其视频而闻名遐迩，但也是仅次于谷歌的全球最受欢迎搜索引擎。拼趣（Pinterest）

---

① 罗兰·迪瑟是彼得·德鲁克和伊藤正敏管理研究生院未来中心的主任，著有《设计智能组织：突破性企业学习计划如何推动战略变革和创新》，Wiley 在线期刊数据库 2009 年收录。

将自己描述为"思想搜索引擎,而不是社交网络"。①

也有其他技术我们甚至不认为它们具有社交意思,却具有社交要素,比如音乐、播客和视频流服务"声破天"(流媒体音乐平台),在过去的几年中,"声破天"一直稳步在其产品中增添社区和社交要素,并鼓励人们与朋友一起分享音乐。此外,"声破天"还引入了聊天功能。

聊天应用程序(顾名思义)起初是简单的消息传递平台,目前正经历一场特别有趣的演变。现在,各公司使用它们来提供除传统语音、文本和视频通信之外的一系列复杂服务,包括客户服务、个人银行业务和在线购物等。这便促成新的社交媒体类别的出现,即"会话商务",它描述了使用聊天应用程序可以购物——买主可以与真人或聊天机器人交谈,访问产品评论和推荐,以及进行购物,所有这一切都可以在聊天应用程序中进行。②

我尝试将最常见的平台或渠道汇集在一张表中。这份表格并不详尽无遗,但它说明"社交"一词所涵盖的范围是如此之广。

- 通用社交媒体平台,如:脸书、推特、照片墙、谷歌+和拼趣。
- 新闻和内容聚合器,例如红迪网。
- 专业网络平台,例如领英(LinkedIn)和星平台(Xing)。
- 视频上传、共享和查看网站,例如油管(YouTube)和高清播客网站。

---

① 引述于2017年9月14日的《金融时报》。
② "对话商务"一词由克里斯·墨西拿在2015年1月16日撰写的帖子中所创造(他赖以成名的许多原因之一是创建这个主题标签)。

• 聊天应用程序，例如色拉布（SnapChat）、瓦次艾普（WhatsApp）、电报和脸书即时通等。[①]

• 搜索和发现应用程序，例如 FourSquare。

• 内部交流和合作平台，例如 Yammer、Workplace（脸书开发的）、Basecamp、Trello 和 Slack。

• 网络视频直播，例如 Facebook Live 和流媒体直播服务 Periscope。

• 讨论论坛和聊天室，例如 doctors.net（在英国有 20 多万成员）和 Student Room（声称是世界上最大的学生社区，拥有 180 多万成员）。

• 专业应用程序，例如 ClassDojo，这是一个面向老师、学生和家长的社交媒体平台，已在 180 个国家使用，用于通知家长并奖励学生。

• 行业特定信息和合作平台，例如，金融服务领域的 Symphony 和 Enterprise IB。

• 发布平台，例如，Tumblr、Medium 或 Blogger。

• 问答平台，例如 Quora。

• 专业演示和共享平台，例如 SlideShare。

• 活动组织和会议平台，例如 EventBrite 和 Meetup。

• 维基（由社区使用者开发和编辑的网站），例如维基百科和维基自由新闻网。

• 评论和评级网站，例如，旅行中的 TripAdvisor 或招聘中的

[①] 脸书推出针对 13 岁以下儿童的 Messenger，许多评论人士认为此举颇具争议性。

Glassdoor。

- 相册，例如，Flickr。
- 个人健康和健身应用程序，例如 FitBit。
- 音乐流，例如声破天。
- 社交游戏平台，例如 Twitch。

正如您所看到的，社交媒体范围几乎是无穷无尽的。因此，首先应该将注意力放在利益相关者花费大量时间的社交媒体渠道上，或对他们的行为和态度产生最大影响的渠道上。这就是为什么大多数组织将精力放在脸书、照片墙、油管、推特、领英以及色拉布和拼趣上。然而，忽视那些知名度不高的社交媒体技术所提供的机遇将是一个错误，您绝不会知道下一个色拉布何时会出现，以挑战成熟玩家的霸权。

同样重要的是，避免过度迷信"以西方为中心"而不能意识到脸书和推特之外的世界。例如，在中国，有 WeChat（在中国称作微信）、QQ、QZone、百度贴吧、新浪微博和人人网等平台。在俄罗斯，VK（VKontakte）仍然是最受欢迎的网络。同样地，任何想在日本或印度使用社交媒体的人，都需要分别考虑 LINE 和 BBM 的优点。

推动文化变革

大多数组织在拥抱社交媒体时所面临的挑战，与其说是技术，不如说是文化。我与一位在英国领先金融机构工作的高级市场专员进行了交谈。他告诉我，"我们已开始使用推特，不幸的是，发布每条推文要花掉我们 10 天时间"。每条简短的文本需经过层层管理和严格的审批程序,包括金融监管、公司治理、语气和公司声誉方面的专家,这样做需要10天的时间。他半开玩笑地说,他需要"占卜师的先见之明,才能在10天时间内算出他想说的内容,并根据情况做出回应"。

这是一个完美的实例,它描述了社交媒体如何夸大有损大多数组织绩效的弱点。这家公司的问题不在于使用推特,而在于其内部流程和公司文化。几个月后,我遇到那位高级市场专员,他自豪地告诉我,审批流程缩短到只有4天,虽然不理想,但这算是一个重大突破。使用推特作为交流平台的挑战,促使高级管理团队第一次(可能是第一次)就审批流程、决策层级及其对风险的偏好展开了认真的对话。

社交媒体是大多数机构的一面镜子,它向他们展现的形象并不特别有吸引力。它揭露了他们工作拖沓、缓慢。它让他们感到不舒服,迫使他们在没有常规的检查、合规程序和流程的情况下,尽快作出决定。它挑战了公司等级制度和传统的权力结构。它迫使各部门相互对话,并要求采用更为综合的方案。它使得许多传统知识变得多余,并避免公司权力走廊中出现控制怪胎。一位英国首席执行官在我主持的一次社交媒体会议上,对挑战进行了一番相当平淡的概括,"我们并没有为此做好准备"。

组织对"此事"的反应,要么接受变革的机会,要么抱着社交媒体最终消亡的渺茫希望,继续得过且过。幸运的是,有迹象表明推动变革的力量占了上风。精明的首席执行官及其董事会同事们已经认识到,全面拥抱社交媒体过程中所遇到的诸多挑战无形中提供了一个绝佳机会,可以重组他们的组织,消除阻碍进步的内部障碍，并清理出使他们发狂的事情，例如"为啥我们团队不能更有效地协同工作？"和"为啥我们在这上面要花这么长的时间才能作出决定？"。

在社交媒体时代兴旺发展的组织的文化特征恰好是那些简单的行为，它们始终是最成功企业业绩的基石：他们信任员工，在与利益相关者打交道时保持公开、透明，他们机敏，具有高超的即兴技巧，能够迅速地、恰当地应对任何针对他们的攻击，并能促进公司内部和外部高效协作。好的企业很少会遇到拥抱社交媒体的问题，同样，成功的社交媒体用户也总是好的企业。因此，正确选择企业文化，是拥抱社交媒体的关键。

本书的结构

本书分为四大部分，分别为"计划""付诸行动""内部审查"和"执行"。

第一部分：计划——作者阐释如何制定成功的社交媒体策略。描述如何定义目标，评估实现这些目标的成功率，以及如何创建操作系统、渠道、人员、政策和流程，这些都有助于更有效、更安全地使用社交媒体。

第二部分：付诸行动——作者解释如何利用社交媒体力量发展业务。在进入社交媒体可以为您的业务做出重大贡献的领域之前，我可以提供实用建议，以实施核心社交媒体方案（包括您需要的内容、工具和投资）——社交情报（使用从社交聆听中收集的数据）；销售和市场营销，客户服务；内部沟通和公司文化。在各个领域都能熟练使用社交媒体，将有可能开辟新的收入来源，降低运营成本和加强与主要利益相关者的关系。

第三部分：内部审查 —— 解释如何管理风险和评估绩效。作者描述了最常见的社交媒体问题，如何避免它们，以及如何处理危机。此外，作者还说明了如何对社交媒体表现进行综合审核。

第四部分：执行 —— 阐明如何培育个人社交媒体品牌和提高领导技能。作者描述了如何加强社交媒体素养，创建和培育个人社交媒体品牌，以及社交媒体如何在新一代商业和政坛领导人手中成为强大的领导工具。

作者在此图表中阐明了不同部分和各章之间的关系：

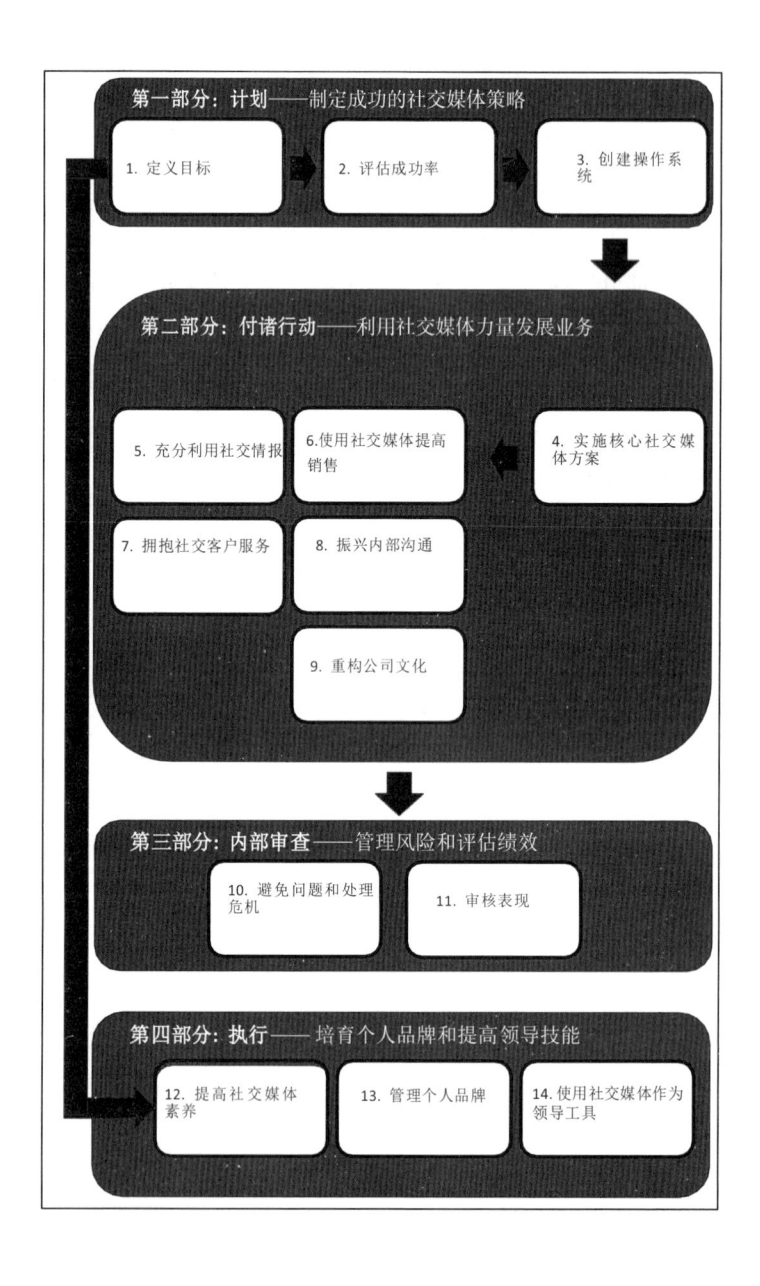

第一部分：计划——制定成功的社交媒体策略

1. 定义目标
2. 评估成功率
3. 创建操作系统

第二部分：付诸行动——利用社交媒体力量发展业务

5. 充分利用社交情报
6. 使用社交媒体提高销售
4. 实施核心社交媒体方案
7. 拥抱社交客户服务
8. 振兴内部沟通
9. 重构公司文化

第三部分：内部审查——管理风险和评估绩效

10. 避免问题和处理危机
11. 审核表现

第四部分：执行——培育个人品牌和提高领导技能

12. 提高社交媒体素养
13. 管理个人品牌
14. 使用社交媒体作为领导工具

各部分均包含案例研究、实用建议、推荐书目，以及对商业领袖、市场营销和社交媒体专家以及行业评论员的采访。除非另有说明，否则本书中所有引用均摘自这些访谈。

克莱·舍基在其名著《每个人都来了：没有组织的组织力量》（一本有关科技对人类行为影响的书）中提到，"通信工具只有在技术上变得无聊之后，才会引起社会的兴趣。"[1] 在某种程度上，社交媒体变得枯燥乏味：成为日常业务和日常消费行为的一部分。它不再是新颖科技或只是一时的时尚而已。因此，现在我们应该行动起来，重视它，为它制定策略。

---

[1] 《每个人都来了：没有组织的组织力量》（艾伦·莱恩出版社，2008年）。

第一部分
计划——制定成功的社交媒体策略

策略相当重要。若没有策略性规划，时间和金钱会浪费在与实际优先事项不符的战术活动上。过多关注输出——措辞巧妙的推文、吸人眼球的帖子、有趣的视频、精美的艺术指导图像、色拉布过滤器——却忽视了可评估的结果。机会错过了。坏主意漏网了，而好主意资金却不足。没有吸取教训，从而承担既不必要又可避免的风险。

撰写本书的主要目的在于鼓励您着手实施任何社交媒体倡议或进行任何重大投资之前，多思考、多分析、多做计划和多提问。这并不复杂或费时，也不阻止您尝试，毕竟最佳策略规划应鼓励对新想法的检测，但这些尝试应被视为更广泛计划的一部分，而非一次性或随机的计划。社交媒体提供了几乎无限的创意可能性，但讽刺的是，它可以提出自己的挑战。

失去策略重点的危险：瑞典的警示故事

瑞典金融报纸《达根斯工业报》委托拍摄了一部名为"有史以来最伟大广告活动"的电影。您可以在 YouTube[①] 浩如烟海的视频集中找到它。它描述了一个虚构的日本汽车品牌 Zebra 进入瑞典市场的情况。扣人心弦的实况报道描述了发起机构如何决定创建真正的动物园，并欢迎人们参与活动。在活动中，人们可以"命名斑马"，可以借助一系列社交媒体应用程序观看动物园实况录像，还可以在线参与有关动物园的对话。该影片引导观众经历了一系列创意十足的社交媒体策略，电影结尾更是一语双关，道出了观众的心声："我们汗流浃背地醒过来，仿佛做了一场噩梦"。

《达根斯工业报》的电影幕后人显然为了维护其既得利益，一方面不遗余力地推广传统平面广告，另一方面还积极蹭一蹭社交媒体的热度。但这样做，他们无疑提供了一个绝妙的范例，表明社交媒体的无尽可能性，会让团队的创造力过于天马行空，一不小心就走偏了方向。在这个故事（当然是虚构的）的某个阶段，幕后人忽视了最初的目标。

但愿，如果这是一个真实的案例研究，有人会发现发生了什么，并叫停这场疯狂的闹剧。这是一项关键的战略任务，要确保社交媒体活动负责人不要忽视核心目标，不会因一时的放纵创意或技术而走偏。

---

① https://www.youtube.com/watch?v=FOcujXpbkhg Dagens Industri，2010年4月。

本着所有商业书籍的精神，让我们从定义开始。我将策略定义为行动计划，包括分配必要的资源和保障措施，以实现预期目标。

在下图中，笔者将阐明策略规划的不同要素……

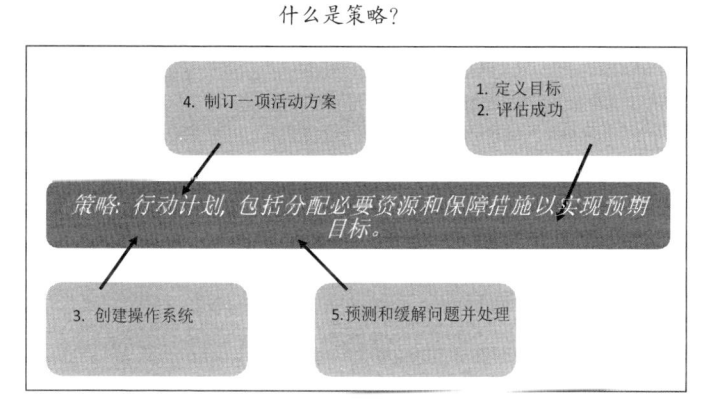

什么是策略？

```
                 ┌──────────────────┐      ┌──────────────────┐
                 │ 4. 制订一项活动方案 │      │ 1. 定义目标       │
                 │                  │      │ 2. 评估成功       │
                 └──────────────────┘      └──────────────────┘
                          ↘                        ↙
             ┌──────────────────────────────────────────────┐
             │ 策略：行动计划，包括分配必要资源和保障措施以实现预期 │
             │                    目标。                    │
             └──────────────────────────────────────────────┘
                          ↗                        ↖
                 ┌──────────────────┐      ┌──────────────────────┐
                 │ 3. 创建操作系统   │      │ 5. 预测和缓解问题并处理 │
                 └──────────────────┘      └──────────────────────┘
```

您会注意到，作者已将策略规划过程分解为以下几个阶段：

- 第一阶段——**定义目标**（请参阅第一章）。
- 第二阶段——**评估**您在实现这些目标方面的**成功**（请参阅第二章）。
- 第三阶段——创建我所描述的**操作系统**，其中包括需要部署的社交媒体渠道，以及需要落实到位的人员、政策和流程（请参阅第三章）。
- 第四阶段——制订**活动方案**，利用操作系统实现目标（请参阅第四章）。
- 第五阶段——确保风险管理保障措施落实到位（例如知识、技能和系统），以**预测和减轻问题并处理危机**（请参阅第十章）。

第一章
定义目标

为什么这很重要

　　清楚知道从社交媒体投资中获得什么,这点至关重要。在社交媒体发展的早期,许多组织着手开展紊乱的、无重点的一系列活动,或简单地在主要社交媒体渠道中设置象征性的账户等,这些事会让许多组织感到内疚,因为它们浪费时间和金钱,并可能意味着,他们正失去许多机会,并将其组织暴露于不必要的风险中。

　　定义目标就是确定优先级。社会媒体可以扮演各种不同的角色:

　　• **推广**——在客户和其他利益相关者中提高组织及其品牌、产品或服务的知名度或声誉。这往往是多数组织投资于社交媒体的主要原因——它为他们提供了接触和吸引目标受众的一系列渠道。

　　• **动员**——鼓励利益相关者采取某种形式的积极行为,例如访问网站,登录以获取更多信息或参与活动。

> 在社交媒体的早期,精通技术的社会活动家迅速发现社

交技术及其令人鼓舞的协作行为能够提供一种新方法来动员积极分子、支持者和其他志趣相投的人，为实现共同目的或共同目标而奋斗。通过在推特上创建脸书群或活动主题标签，可以克服通常处于不同位置的不同群体之间协同工作时所面临的挑战。喜欢一项活动或在线签署请愿书等之类的简单行为，可以为人们提供一种便捷的方式，公开表明他们对某一特定事业或问题的支持。一些人认为弱化版的大众行动主义是"松弛主义"或"黑客主义"而不予考虑，但它改变了竞选活动。

- **潜在客户**——确定和培育潜在的销售线索。这促进了新学科"社交销售"的出现，社交媒体的使用有助于联系的识别和培育，并将它们转变为潜在商机。

参加我的研讨会的一位代表解释了社交媒体如何在很大程度上取代传统的会议和展览，成为他的公司获取商业线索的首选方式。"我们在专业领域开展业务，我们知道需要联系5000名客户。以前，我们需要一个地方进行面对面的交流，不过，现在社交媒体比我们传统的交易预约方式更划算。"

- **招聘**——寻找和吸引新人才。这可以通过在领英或脸书上发布招聘广告达到目的，也可通过使用社交媒体向潜在招聘者展示本组织文化魅力来实现。

石油巨头皇家荷兰壳牌公司始终认为，为公司招聘最优秀人才是其投资社交媒体的主要动力之一。该公司全球招聘营销渠道经理说,"在过去的5年中,我们使用社交媒体,大大地增加了公司品牌的知名度,并通过与顶尖人才建立牢固关系以及更快、更聪明地雇用他们而获益颇多。像推特或脸书之类的渠道在这里发挥了重要作用,由于他们规模大,从而广泛地吸引了人们参与。多亏这些渠道和其他相关渠道,我们才能吸引各种各样的人才,并在至今尚未开发的地区也发现了人才"。①

O2电信网络公司主要通过展示公司文化和高质量的工作体验,利用社交媒体吸引数字人才加盟。该公司主管领导米歇尔·亚当斯在接受《人力资源》杂志的采访时说,"在O2,我们希望以一个令人兴奋的、快节奏的、处于数字化前沿的环境而闻名,因此我们必须保证,所有的愿望都可以在公司的社交媒体平台上得到体现,我们的在线个性需与人们在O2工作所获得的工作经验相吻合"。②

- **客户体验**——密切与客户的关系,发现潜在的问题,并提供更有效的客户服务体验。

Innocent Drink's 公司一直都是通信的创新用户。该公司社区经理海伦·兰登向《公关周刊》讲述了她在公司的作用,"从本质上讲,我们(社交媒体)团队存在的目的是照

---

① 里格宗编著:《社交化:石油天然气公司在招聘中使用社交媒体大获成功》。(2015年5月7日)
② 2015年1月26日《人力资源》的《正确利用社交媒体招聘》。

看整个公司……有些人会遇到真正的客户服务问题，但大多数时候我们只是在与人聊天，因此，社交媒体给予我们一个快乐的空间，并真正向人们展示了 Innocent 公司作为一个品牌的意义"。①

First Direct 以其典范的客户服务，在银行界赢得了备受尊崇的声誉，鉴于它没有分支机构，这可不是一个小的成就。该公司客户服务主管凯伦·沃克说，"我们的员工是公司业务的核心和灵魂，我们与客户沟通，意味着我们可以真正满足客户的需求。我们没有分支机构，因此当我们以客户喜欢的个人方式与客户互动时，我们会使用社交渠道将我们的个性服务延伸到办公室之外"。②

- **内部沟通**——增强员工对组织愿景和价值观的理解，并鼓励团队更有效地协作。

麦肯锡咨询公司的一项研究表明："社交工具影响了信息在公司的传播方式，从而改变了员工的工作方式，并最终形成了新的组织形式。由于组织面临着越来越多的敏捷需求，社交技术使得公司能进一步尝试新的公司结构和流程，这些结构和流程更多基于项目，自组织且层次结构较少。"③

---

① 2017年3月10日《公关周刊》的《社交媒体经理的自白：在监管"饮酒者"、"废话"和"投票站的狗"方面是无辜的》。
② 2015年12月23日《每日电讯》的《您的银行是不是太过于"酷"了》。
③ 2016年5月《麦肯锡全球研究院》的《社交工具如何重塑组织》。

- **洞察力**——增强对客户和潜在客户的需求和兴趣的了解。

> 三星电子通过发掘社交媒体的客户见解，努力在全球智能机市场争夺霸主地位方面赶超苹果公司，以量身定制其营销策略。它的分析人员与社交分析公司 Crimson Hexagon 合作，"揭开了趋势情绪反馈和购买意向的深刻见解。该平台提供围绕受众的人口统计数据，他们的兴趣和影响力以及每个社交媒体帖子基于特定情感的意思和意图"。[①]

- **创新**——与外部合伙人合作开发新产品。

> 联合利华通过社交媒体行为确定一批茶饮鉴赏家，并与他们合作开发了自己的抹茶绿茶产品。该公司数字化转型全球副总裁拉弗尔·韦尔德指出，"关键的想法是，实际上，社区可以从多维度改变企业，不但可以通过品牌爱好，也可以通过创造来吸引人们购买更多产品"。[②]

- **运营效率**——尤其对大型组织而言，社交媒体提供了降低业务成本，提高员工绩效，并促进引入更灵活、更敏捷的操作系统的机会。

> 作为名为"大升级"项目的一部分，RSA 保险集团自引入一种基于云计算的社交媒体解决方案以来，其内部电子

---

① 2017 年 10 月 20 日《英国计算机世界》的《三星如何使用社交媒体分析来了解客户并指导战略》。

② 2017 年 10 月 9 日《营销周刊》的《联合利华支持语音进行数字转型》。

邮件流量减少了40%。据该集团传播、品牌和社交媒体主管简妮·伯恩斯介绍，"我们大多数员工都在家使用社交媒体，因此，为他们的商务生活提供类似技术不是件费心的事。我们旨在将1.9万名员工置于一个虚拟的屋檐下，这样，他们就能在全球范围内协同，提高客户服务，降低成本，最大限度地提高生产力"。①

一家公用事业公司声称，如果客户原本会联系公司呼叫中心以找到解决简单问题（例如"如何读表"或"如何看得懂我的账单"）的方案，那么每次观看公司YouTube上的客户信息片，将相当于节省了80英镑的客户服务成本。考虑到大多数公用事业公司接听的电话数量，很容易看出这无形中节约了一大笔开支。

迄今为止，我还没碰到一个组织，或具有类似业务模式的组织，无法在某种程度上从社交媒体应用中受益，无论是在提升整体业务绩效还是降低成本方面。

如何定义目标

我建议您创建一个跨职能小组，将信息技术、人力资源、沟通、客户服务、销售和市场营销等不同学科汇集在一起，最重要的是，负责开展日常社交媒体活动的人员也不能漏掉。

应该基于以下三个方面选择目标：

---

① 数字转型使协助变酷，www.bt.com/casestudies。

1. 社交媒体如何更好地支持组织优先事项。
2. 如何使用社交媒体来满足利益相关者的需求预期。
3. 如何使用社交媒体提高运营绩效和效率。

不可避免会出现重叠，例如，满足客户或利益相关者的需求都是大多数组织所希望的优先事项。

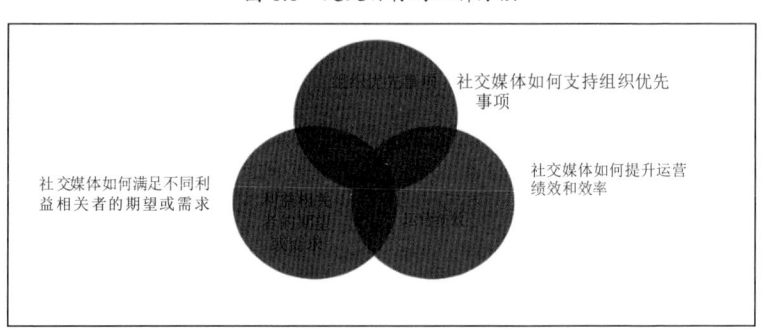

图 1.1 定义目标的三种方法

1. 支持组织的优先事项

我时常注意到，社交媒体活动与组织真正重要的事项之间缺乏一致性。这通常反映了负责开展社交媒体活动的人员缺乏对组织优先级的理解，其原因在于，他们无法进入讨论关键决策的"最高会议"。通过使社交媒体团队接触高级决策者并了解组织所面临的挑战、目标和战略目标，解决这种知识差距应该相对比较简单。如果高级领导团队积极参与确定方向，并监控社交媒体团队的绩效，则组织将受益匪浅。

2.满足利益相关者的需求和期望

您的重点应放在满足利益相关者的需求和期望，就像支持您的公司议程一样。

- 客户希望可以访问与他们打交道的组织并在他们想使用的任何渠道（包括社交媒体）上做出适当的响应。
- 员工希望在他们日益依赖新闻和信息的社交媒体渠道中看到有关雇主的新闻。
- 潜在的员工希望通过公司的社交渠道以及员工发布的帖子和推文对组织的文化和工作环境有很好的了解。
- 客户或业务伙伴希望看到公司及其高级团队在诸如领英等渠道上展示其专业知识。
- 分析师和投资者日益依赖于推特等渠道，以获得有关公司财务状况的信息。

为了满足利益相关者的需求和期望，需要对他们的社交媒体习惯和偏好进行全面分析，重点是以下问题：

- 他们使用什么渠道？
- 根据他们共享及/或评论的内容，他们可以发现什么类型的内容和经验最有价值？
- 在交流方面，他们希望/期望您什么？
- 您目前与他们的沟通有效吗？如何通过使用社交媒体来改善沟通？
- 怎么满足他们当前未解决的需求？

理想情况下，您应将其当作结构化流程来处理，其中包括社交聆听工具、专家的研究和洞察力以及潜在的市场研究投资。然而，即使依靠非正式分析和聆听内部专家的意见，也可以使您深入了解利益相关者的需求和期望，例如，客户服务团队应该充分理解客户对社交媒体的期望。

应该每年都进行针对利益相关者的分析，以确定他们的社交媒体行为和偏好是否发生了变化。

3. 提升运营绩效和效率

您应该将讨论重点放在以下潜在机会上：

- 降低客户服务成本，因为对于组织而言，这是一笔巨大开支。
- 加强内部沟通和合作，尤其是在有机会降低电子邮件负担的情况下。
- 降低市场营销成本，例如，使用直接邮件（很有可能为更具成本效益的数字通信所取代）。
- 减少市场研究成本，传统调查会花费大量资金。

理想情况下，您应该进行成本 / 收益分析，以确定是否值得使用社交媒体来代替现有的运营活动。

我已经开发了一个简单的模板，可以帮助您获得各种讨论的答案，并从对社交媒体的投资中确定所需的结果。

模板：定义目标

问题	社交媒体如何支持组织的优先级？	社交媒体如何有助于满足我们的利益相关者的需求和期望？	社交媒体如何提升我们的运营绩效和效率？
优先级	1. 2. 3.	1. 2. 3.	1. 2. 3.

众所周知，目标最少的方案成功的可能性最大。因此，我建议您将社交媒体投资（以及社交媒体团队的工作）集中在最多 3

个或 4 个目标上。虽然能否成功最终取决于您所拥有的资源规模，但我还是建议您（更重要的是，社交媒体团队的时间和精力）千万不要过于分散自己。

本章重点知识

1. 在着手进行任何重大投资之前，必须确定要从社交媒体投资中实现的目标。

2. 社交媒体的贡献远非简单的推广所能媲美。通过使用社交媒体，可以提高客户服务，增强内部沟通，方便招聘，促进研究和新产品开发。

3. 在定义目标过程中，应该从 3 个角度思考问题——社交媒体如何潜在地支持组织的优先级，满足利益相关者的需求和期望，以及如何提高运营效率（对人型组织而言）。

4. 理想情况下，您应该将社交媒体团队的工作重点放在实现一些目标上，而不要冒险分散他们的工作和投资。

阅读本章后建议采取的措施

1. 审查现有的社交媒体活动，以确定它们是否支持组织的优先级并满足利益相关者的需求。

2. 如果您几乎完全将社交媒体用于促销，请查看它是否可以用于支持其他目标。

3. 若您在更大、更复杂的组织中工作，尤其是在拥有昂贵的客户服务职能的组织中，请调查是否可以使用社交媒体来提升绩效，提高运营效率或降低成本。

第二章
评估成功

为什么这很重要

定义目标毫无意义,除非您有办法将雄心转化成可评估的目标。评估提供了严格的条件,使得开始进一步投资更加容易。

负责实施社交媒体活动的团队倾向于将重点放在自己喜欢的指标上,或那些易于评估的指标,例如关注者人数的增加,而不是董事会使用的关键绩效指标。为什么高级管理团队如此热衷于关注者数量或敬业度评分?而这些似乎对真正重要的业务指标没有明显的影响。

迈克·丹尼尔斯是测量实务负责人,如果我说他是通信测量行业的资深人士,他可能不会介意。当我的客户仍在整理新闻报道书籍(实际上是在评估他们的媒体报道水平)时,我就开始与他共事了。从那时起,世界发生了很大变化。丹尼尔斯见证了评估的数字化过程,但对过多数据会使终端用户蒙蔽的程度保持警觉:"这已成为您可以评估而不是应该评估的案例研究。图表看上去完美无缺,不过无法回答有关数据是否有助于您了解消费者动态、利益相关者行为和投资者心理等基本问题。该领域的研究人员需要在社会泡沫中发生的事情（忽视真正发生的凌乱事情的数字伊甸园）与现实世界之间建立联系，因为最高管理层在作出真正购买决定时，仅仅对'最后一英里'感兴趣。"他认为，我们需要警惕或怀疑一些更普遍的社交媒体指标："人们喜欢被人喜欢，并表现出他们喜欢某些东西，但并不意味着他们会购买。"

社交媒体措施可分为五大类，即覆盖率、参与度、宣传、行动和影响。

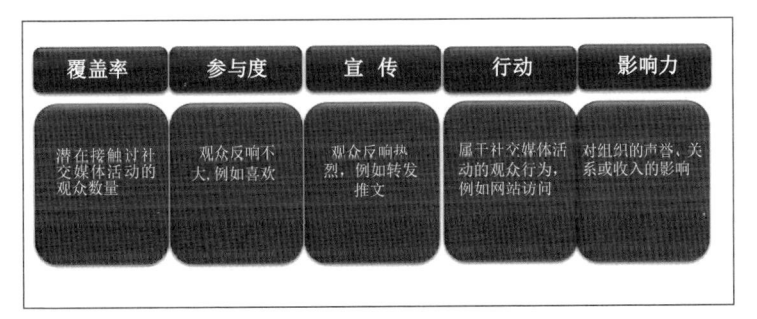

图 2.1　评估社交媒体

覆盖率	参与度	宣传	行动	影响力
潜在接触过社交媒体活动的观众数量	观众反响不大，例如喜欢	观众反响热烈，例如转发推文	属于社交媒体活动的观众行为，例如网站访问	对组织的声誉、关系或收入的影响

覆盖率

这是评估社交媒体活动吸引或接触的观众规模的指标，这些指标包括覆盖率、展示次数或观看次数等。

• 覆盖率——这是看过活动内容的人数的绝对数量。

• 展示次数——这是活动内容出现在人们的新闻源中的累计次数。[1]

---

[1] 同样的人可以多次查阅过您的内容，因此展现次数往往比接触次数要多，例如，如果 100 个粉丝查阅特定帖子两遍，这等于 200 次展示次数。

- 观看次数——观看活动视频内容次数的指标。[1]

这些都是评估社交媒体表现的直接指标，并带有健康警告。社交媒体的评估比较模糊，有时会导致许多人质疑数据的合法性[2]。您通常会在不同渠道中发现数据存在着显著差异，例如，脸书的数据可能告诉您一件事，而谷歌的数据可能告诉您另一件事。尽管社交媒体公司已经开始对开放其平台以供第三方进行验证发出越来越积极的声音，但它们仍在嫉妒地保护着自己的专有工具和算法，使其免受审计人员的窥探。最佳方法是将社交媒体公司提供的覆盖率、展示次数和观看次数视为大致的指标，而不是确定的。

参与度

参与已成为一种商业的陈词滥调。它使每一个 PowerPoint 演示文稿和会议演讲更加生动，并被用来证明无数行销计划的合理性。它甚至已经超越了商业世界——期望医生会吸引患者参与，教师因不能吸引吵闹学生参与课堂而受到批评，（至少大多数政

---

[1] 社交媒体渠道以不同方式定义"一次观看"。就脸书和照片墙而言，任何长度的视频只观看 3 秒可视为观看一次；相反，就 YouTube 而言，需要观看"大约" 30 秒内容才算观看一次。

[2] 2017 年 9 月，脸书公布的受众覆盖率数据遭到广泛的嘲笑，例如，在英国，脸书声称它可以覆盖 780 万年龄在 18—24 岁之间的用户，而英国国家统计局则表示，在该年龄段，整个国家只有 580 万人。同样，它声称在美国有 4100 万 18—24 岁的人，这与人口普查数据显示的只有 3100 万 18—24 岁的美国人不符。作为回应，脸书发表一项声明，承认其数字与人口普查数据不符，但广告触及率数据旨在估算特定区域内有多少人有资格观看企业投放的广告。它们的设计不符合人口或普查估计值。这可能是正确的，但它几乎没有打消愤世嫉俗和怀疑的广告商的疑虑。

党）根据政客与选民的互动能力，挑选政治领导人。尽管它确实有其局限性，但它已成为评估社交媒体活动效果的最广泛使用的指标。[1] 基本的参与度可以告诉您，观众是否实际上对所制作的内容有反应。单击"喜欢"按钮的简单操作可以很好地评估受众对活动内容是否认可，尽管它可能不是后续行为的可靠指标——研究表明"喜欢"与积极支持活动之间并不存在什么关联。

> **社交媒体"喜欢"的局限性**
>
> 一群经济学家发起一项筹款慈善活动，作为一次测试来分析在线捐赠者的行为。他们发现，实际上，只有1%的"喜欢"这次活动的人向慈善机构捐了款，而使用应用程序向慈善机构捐款的人中约有1/6随后取消了他们的捐款。[2]《泰晤士报》科学记者奥利弗·穆迪将这次研究结果描述成"懒人主义的空心之心"的写照："越来越多人怀疑，绝大多数社交媒体用户宣传他们支持某项事业，只是沉浸于短暂的美德光环中，然后忘却它，甚至悄悄地背弃自己的誓言。"[3]

我将会在社交媒体反馈中提及品牌/公司或标签名称的行为，当作低水平参与的范例。重要的是要考虑这些提及的质量和提及的背景。它可能是您随手从并不满意您的产品或服务的人那里获得的大量提及而已。使用付费工具，可以分析任何内容中的情感

---

[1] 脸书的见解、推特的分析、领英的分析，以及照片墙的见解将为您提供参与度评分。
[2] 发表于2016年《社会科学杂志》。
[3] 2016年4月16日《泰晤士报》。

色彩。您也可以使用这些工具，制作出一份语音分析，并与主要竞争对手的语音分析进行比较。

宣传

宣传是较高的参与形式，它清楚地表明您创建的内容是有价值的还是有用的，以及受众是否愿意接收更多内容。当我们分享或重新发布帖子或文章时，实际上表示我们对该内容的认可。[①]用我参加的一个焦点小组的年轻参与者的话来说，"如果不值得分享，那就没有任何好处"。这表明，判断任何内容质量的最佳方法取决于它是否值得分享。宣传是事情"病毒式"传播的原因，一项内容通过多次分享和转发便传播开来。

我还把追随行为归为较高形式的宣传。我们大多数人一般不会盲目地跟随。我们出于特定原因在社交媒体上选择关注者、品牌或组织，也许我们欣赏他们，珍惜他们的言论和分享，或因为他们给予我们奖励措施，例如"免费或折扣"。

宣传也包括社交媒体渠道上的对产品或服务的正面认可，从积极的推文到TripAdvisor上的五星级评级。

评论是宣传的一种形式，虽然社交媒体帖子的分析（尤其是在政治领域）表明人们倾向于分享自己喜欢或赞成的帖子，并在想发表负面言论时添加评论。这意味着发表的评论多于分享，实

[①] 在推特上引起高水平的参与可能具有挑战性。例如，通过跟踪业务Keyhole对国际商务机器公司使用推特的分析表明，平均每条帖子仅产生45次点赞和51条转发。如果您因奇妙而有趣的推文未能引起很多回应而感到沮丧，则通常要记住推特上的低参与度。

际上，可看作不受欢迎的评估指标。①

行动

这表明，您的社交媒体内容是否导致受众的可评估的行为。这可能包括下列人员：

- 访问网站。
- 下载一项内容。
- 订阅电子邮件数据库。
- 帮助其他客户，例如在讨论论坛上发表建议。
- 加入社交媒体小组。
- 制作自己的（用户生成的）内容作为活动的一部分。
- 分享活动标签。②

通过创建只有注册用户的个人详细信息（例如电子邮件地址和电话号码）的用户才能访问或下载的"网关"内容，组织可以

---

① 《泰晤士报》的一篇文章特别强调这次研究。该报的政治研究人员使用社交媒体分析师克里姆苏·海克斯康提供的数据，比较了工党和保守党使用社交媒体的相对有效性。保守党在 2017 年大选期间被工党的社交媒体团队和支持者击败之后，拥有了较高的知名度和更大的发言权，但更深入的分析显示，他们的帖子所引发的批评性评论远远多于股票。评论最多但不是最受欢迎的地方：保守党计划适得其反。——2017 年 12 月 23 日《泰晤士报》。

② 对于活动家而言，主题标签不仅提供了一种有效方式，将人们团结在一则信息或战斗口号之下，还可用来衡量有关某个问题或活动的对话量。人们可以使用许多有偿工具来跟踪主题标签的使用，例如 Keyhole。

收集潜在客户数据库。①

影响力

这可以确定社交媒体产生的行动是否实际上为组织带来积极的、可评估的利益。这可能包括：

- 增强意识。
- 在客户、员工或其他利益相关者中，获得更好的声誉或更高满意度的评分。
- 产生高质量的销售线索。
- 吸引大量潜在新人。
- 获得有关受众行为、需求或期望的可行情报。
- 降低业务成本，比如，降低客户服务中心的成本。
- 产生实际销售。大多数电子商务企业通过使用 UTM 代码跟踪销售情况，并将其附在每一个单独的内容项上。

使用市场营销自动化或分析软件，这可以追踪单击该内容的任何人的后续行为，从而将销售归因于特定的内容。

创建影响措施需要应用基础研究，例如，跟踪研究的目的在于提高意识或声望。隔离社交媒体产生的特定影响可能是一个挑战，尤其是在组织使用多种营销传播技术的情况下。

---

① 近年来，有关数据库使用，特别是重新与人联系的能力的法规得到了加强。特别是《欧盟通用数据保护法规》（GDPR，欧盟官员将其描述为" 20 年来数据隐私法规最重要的变化"）对客户数据的使用施加了一系列严格的条件。在假定您有自动重新联系某人的权利之前，您应该检查如何最好地管理诸如同意和选择加入之类的事情，这些人提供了他们的详细信息作为下载内容的回报。

评估案例研究：#LovePulses 活动

我基于两个原因而选择了这个特殊社交媒体活动，一则它获得了"年度国际活动"[①]的称号，二则由我负责其计划和实施，因此近水楼台先得月，可以方便地弄到关键数据。2013 年 12 月，联合国大会（UN）一致投票宣布 2016 年为国际豆类年（IYP）。在这一年中，全球豆类联合会（GPC，全球豆类产业价值链的非营利组织）在世界各地活动中促进豆类的消费。国际豆类年的提高意识活动的核心是一场全球社交媒体活动，由我在伦敦的团队设计和实施。该活动的目的是向世界各地消费者、大厨、营养学家和健康专家推广豆类的烹饪、健康和可持续性的益处，作为扩大豆类需求以解决全球可持续性健康和粮食缺乏问题的更广泛计划的一部分。

这次社交媒体活动的成功，很大程度上归功于其动员网络世界的支持者和倡导者的能力，以及广受关注的大厨和美食作家的努力。它涉及有机的、付费活动的结合，以及大量与豆类相关内容（食谱、烹饪演示视频、引人入胜的摄影和信息图表）的制作。该活动还邀请了顶尖的营养学家和可持续发展专家，他们对促进豆类的种植和消费有着共同兴趣，因为这既有利于人们的健康，也有助于地球的健康。

[①] 国际年度活动，2016 年 CorpComms 大奖赛，https://corpcommsmagazine.co.uk/features-and-analysis/view/best-international-campaign-2016。

使用前面提供的五阶段评估模板，其结果如下所示：

覆盖率	10亿社交媒体展示次数，其中包括400万视频观看次数
参与度	100万个"喜欢"活动的参与者
宣传	10万次转发、评论和分享
行动	·16.2万次独一无二的社交媒体网站访问 ·广告活动标签的5万次使用 ·从活动网站下载豆类相关内容1.9万次 ·"豆类"一词的谷歌搜索流量同比增长47%
影响力	对#LovePluses社交媒体活动施加具体影响具有挑战性，不过，在缺少任何其他重大市场营销投资的情况下，毫无疑问，它对2016年国际豆类年的成功做出了重要贡献。据全球豆类联合会报道，2016年世界豆类消费量增长了10%，豆类生产量增长了23%，此外，在全球，豆类产品的投放量也增长了10%。[①]

评估工具

对于社交媒体团队，尤其是预算有限的团队而言，好消息是主要社交媒体渠道提供了免费使用的分析工具，这些工具可以提供有关意识、参与度和宣传的数据。[②] 广泛使用的谷歌解析法（免费的）可以评估社交媒体活动对网站流量的贡献以及其他关键指标（比如跳出率）。这些免费工具可以辅之以大量的付费分析工具（见第四章）。

---

① 该结果由国际豆类年提供，引自罗宾·安德森撰写的《两年了》。——2018年2月1日《新兴农业》杂志。

② 例如，推特分析提供了有关推文展示次数的数据：在他们的时间表中或28天一周期的搜索结果中，人们观看您的推文的最终次数。

什么是黑暗社交[①]？

社交媒体评估面临的挑战是"黑暗社交"的日益流行，"黑暗社交"是一个术语，指的是无法通过典型分析程序评估内容的社交分享。它包括诸如 WhatsApp 和色拉布之类的聊天应用程序，以及电子邮件和简单的复制、粘贴和共享的链接，而不是使用标准共享按钮。专家认为"黑暗社交"可以占到所有在线转发量的 70%。据 Brandwatch 的威尔·麦克因斯所述，"快速增长的最新渠道是封闭的，而不是开放的。它们的增长源于人们对隐私的态度，人们对于分享公司可以在公共社交网络上获得的这类数据变得非常谨慎。"

不过，现实情况是目前数以百万计的对话发生在"黑暗社交"中，躲过了监测和监听部门的眼睛和耳朵，很难对此进行分析。这仍然留下了数以百万计的有用对话，需要在公共可访问的社交网络中进行分析和评估，但这对业界来说是一个长期的挑战，因为恐怖组织使用了消息传递应用程序，这对安全服务也构成了挑战。

本章重点知识

1. 社交媒体评估有 5 种类型：覆盖率、参与度、宣传、行动和影响力。

2. 从简单的意识计算到更为复杂的参与、宣传和行动的评估，评估社交媒体活动的有效性相对容易。评估对组织绩效或底线的

[①] 由《大西洋月刊》高级编辑亚历克西斯·C. 马德里格创造的术语。

影响更具挑战性，不过，通过适当的研究和分析技能可以办到。

3. 领先的社交媒体渠道提供免费工具，可以帮助您处理所需的大多数分析。

阅读本章后建议采取的措施

1. 同意您将用于追踪社交媒体活动绩效的措施。这些应该定期进行追踪，最好每月一次。您也可以根据行业标准来评估您的表现。基准会因行业和受众规模而异，通常会随着受众的增多而下降。①

2. 创建可以向高级领导团队报告的最重要措施的摘要，最好是将其纳入常规公司报告中。通常来说，这是获得高级经理"认同"的最有效方式之一。他们可以选择继续挖掘细节，探索特定问题，更好地理解明显表现不佳的领域，但不要让他们淹没在数据中。

3. 投资购买合适的工具，以追踪、评估和可视化数据。

---

① 根据社交分析专家 Quintly 的一项研究，拥有 1 万至 10 万个粉丝的企业或品牌的平均参与率在照片墙上为 2.2%，在脸书上为 0.4%，在推特上为 0.06%。如果您正在寻找其他合适的基准，该公司还会发布许多其他受众群体参与率数据。——Quintly 编著的 2015 年《第二季度社交媒体基准研究》。

第三章
创建操作系统

为什么这很重要

　　社交媒体操作系统是任何成功的社交媒体活动的牢固基础。它支持活动策略，最大限度地提升可用资源的价值，并部署适当的工具和流程。它是本书的核心要素，其他内容都是以它为轴心展开的。如果不首先投资于操作系统的开发，您就无法充分利用社交聆听，开展成功的社交媒体活动，开发社交客户服务能力或将风险降到最低。替代方案在战术上混乱，可能会造成浪费，不能带来任何有意义的结果。

　　什么是理想的操作系统？

　　• 它适应组织的规模和复杂性，可以最大限度地利用可用资源、技能和资金。

　　• 它具有足够的灵活性，在峰值需求或危机时可以扩展。

　　• 它促进了社交媒体团队与组织其他部门之间的协作，并避免了社交媒体情报陷入组织孤岛中且无法吸引合适人员的普遍问题。

　　您可能认为您的系统已经落实到位，但我建议您检查一下这个系统是否适合使用。将一套仓促制订的流程、考虑不周的政策和未经培训的人员组合在一起，会导致失败甚至更大的问题。这不仅仅是投资问题，因为，尽管在某些领域甚至花费少量资金也会对您的生产力和结果产生影响，但我目睹过资金有限的小型组织却承办了卓有成效的社交媒体活动。

您应该定期审计运营效率（建议您至少每年一次），以解决不断变化的组织优先事项，不断发展的技术，潜在的新风险以及关键人员的流动等诸多问题。

社交媒体操作系统包括四大核心成分：

1. 渠道。
2. 人员。
3. 政策。
4. 流程。

图 3.1 社交媒体操作系统

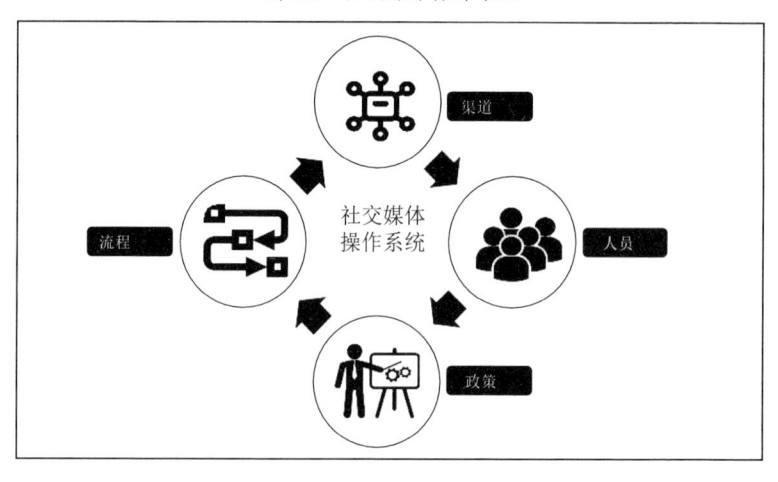

1. 渠道

如何选择社交媒体渠道以联系和参与利益相关者,对任何组织而言,都是最重要的战略决策之一。我认为,有三种类型的渠道可以有助于我们将组织或品牌与其各种利益相关者联系起来:

- 自有渠道。
- 借用渠道。
- 免费渠道。

图 3.2 社交媒体渠道生态系统

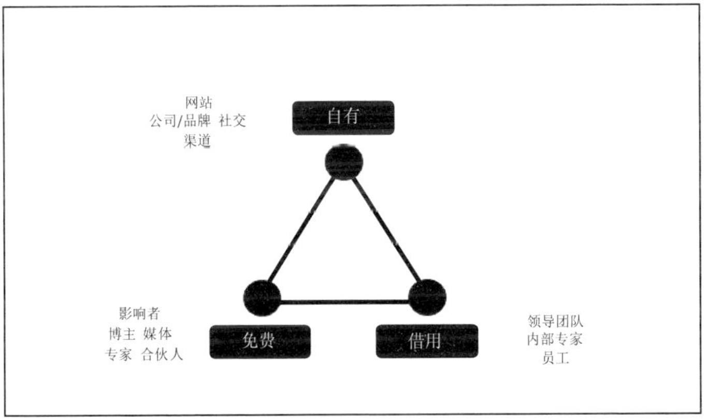

(图示:三角形结构,顶点为"自有"——网站、公司/品牌社交渠道;左下为"免费"——影响者、博主、媒体专家、合伙人;右下为"借用"——领导团队、内部专家、员工)

自有渠道

这些是您的网站,特别包含"社交"元素(例如博客、聊天、评论及用于讨论和评论的平台),以及您的组织及其各个部门和品牌的所有社交媒体账户。

不同的社交渠道或网络以不同的方式运作,因此作为自有渠道,他们扮演着不同的角色。

- 脸书可将公司或品牌信息(越来越多地使用视频来传播)

无缝整合到用户的社交对话和新闻流中。因此，许多组织将它作为重要的客户服务渠道。虽然一些组织和品牌正在有机地从脸书中创造价值，但是，对于大多数组织来说，脸书的主要用途是作为高度针对性的广告渠道。

• 推特是组织传递新闻、发现和利用趋势、传达特殊事件和对时间敏感的促销活动，以及与特定部门的关键影响者或专家进行联系的理想环境。它也是重要的客户服务渠道，越来越多的客户认识到，与传统客户服务渠道相比，他们对推特所发布的投诉或问题的响应速度更快。推特更像一个网络平台，使您能够定位并有望与特定个人互动，而不是动员大量受众的手段。并非由名人或大品牌发布的推文，相对来说，很难产生重大的影响力或可观的参与度。

• 领英允许组织及其关键人员建立专业网络、创建小组讨论主题，联系所在领域有影响力的人士，展示思想领导力，促进活动，当然也可以招募新人才。[①]

• YouTube 为（基于视频的）企业或品牌内容提供平台，也为客户搜索产品和指导性信息提供资源。它是第二大最受欢迎的搜索引擎，仅次于无所不在的谷歌。

• 照片墙和色拉布使组织和个人通过使用图像和视频，建立

[①] 自 2016 年 6 月被微软收购以来，有迹象表明，社交媒体的"沉睡巨人"领英开始获得更多的投资，因此出现了设计和产品创新。

高水准的受众参与度。①

• 谷歌+允许组织建立小组，以共享专业知识、获取客户反馈、发布新产品以及分享其他独家信息。②

• Pinterest 是一种在线剪贴簿或插件板。它为以审美为导向的行业（例如食品、时尚、旅游和生活方式等）中的公司提供有关消费者兴趣和品位的精彩视觉呈现。即使您的组织未能看到创建 Pinterest 账户的价值，它也可以成为一个相当有用的视觉研究或探索工具。

• 诸如 WhatsApp 之类的聊天应用程序允许小组或团队共享信息和创意，并有望在此过程中减少电子邮件流量。这类聊天应

---

① 每天都有 8000 多万张照片发布于照片墙上：一大堆的自拍照、"热狗腿"、名人自恋、精美食品、极致的瑜伽姿势，以及几乎所有可以想象到的主题。通过使用照片墙的照片滤镜、相框和特效套件，一张普通的快照可以成为一件艺术品或至少可以赢得几个点赞。它的优点是简单化：一张图片或一段视频，配上一些文字。用户一次滚动浏览单个图像，图像占据了屏幕的大部分区域。毫不奇怪的是，这会导致产生较高的受众参与度。这样，照片墙也成了各种品牌尽情亮相的乐土。全球网络索引组织的一项调查表明，与任何其他社交网络相比，照片墙用户更有可能关注品牌。他们还喜欢使用照片墙来进行品牌研究，这是其他社交网络中排名最高的，对于那些希望更好地了解消费者对品牌的真实想法的高级专业人员来说，照片墙是一个非常有用的研究和洞察的工具。——2015 年 9 月全球网络索引。

② 您永远不会用到的、最强大的社交网络是谷歌+，Simply Measured 在《2016 年社交营销报告状况》中对它作了相当详细的描述。不幸的是，对于谷歌来说，它是优质产品——它的"圈子"功能可以将联系人群组分为不同的集群或"圈子"，是解决私人和专业关系模糊的明智办法——由于某种原因未能捕捉到社交媒体用户的想象力。谷歌在 2011 年以"脸书杀手"的身份推出该平台时，未曾想到它每月可以吸引 5.4 亿相对不重要的活跃用户。谷歌在砍掉失败项目方面是相当无情的——Orkut、Wave 和 Buzz 这些社交平台，它们高调发布，却悄无声息地消失——所以在写这篇文章的时候，我对谷歌+的前景并不乐观。与此同时，谷歌似乎正在将谷歌+的某些最佳功能作为独立产品进行捆绑销售，例如谷歌 Hangouts，它可以在个人之间或在组织内提供消息传递、电话和视频通话。

用程序也越来越用于客户服务，甚至管理交易。

• 博客在传递以成熟的长格式制作的创意、政策和新闻方面非常有效。微博，主要是推特，不可避免地降低了传统博客的知名度，不过，人们似乎仍对长格式内容情有独钟。Vlog（视频博客）也是一个有用的企业工具。至少有一位患有诵读困难症的首席执行官，他发现撰写冗长的博客帖子是件苦差事，于是他每周使用视频博客，这样员工和投资者便能了解他的最新想法。

有迹象表明，社交媒体在第二个 10 年会走向成熟。2011 年见证了 Pinterest、谷歌+和 Snapchat 的兴起。自 2011 年社交媒体开展频繁活动以来，现有的网络已经进行了许多创新，例如 2015 年 Facebook Live 的上市，不过，这些均未能对既定秩序产生重大威胁，脸书（包括照片墙，脸书于 2012 年将其收购）和谷歌仍以其强大的社交媒体业务在除中国之外的市场中占据着举足轻重的地位。目前，脸书似乎已实现了其创始人马克·扎克伯格的愿望，他于 2013 年首次宣称，他希望脸书成为一家公用事业公司，就像电力公司一样。[1] 确实，脸书网络的庞大规模阻碍了任何初创公司的发展，尽管科技行业的历史表明如果我们认为脸书将永远主导市场，那就太愚蠢了。[2]

您可以在任何社交媒体平台上创建自己的账户，前提是可以使用相关名称（通常在社交媒体中称为"句柄"）。然而，重要的是要认识到您不必活跃在每一个渠道，只需在与内部和外部利益

---

[1] 2013 年 9 月 18 日，《大西洋月刊》主编詹姆斯·班纳特接受采访。
[2] 这是众所周知的梅特卡夫定律——电信网络的价值与系统中连接用户数量的平方成正比。简言之，您和我的关联越多，对我越有用。

相关者最有关或最有价值的渠道中保持活跃就行了。

关注对利益相关者最重要的渠道

我的一位客户热衷于向初级医生推广其金融服务。通过对主要社交网络的分析，并以一项针对目标受众的代表性样本的研究为支持，可以确定脸书是该受众的关键专业网络。大多数人似乎在医学院广泛使用过它，并在职业生涯早期一直保持着这个习惯。他们将脸书当作新闻推送，通常在他们繁忙的工作安排中，这是了解行业新闻的一个有用途径。他们偶尔浏览YouTube以了解专业问题，包括使用社交媒体时如何适当地避免遇到麻烦。相反，对于经验丰富的医生和顾问而言，领英似乎更适合。这项研究有助于我们清楚了解到我们应该将精力放在何处。

掌握了利益相关者需求和期望的情报，您可以创建适当的渠道体系结构。

马士基航运公司如何通过选择社交媒体渠道来满足不同利益相关者的需求[①]

丹麦马士基航运公司使用不同的社交媒体渠道满足不同利益相关群体需求的方法，为其他组织提供了有用的仿效模板……他们甚至考虑到"集装箱迷"的需求，对此我点赞。

- 它使用脸书来联系各式各样的利益相关者，其中包括

[①] 《马士基航运公司设置企业对企业的社交媒体模式》，《简单沟通》2014年7月。

非政府组织、潜在的员工、供应商、监管机构以及它所描述的令人惊讶的一大群航运迷和发烧友。"此外，它还使用该渠道帮助员工与同事、家人建立联系，并关注公司的发展"。

- 它使用领英向客户提供专业论坛，并设置平台以方便行业专家就诸如海洋隐私之类的问题展开讨论。
- 推特是该公司媒体关系活动的核心要素。公司官方推特用户包括首席商务官、反盗版负责人和各业务经理。
- 谷歌＋视频群聊可用于通过实时视频会议向少量媒体进行简报。
- 照片墙为"集装箱观察员"拍摄的照片和公司照片档案馆设置一个主页。

创意企业如何利用不同社交媒体渠道发展业务

这是我协助一位创意机构客户开发的渠道架构：

- 领英——该机构的公司页面及其高级领导团队的页面均专注于与客户建立联系并挖掘潜在客户，并展示其在营销服务行业的思想领导力。
- 推特用于与有影响力的思想家、行业评论员和有用的中介进行联网和主动参与。
- 脸书和照片墙用于向潜在员工展示该机构的工作文化，并使员工随时了解该机构最新动态。
- WhatsApp用于传递内部新闻，还可以在高级团队成员在领英发布重要内容时提供预警系统。团队其余人员通过自己的网络共享该内容来响应警报。

组织处理自己社交媒体渠道最简单的方法是在主要社交媒体渠道上创建一个单独账户，该账户可作为所有活动的焦点。相反，其他组织也看到为不同受众需求、公司职能、品牌或产品线建立离散渠道方面的价值，比如，为客户服务问题建立独立渠道。[1]

图 3.3 不同渠道架构

简单架构		复杂架构	
公司	注册一个脸书、推特、领英和照片墙账户	公司	注册一个脸书、推特、领英和照片墙账户
		品牌1 客户服务 销售 招聘 事件	
		品牌2	
		品牌3	

您的渠道和账户越多，管理和审核的挑战就越复杂。通过多条渠道分散受众，也会存在危险。

如何决定是否要创建其他社交媒体账户

我建议在下列情况下您才考虑创建其他账户：

• 您有不同的部门、产品或服务系列，针对需求和兴趣明显不同的客户群体，无法用单个账户提供服务。

• 您拥有一个强大的品牌组合，您想发展个人社交媒体特性和受众。

• 您正在处理大量客户服务问题，因此看到了创建独立、专用客户服务账户的价值，而不会将主账户与客户查询和对话混在一起。不过，不要认为建立了独立客户服务账户，必然会

---

[1] 提供创建展示页面的机会，作为标准公司页面的扩展。对于品牌、业务部门或活动而言，这是创建单独内容链的简便方式，它使您可以创建关联公司页面，这对管理跨国业务特别有用。

将所有投诉或批评从主账户中转移出去。如果愤怒或沮丧的客户想要向尽可能多的人发泄他们的不满，如果他们足够聪明的话，可以使用您的主账户。

- 您拥有处理多个账户和大量追随者的资源和系统。

您应该定期检查您的渠道架构，关闭效果不佳的渠道和账户，并在真正需要的地方增设新账户和渠道。

创建服务跨国公司的渠道架构

在确定最合适的社交媒体架构以满足不同国家和使用不同语言的受众需求时，跨国运营组织会面临更多复杂性。通常，这意味着创建和管理本地渠道和账户需要在公司账户名称后添加国家后缀，例如 @NikeUK，@NikeJapan。①

涉及跨国架构讨论时常揭示公司报告体系与审批之间的紧张关系，高度集中控制的总部职能有时不情愿放权给本地市场办理自己事务的"自由"。另外，它带来了协调跨国账户的挑战，在这方面，社交媒体管理工具的使用大有前途。②

如何增加自有渠道的粉丝数量

粉丝数量（或在脸书中为"页面点赞"）一直是公司或个人

---

① 脸书向跨国广告客户提供全球页面，以便使其内容本地化。领英提供了"展示"和"关联公司页面"，以帮助组织为本地子公司提供专用渠道。

② 例如，飞利浦照明为我提供了详细的案例研究，我在本书中一直使用该案例研究，它使用Sprinklr客户体验管理系统来处理其全球所有社交媒体账户上的所有对话。该系统还用于分析数百万项社交媒体数据，并为高级管理人员提供报告。

力量的测试。① 有些公司愿意提供给您数以千计的粉丝，也许这会受到更成熟的社交媒体渠道的封杀。如果您想增加关注您组织的真实人数，则应执行以下操作：

- 动员您现有的朋友和支持者，尤其是您的员工。鼓励他们跟随您并传播信息。
- 作为社交媒体渠道的一名公关人员，您每次大大方方地站在会议讲台上，参加会议或发表文章，一定要宣传社交媒体账户名称。
- 创造有趣的、引人入胜的、令人振奋且最重要的是，可共享的资料，这些资料具有超越现有粉丝基础的潜力。
- 为追随或喜欢您公司网页或账户的人提供奖励，例如打折、免费抽奖，我们大家都喜欢免费午餐。
- 确保您不会通过太多渠道来稀释您的粉丝数量。我的一位客户在不同的专业领域创建了6个不同的推特渠道，他的逻辑是每种专业领域吸引不同的受众。不幸的是，这6个账户最终以只吸引到相对较少的受众而收场，而单个渠道很有可能取得一定程度的粉丝群聚效应。
- 考虑使用社交媒体广告——所有主要公司都会提供与鼓励粉丝数量增长相关的一揽子措施。

---

① 我发现脸书在"点赞"和"关注"企业页面之间的区别相当令人困惑。您喜欢某个页面，您会自动选择关注它的内容推送，尽管您也可选择不关注。您可以关注企业页面而不点赞它。是不是很困惑？我也是如此。

借用渠道

高级管理团队、其他公司发言人、组织中以专业身份使用社交媒体的任何其他人，以及与组织密切相关的其他人，例如非执行董事、受托人、主要投资者和志愿者，以上人员均有个人社交媒体账户。有一句商业谚语说得好，组织的最佳大使始终是其自己的员工。我将这些描述成"借用渠道"，因为组织没有控制它们，但如果处理得当，则可以说服和鼓励员工使用其个人社交媒体账户来提升组织的整体利益。①

一个组织的整体声誉，与其说由其企业渠道来塑造，还不如说由这种"借用媒体"来塑造。究其原因，一则因为覆盖率：一般来说，通过"借用"渠道可能获得的累计粉丝人数总是比官方公司渠道高得多。二则因为影响力：与不露面的组织相比，我们更愿意参与一个人分享的社交媒体内容。②

雇主使用"借用"媒体，动员员工并利用他们个人社交媒体网络的集体影响力，可以最快、最便捷地在客户、潜在客户、潜在员工和其他利益相关者心目中改善组织形象，提升组织声望。就大多数组织而言，即使只说服10%的员工偶尔在自己的社交媒体上共享公司帖子或推文，也可以增强他们社交媒体活动的影

---

① 我在研讨会上提出的一个问题常常会引发激烈的争论，那就是"谁拥有您的领英资料"？这个问题似乎简单——所有权显然属于个人。但是，考虑到员工的言论、股份，甚至他们在领英个人资料中展示自己的方式，都可能对雇主的声誉产生影响，雇主当然也有利害关系。

② 据领英进行的研究表明，在平台上的员工网络比官方公司渠道大9倍，员工在领英分享内容时，与公司分享同样内容相比，前者的参与度要比后者的高两倍。

响力。

精明的组织一般会将借用渠道的定义扩展至员工以外的其他"朋友"和关联人。

> 各大学已经意识到社交媒体在帮助潜在学生决定在哪里读书方面发挥着举足轻重的作用,例如,华威大学试图用以下战斗口号来动员学生大使:"社交媒体为华威大学提供了一个绝妙的数字平台,以共享其故事,与众多受众交流和互动,展示英伦最佳大学的生活场景。还有谁比使这所大学成为如此好地方的人更能讲这个故事?简而言之,还有谁能比您更合适讲述这个故事呢?在这里,强烈建议您使用社交媒体谈论华威大学;无论您在校园相关帖子中大量插入个人资料,还是为团队或部门设置人员,或想向'官方'渠道提供材料,都非常欢迎。"①

有关支持者鼓励他们成为分享者的典型范例

您如何通过个人社交媒体渠道支持我们

作为支持者,您可以在帮助我们于您的社交网络上宣传我们的工作方面发挥重要作用。

如果您登录领英

1. 关注我们公司领英页面,这意味着您可以在您的主页上看到有关信任的任何更新。点击(或添加链接)查找我们的网页。

---

① https://warwick.ac.uk/services/externalaffairs/marketing/digital/social/。

2. 我们在领英上发布常规更新。您需要做的便是点赞,分享或评论这些更新,这样,您个人领英网络中的人们将可以在其首页上看到我们的新闻。领英的研究表明,如果更新来自个人而非公司,那么人们进行更新的可能性会是原来的两倍。

3. 建立领英连接和网络的次数越多,有关信任的新闻便会传播得越广。

如果您登录推特

1. 关注我们推特页面(添加名称),这意味着您将看到有关我们的常规推文。

2. 转发我们账户发布的任何推文,以便与您的粉丝共享。请注意,与领英不同的是,简单地"点赞"一条推文,并不意味着它会被您的粉丝分享。

如果您登录脸书

1. 点赞我们的页面(添加链接)。

2. 点赞、分享或评论我们的常规脸书帖子。

如果您登录照片墙

1. 关注我们的页面(添加链接)。

2. 点赞或评论我们的常规照片墙帖子。

我们也有 YouTube。如果您订阅该渠道,则在发布新视频时会收到通知(添加链接)。

免费渠道

"免费媒体"的概念在市场营销行业已深入人心,用来描述通过说服或谈判而获得的宣传,而不是因为它是付费的。这包括说服一位专家、媒体所有者、名人、激进组织、公司、分析师或发帖的博主,以及评论或推文,以支持贵公司、产品或服务。

> **利用免费渠道的力量**
>
> 在实施上述备受推崇的 #LovePulses 的过程中,从名厨到激进组织,餐馆老板再到营养学家,我们均能够获得众多渠道的积极支持,而无须为此付费。
>
> 我们通过社交媒体渠道向人们和组织寻求支持,例如在推特上向其社交媒体团队发送消息,或者通过电子邮件和相互联系的直接方式来寻求支持。这需要花费合理的时间来寻找潜在的联系人,并为他们的参与辩护,不过,就我们所能获得的支持而言,这带来了可观的收益。名厨和全球竞选组织所发布的支持性推文或帖子,能吸引无数的粉丝,从而产生很高的受众参与度。它有助于活动与"好"事业(例如健康和可持续发展)联系起来。我们还成功地找到了共同感兴趣的领域,例如,与一位名厨联系,后者正在发行一本新的食谱,我们可以帮助推广或提供共享竞选组织的标签以换取他们的支持。社交媒体严重依赖这种互惠精神,为他人做有益之事,使他们愿意现在或将来为您效劳。

如果您能说服一位影响者免费撰写有关您的产品或服务的正面故事或评论,那么它可归类为社论,并可说比有偿安排要可信。然而,越来越多的迹象表明,影响者希望得到报酬。在美容、时尚、食品和生活方式领域,博主和使用照片墙的名人可以从希望他们认可产品或服务的公司手中获得数万英镑。此外,也有专业机构在广告公司和影响者之间从事经纪人交易。[①] 在第 6 章中，我将描述识别和与付费影响者一起工作的最佳方法。

模板：选择您所需的社交媒体渠道

我们的自有渠道	列出您的网站以及满足利益相关者需求所需的所有公司、品牌和其他社交媒体账户。
我们可以使用的借用渠道	列出以下人员的个人社交媒体账户：高级管理团队，其他公司发言人，组织内以专业身份使用社交媒体的任何其他人员，以及与您紧密相关的其他人员（例如非执行人员和志愿者）。 解释您如何计划动员这些人员，例如，您将提供什么培训和建议？每当您发布可能准备共享的公司内容时，您如何确保他们得到提醒？
我们打算使用的免费渠道	列出您希望说服支持目标的最重要人员和组织，解释如何联系和说服他们支持您。

2. 人员

每位员工均应被视为社交媒体操作系统的一部分，而不仅仅是直接交付社交媒体活动的负责人。这可以减少员工使用社交媒体不当所带来的风险，更重要的是，要认识到，只要员工获得正确的支持、政策和培训，每位员工均能在促进雇主利益方面发挥作用。

---

① 《金融时报》网站 FT.com 于 2018 年 1 月 14 日发布有关照片墙影响者如何将粉丝变成美元的信息，以了解有关影响者营销作为一个价值数百万美元行业的增长情况，以及知名人士所引用的价格指标。

为什么每位员工都很重要

　　研讨会的一位代表是一家工程公司的高级主管。该公司为其他厂家生产精密零件。他描述了最近一起事件，该公司的一辆卡车涉及一场交通事故。卡车司机没有受伤，但事故在周五晚上下班高峰时段阻塞了高速公路的几条车道。在等待紧急服务期间，司机为了消磨时间，天真地拍下卡车照片（照片上醒目地呈现出该公司标识），并上传照片至脸书与朋友分享。到此时，一场重大交通堵塞事故已经形成。在相对较短的时间内，朋友们分享了司机的脸书帖子，随后一些受困司机也通过不可预测的方式在社交媒体上接收到这则消息。社交媒体通常是检查道路延误原因的最佳途径。

　　生气的司机们因被困在高速公路上而感到愤怒和沮丧，于是，他们把这家工程公司当作发泄对象，开始在推特和脸书上不断提及。该公司并没有积极监控这些渠道，毕竟这是一家企业对企业的公司，与由消费者使用的社交媒体渠道没有什么关联，因此，该公司完全没有意识到这件事情的严重性。等到该公司的一些客户接收到这则消息，开始对重要零部件被困在卡车上而感到恐慌时，事件到了紧急关头。他们开始打电话给公司总机，以获取有关这件事情的信息，而公司董事（已离开去度周末）却被迅速拖回办公室，处理这场全面危机。

　　假如该公司花时间培训每位员工，以便让他们知晓共享公司敏感信息所带来的风险，那么整个事件肯定是可以避免的。

根据员工参与社交媒体活动的程度,将其分为四个类别会很有帮助。

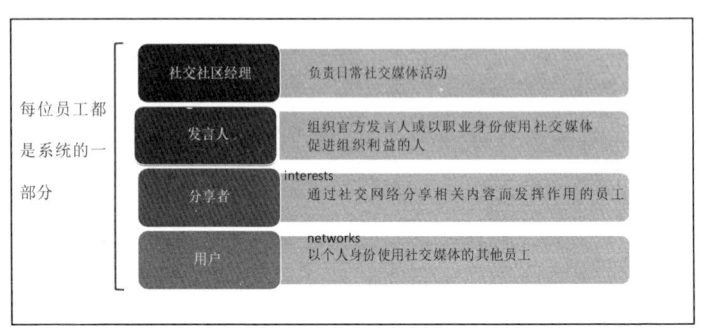

图 3.4　人员的作用和职责

每位员工都是系统的一部分	社交社区经理	负责日常社交媒体活动
	发言人	组织官方发言人或以职业身份使用社交媒体促进组织利益的人
	分享者	interests 通过社交网络分享相关内容而发挥作用的员工
	用户	networks 以个人身份使用社交媒体的其他员工

社交社区经理是有效的社交媒体运营的核心

这个重要角色需要编辑、客户服务、分析、搜索引擎优化和公关技能的结合,这也是他们受欢迎的原因。成功的社区经理需要熟练地使用新技术,但不必是技术专家。另外,他们也不必是年轻人。考虑到年轻人是数字化原住民,他们可能比其他同事更适合社交媒体,因此许多组织倾向于将社交媒体移交给团队最年轻的成员。这种做法存在着两个方面的潜在危险。一则它认为技术技能比人际技能更重要,二则它将大量职责推给相对缺乏经验的员工。在处理社交媒体事务时,判断力是至关重要的技能,而判断力往往伴随经验而来。

在下一章中,我将解释如何最好地组织社交媒体社区管理功能,并将其作为有效活动计划的核心要素。

发言人

　　组织的官方发言人是指那些由组织提名并以职业身份使用社交媒体的人员。他们可能包括高级领导团队，还有为该组织工作的专家。他们在塑造外部和内部对组织的认知方面起着关键作用——组织的声誉很大程度上取决于关键人物的社交媒体活动，也取决于官方公司渠道。这是因为潜在的候选人、合伙人和投资者以及员工和其他关键利益相关者越来越关注高级团队的社交媒体资料和活动。毕竟，高级团队可能是他们日常工作的同事。一个活跃在社交媒体中的高级管理团队有助于以下方面。

　　1. 展示整个高级管理团队的形象、能力和个性，美国顾问将此形容为"板凳实力"（使用体育隐喻）。美国社交媒体顾问安·查理斯说："我们与旧金山科技领域的许多公司合作，对于他们而言，重要的是要展示其领导团队（包括首席执行官、首席营销官和首席技术官），他们都可以为您服务。"同样，医疗保健公司希望展示其首席科学家，律师事务所想展示其各种专家。

　　2. 对公司品牌进行人性化管理，使局外人感觉品牌背后有值得他们信任的能干人员，这些人员具有一系列技能、经验和建议。

　　3. 向外界展示组织致力于新社交技术的应用。显然，存在技术恐惧症的高级团队意味着组织对拥抱数字世界处于不利地位。

　　4. 为组织内其他人员提供积极的行为榜样。高级经理通过他们帮助创建的文化和他们自己的行为，在企业内部设定基调和议程方面扮演着关键角色，对此罗兰·迪瑟毫无异议。他给领导者的信息是明确的："您需要认识到，人们尊敬您，便会复制您的行为"。

如何动员高级领导团队成为社交媒体发言人

实现这一目标最好的方法是：

• 召集高级团队，讨论他们如何通过使用社交媒体，从整体上与个人方面，支持组织的目标。

• 确保通过培训或指导解决团队成员之间的知识和技能差距。高级领导团队中的个人对社交媒体价值的冷嘲热讽或持怀疑态度，通常反映了他们对缺乏知识的不安全感。

• 查看团队每位成员的社交媒体资料和活动，以确保它们反映组织的价值观并支持组织的目标。这项工作最好是在一对一的基础上进行，而不要让一个人接受集体的批评：同事对您的领英资料评头论足既不愉快，工作也没有成效。一些公司甚至制作了高管团队每位成员的身份照，他们穿着相似的衣服，在一样的背景前拍照，在我看来，这有点过于强调一致性。每位成员看上去都相当专业，但个人的个性和特性还是有区别的。

• 确保适当的资源和系统到位，以支持团队的每位成员。这包括帮扶：（幽灵）撰写内容，尤其是扩展博客帖子，识别可能构成帖子基础或在社交渠道之间共享的潜在主题，监视社交活动，特别重要的是，推特上的大量评论使工作忙碌的高级执行官难以处理，特别是在需要快速响应的情况下。

评估社交媒体活动的影响和有效性，并为改进领域提供建议。当团队成员上传任何内容时，需要提醒团队成员，这样，其他人员可以共享和评论该内容，一些组织为此目的使用诸如

WhatsApp 之类的聊天应用程序。
- 制定评价高管团队绩效的措施。
- 鼓励他们展示专门技术领域，例如，人力资源主管可能会发布帖子、博客和分享有关员工和招聘问题的文章，而市场营销主管最适合谈论有关品牌和客户问题。
- 说服他们承诺一定程度的产出，例如，每月一篇或两篇领英帖子。通常，您会发现这一措施促进了组织内部经理之间的良性竞争。

分享者

这些人并未正式地代表某个组织参与制作内容，也未能使用该组织的官方社交媒体渠道，不过应鼓励他们通过其专业社交网络共享相关内容。当然，分享者的个人社交网络越广泛，他们作为借用渠道就越有用。美国在线零售商美捷步甚至创建了一个排行榜，以展示其哪位员工建立了最大的推特粉丝群。对于寻找更有效使用社交媒体的任何组织而言，如果我可以提建议的话，这便是动员其员工大使成为更积极主动的分享者。

> **动员员工成为社交媒体大使**
>
> 芬兰航空公司在社交媒体创新用户中享有盛誉，为如何动员员工的社交媒体网络提供了一个良好范例。该航空公司除了鼓励其高管团队使用推特获取客户反馈并随时了解行业趋势外，还鼓励员工在推特上发布其工作信息，它发现这是吸引新员工的一种特别有效的方法。媒体关系主管 Päivyt

> Tallqvist 表示,"我们真的鼓励员工讨论他们的工作,这样做对我们招聘许多新员工时帮助颇多。当您在推特上关注一位机组人员谈论她的工作时,您可能会有完全不同的看法。这种看法要比从任何招聘广告中获得的要好得多"。①

如何动员员工成为社交媒体大使

不应强迫任何人使用其社交媒体账户作为雇主的喉舌,这样做必须是自愿的,不过,通常可以说服他们,通过点赞、分享或偶尔转发公司帖子或推文之类的简单操作来提供支持,这种做法效果相当有用。做到这一点的最佳方法是:

- 为所有员工提供如何充分利用社交媒体的培训。该培训不同于标准的社交媒体培训方案,后者侧重负面及应避免的事项,结果往往会劝阻员工参与。

- 在通过个人社交媒体渠道提升组织的利益时,要确保高级管理层处在领导地位。

- 要提供人们想共享的高质量内容,强迫人们分享枯燥乏味的内容,例如,平淡乏味的公司新闻故事,往往会事与愿违。不要忘记,这是与人们的朋友和个人关系共享的内容。

- 建立轻触式监控和评估体系,其目的在于为社交媒体和管理团队提供公司员工喜欢分享的内容类型的见解。

---

① 2017年9月5日接受天桥女孩网络的采访。

其他使用者

此类别包括以个人身份使用社交媒体的所有员工，鉴于社交媒体使用率很高，实际上意味着包括每个人。组织有责任谨慎对待所有员工，要确保员工了解在工作中使用社交媒体所带来的风险。这要求：

- 政策和准则（请参见下文）。
- 理想情况下，要持续进行培训，而不是在数小时内就忘记的一次性练习。
- 持续支持和建议。
- 创建一个举报系统，使员工能举报他们认为其同事的不适当和不专业的社交媒体行为。

3. 政策

大多数组织都有某种形式的社交媒体政策，尽管这些政策的质量（特别是未由人力资源或法律专家所撰写的政策）通常很差。在警告员工注意不适当行为所带来的后果与鼓励员工代表雇主使用社交媒体之间，许多政策未能取得适当的平衡。鉴于员工作为组织的社交媒体大使所发挥的重要作用，在帮助传播积极新闻（尽管很安全）方面，雇主最不应该做的事情是恐吓员工，使他们不敢行动。

社交媒体政策的内容

- 该政策必要性的解释。这里要强调的关键是该政策旨在保护雇主和雇员。
- 解释雇主如何以专业和私人身份定义社交媒体。

- 员工需要特别注意的地方。这是提醒员工的一次机会，在社交媒体中不存在任何完全"私人"空间，无论他们在社交媒体上说了什么内容都有可能出现在公共场合，即使他们认为这是私人对话。

- 适用于特定行业中社交媒体使用的规定或准则。例如，对于在金融行业工作的员工可以说什么，有明确的规定。

- 使用社交媒体时有关组织的核心原则。例如，您可能想提醒人们小心，尊重别人，考虑周全（也就是，在发布帖子或推文或参与辩论之前），保持坦率（如果您以专业身份发推文、帖子或评论，要问一问自己在为谁工作）。

- 雇主认为是"不恰当"使用社交媒体的行为，通常包括共享机密商业信息、对同事或客户发布负面评论，以及发表和分享可能损害雇主声誉的冒犯性言论。

- 有关访问和使用公司官方社交媒体账户的规则。

- 雇主将为员工提供保护。例如，如果员工以专业身份使用社交媒体，却遭遇愤怒客户或网上"喷子"的辱骂，该怎么办呢？

- 组织监控员工社交媒体时所采取的措施，可能包括设置一个举报系统，在这个系统中，员工可以举报他们认为不适当使用社交媒体的同事。

- 如何执行该政策。例如，雇主可要求删除任何不适当材料或评论的权利。

正式的政策文件对于不公平的解雇索赔是必不可少的，尽管根据我的经验，有些枯燥的法律语言和语调意味着在塑造或影响员工持续使用社交媒体方面，这些都不是特别有效的手段。这就是为什么如果您想鼓励员工更积极地使用社交媒体，那么用非正式指导方针来补充正式政策便显得合情合理，这些非正式指导方针采用一种法律色彩较淡的、更友好的语气，带有鼓励而不是劝阻员工的意思。

案例研究：GAP 如何通过其社交媒体指导原则确定正确的基调

在英国皇家企业董事协会的研讨会上，我经常参考 GAP 负责零售商所使用的指导原则。它的语言和形式通常带有加州的色彩，不过，我的研讨会与会代表均认为它的语调积极、友好，不像上下级交谈，而像成年人之间的对话。

"这些指导原则很重要，因为如果您不遵守的话，会发生下列事情：您的帖子被删除，我们可能丢失客户和投资者，我们会遇到麻烦，或更糟糕的是，您甚至会失业……因此，必须做正确的事情，必须坚持指导原则。"

请牢记。

实际上，互联网上没有"删除"之类的事情，因此，请在发表帖子前三思。

一些主题会引发一场激烈的战争。因此，讨论问题（例如政治和宗教）时请注意情绪不要失控，要尊重他人的意见。

这是一个小世界，我们是一家全球公司。请记住，全世界的客户和员工都能看到您的言论，您在某国说的话在另一个国家可能不那么准确或具有冒犯的意思。

请尊重别人的东西，因为某些东西在线并不意味着可以拷贝它。

您的工作第一。除非您是获得授权的社交媒体经理,否则请不要让社交媒体影响您的工作绩效。

如何做到最好……

做好。要尊重他人,体贴他人,不要恶语中伤,不要激怒他人,甚至我们的竞争对手。

做您自己。要第一个表明您是GAP公司的员工,并说清楚您不是公司的发言人。

如果您做得不对,请立即对其更正,并明确说明您进行了哪些改动。如果社交媒体团队极为出色,请联系他们。

增加价值。请确保您的帖子确实添加到对话中。如果它有助于GAP公司实现目标和价值,请支持我们的客户,改善或帮助我们销售产品,或帮助我们做好工作,那您就是在增加价值。

甚至不用考虑……

谈论财务信息、销售趋势、策略、预测、法律问题、未来的促销活动。

提供有关客户或员工的个人信息。

发布机密或非公开信息。

回应客户的冒犯性或负面的帖子。在这场游戏中没有赢家。①

---

① GAP认为它是政策,而我将它定义为一系列准则,而不是正式的政策文件。

除了一般性社交媒体政策外，组织还应考虑制定有关员工监控和获选人筛选的政策。

员工监控

大多数国家的数据保护法规规定，雇主有充分理由检查其员工的社交媒体活动。雇主必须证明对社交媒体活动的监控是合理的、相称的并且与工作绩效有关。雇主不应该认为，仅仅由于可以公开获取个人社交媒体资料，他们就可以处理这些数据。[1]

曾有过这样的案例：人力资源主管检查员工的脸书账户，以确认请假过多的员工是否真的身体不适。如果您身体虚弱，而您的脸书账户中却装满了您度假的照片，这便很难让雇主相信您生病了。如果雇主发现员工在工作场所外酗酒或使用种族主义、同性恋或性别歧视语言的证据时，员工也面临着被解雇的风险。大多数国家的数据保护法规规定，雇主有充分理由检查其员工的社交媒体活动，但对于可疑的经理来说，检查表现欠佳的员工在失

---

[1] 第29条工作组（一家有关数据保护和隐私的欧盟独立咨询机构）所提供的指导意见可能听起来不是最引人注目的解读，但它对工作场所社交媒体监控的裁决，对每家企业都有着重大影响。它最终决定了整个欧盟的数据保护机构将如何选择将现有数据保护法应用于社交媒体监控。英国政府已同意采用相同方法，因此英国脱欧后，英国企业会发现自己受到相同法律的约束。为了找到"雇主的合法利益与雇员的合理隐私期望之间的平衡"，工作组要求雇主承担责任，证明对社交媒体活动的监控是合理、相称的且"与工作绩效"有关。它还挑战了雇主可以合法审查任何公开数据的假设："雇主不应该仅仅因为个人的社交媒体资料可公开获得，就认为他们可以处理这些数据。"这项裁决与欧盟数据保护立法的指导方向一致，该立法将雇员的权利和自由置于雇主的利益之上。显然，工作小组的成员对使用筛选来收集"关于他们（员工）的朋友、观点、信仰、兴趣、习惯、去向、态度和行为的信息"，以及这可能对人们的职业和就业前景产生的影响感到担忧。

业后的行为也非常具有诱惑力。

候选人筛选

我的一位客户制定这样的政策，在录用前，不会审查候选人的社交媒体资料。我建议，这可能会将组织暴露在不必要的风险中。如果媒体发现新员工，特别是高级职位的新员工在推特上发表不恰当的性别歧视、种族主义或同性恋恐惧症言论，将对组织声誉造成损害。后来，这条政策发生了变化。

下列的案例研究重点介绍了在录用前未能审核潜在员工而带来的风险。

未审核候选人的社交媒体活动的风险

肯特郡警察和犯罪事务专员任命一名年轻大使协助警察了解年轻人对该郡治安问题的看法，这似乎是一个明智之举。经过面面俱到的招聘和面试过程后，选中一名17岁的年轻人担任该职位。不幸的是——考虑到社交媒体在大多数青少年生活中的作用，您甚至可以说是不负责任的——被选中的候选人的社交媒体活动没有得到检查。记者花了几分钟的时间便发现她在过去几年中曾在推特上发表过评论，这些评论可能被认为是种族主义和仇视同性恋的行为。因此，这位年轻的大使被迫辞职，在这件事上肯特郡警方显得相当天真。英国广播公司民政事务记者丹尼·肖评论道："批评家认为，如果PCC不能在任命前对候选人的背景进行一番基本审核，他们将有什么机会审核复杂警方问题并作出艰难的计划决定呢？"[1]

我给雇主的建议是，如果您不承担某种形式的背景调查，那将是您的疏忽大意，因为如果发现候选人的过去行为非常不合适，则可能会损害名誉。我记得与一位客户的电话谈话，该客户刚刚向他们认为我可能认识的候选人提供了一份备受瞩目的工作。他问我的想法。我建议："为什么您不用谷歌搜索一下他的名字呢？"过了几分钟，我接到这位慌乱客户的电话，他承认，"如果我们知道我们刚从谷歌上了解的一切，我们绝不会录用他"。

然而，雇主详细检查候选人的社交媒体活动的权利已成为法律的灰色地带。正如前面所强调的，监控现有和潜在员工的社交媒体活动必须是合理的、相称的且"与工作绩效有关"。它强调雇主在从事任何形式的社交媒体筛选之前，应征询法律意见的重要性。

如何处理对候选人的社交媒体活动的筛选

就业法律专家可能会强调以下几点：

• 对员工或候选人的社交媒体活动的任何筛选，用相关工作组的话来说，必须是正当的、必要的且与特定工作的绩效有关。"在就业方面，不应进行全面筛选"。

• 可能会发现的有关候选人的任何个人信息，例如他们的性取向或残疾，都不得成为任何招聘决定的因素，否则有被指控歧视的风险。

---

[1] 2013年4月9日的BBC新闻。

- 应告知候选人，雇主保留审查他们（可公开获取的）社交媒体活动的权利，理想情况下，会征得他们的同意，尽管不一定要这么做。
- 从筛选流程中获得的结果和结论应该记录下来，以保护雇主，防止未录用的候选人控告雇主从事不公正的招聘活动。
- 在筛选过程中获取的任何数据不应保存超过绝对必要的时间。
- 欧盟对数据保护极为重视，立法人员威胁对任何滥用个人数据的组织处以高额罚金。使用社交媒体筛查的草率方法可能会非常昂贵。

4. 流程

有效的流程可提高运营效率并最大限度地降低风险。绝大多数所谓的"社交媒体危机"都始于流程失败。社交媒体所带来的挑战是许多现有的流程，尤其是涉及审批、合规和报告的流程，均承受着巨大压力。大多数组织是根据机构时间（由冗长的批准和合规流程定义）来运作的，而不是社交媒体所要求的几乎即时的"实时"。当组织告诉我他们希望在脸书上获得更大成功时，我感到很可笑，因为目前他们发布一次新闻稿居然要花费 5 天时间。

有效操作系统需要 4 个核心流程：
- 监控。
- 对话管理。
- 审核。
- 信息管理。

监控

社交媒体监控是一个成功操作系统的核心所在，可提供对下列情形的早期警告：

- 可公开访问的社交媒体平台中提及公司、品牌名称或相关主题标签的任何内容。
- 客户的关注、投诉或查询，对组织的批评。
- 新兴危机和一系列其他声誉威胁。
- 趋势或竞争情报，提醒您关注有关您的业务、品牌、竞争对手或行业的在线新闻。

> **在监控方面，没有不合规则的领域**
>
> 在社交媒体发展早期，世界上最大的金融机构之一发现自己卷入与学生客户的一场纠纷，导致在脸书中形成一个抗议团队。这场抗议活动的发展速度和规模似乎使公司董事们措手不及，其中一个董事评论道："我们乐意登录脸书，我们一直在讨论这个问题，不过，这是一个未知的领域。"当时我感到震惊，因为这句话是如此幼稚。在保护公司声誉方面，社交媒体中没有什么未知领域。如果您的公司正在被讨论，特别是在公共论坛上受到批评，您需要保持信心，因为这些评论或对话正受到监控。

较大的组织应考虑使用社交媒体监视工具来跟踪整个社交媒体网络，并使社交媒体团队更容易跟踪正在进行的和分发的相关内容。① 尽管您意识到自动化（基于机器的）情感分析的精度远非完美，但大多数工具通常会提供情感分析，使您大致了解具体提及是积极的、消极的还是中立的——它很难捕捉到短语中某些单词的细微差别。

不断发展的模式识别技术可以监控社交媒体所使用的照片、图像甚至表情符号，这一点相当重要，因为据专家介绍，80%的在线图像（包括品牌标志在内）未能在相应文本中提及。② 这意味着公司无法跟踪许多以其品牌为特色的内容，或无法察觉滥用其品牌图像或标志的情况。专家们提供的一个例子是婴儿喝着一种受欢迎的啤酒品牌的图像，该品牌被嘲弄为恶搞广告。而基于文本的监控却未能将它识别出来。

什么时候您应该监控？

社交媒体一视同仁，不会只顾及工作时间。运营（正常办公时间）非工作时间的监控系统显然是昂贵的投入，这意味着大多数公司在完成其风险评估后，通常会认为这是不必要的开支，尽管这不是一个无风险的选择。

> **仅在传统办公时间内进行监控的风险**
>
> 英国一家连锁影院的经历如今已成为一个著名的，或者臭名昭著的案例研究，不过，它无疑是一次有益的教训，值得重复。在周五的8月公共假日期间，一位客户去当地电影

---

① 有许多产品可供选择。在谷歌搜索栏中输入"社交媒体监控"，您会看到各种选项。其中最受欢迎的是 Brandwatch、Crimson Hexagon、Mention 和 Sysomos。
② Brandwatch——什么是视觉聆听，我为什么需要它？2017年7月。

院看电影,回来后他在公司的脸书页面上发布了一通冗长的牢骚,抱怨观影体验的质量太差。不幸的是,刚好影院的社交媒体监控团队回家度周末了。下周二早上,他们返回来工作,您可想象他们的反应,他们发现由一位普通观众发布的批评帖子居然引发了12.2万条点赞和10408条评论,其中许多评论指责影院未能回应原始帖子。

该案例研究强调,如果不及时发现和处理,即使是普通民众的投诉也有能力成为主要的声誉威胁。影院连锁公司可能会在半夜收到重要的帖子,即愤怒的影迷在深夜观影后返回家中发来的批评帖子,因此,深夜监控系统似乎也是风险规划中必不可少的组成部分。

一种解决非办公时间监控挑战的方法

我为一家连锁赌场做社交媒体审计。他们告诉我,在正常办公时间内他们的社交媒体团队会监控客户评论和提及的业务。我问他们赌场问题通常发生在什么时候。答案是"经常发生在午夜至凌晨2点之间"。接着,我指出,"在这种情况下,您需要找到监控所有时间的方法,因为如果有人在推特上谈论某家赌场斗殴,或者对某位员工严重不满,您应该在事态升级之前将它扼杀在萌芽状态,而不是等到上班后再处理"。从事件发生到社交媒体团队接手事件的几小时内,一次小事件有可能造成严重的声誉损失。我们想出的解决方案是向每个赌场前台团队发放苹果平板电脑,并对其进行培训，以监控社交媒体对话，以及密切注视俱乐部里实际发生的事情。

对话管理

根据收到的帖子、推文或评论的类型，定义一组特定操作有助于制定社交媒体对话管理流程。该流程授权社交媒体团队处理绝大多数的查询、评论或投诉，只有少数问题需要呈交高级管理层。

如何制定对话管理流程			
这是一个典型的流程。您会注意到，它包括一个评估流程，以决定是否需要答复或可能适得其反，有时，回应评论会使情况恶化。同样，许多主要消费品牌发现，客户或"粉丝"很有可能会回答其他消费者在社交媒体中的质询。			
帖子、推文或评论的类型	评估过程，以确定是否需要回应	社交媒体团队在需要回应时采取的行动	后续行动
客户投诉	这是真正的客户投诉吗？	确认已收到投诉。 ·对客户遇到的问题主动道歉。 ·声明投诉已提交客户服务专员。 ·可能需要"离线"（请参见下文）。	确保通知客户服务团队。该投诉可能代表了更广泛的客户服务问题。检查投诉是否得到跟进和处理。未能正确处理投诉总会产生比原初投诉更多的问题。监督与投诉有关的任何进一步评论，无论是来自最初的投诉人还是其他人。如果问题已升级，请通知高级管理层。

公众提问	您是否能够回答该问题,或者需要将其提交给专家?	提供答案(如有)或声明您正在寻找更多信息。	如果需要进一步信息,请确保进行后续跟进。如果仍然有人询问相同问题并要求详细答复,有必要针对网站常见问题创建一个预先准备好的答案,或在 YouTube 上制作入门视频,以供链接。
一般评论/提及[①]	原始推文/帖子的发件人会欢迎您的回复吗?	感谢和/或转发/分享。	
事实错误	这有可能造成声誉受损吗?您现有的粉丝/支持者是否已经代表您做出回应?(注意:许多组织的经验表明支持者通常会纠正事实错误。)	礼貌地纠正事实错误。重要的是不要在社交媒体上让人觉得您在扼杀辩论。如果个人只是陈述替代观点,而不是事实错误,则可以提出您的观点或看法,但需明确指出他们有权发表自己的观点。	监控任何其他评论。

① 这可以是一条提及公司或品牌名称的推文,或是公共论坛上的一则评论。

批评	这有可能造成声誉受损吗？是来自有潜在影响力的人吗？	礼貌地承认并纠正任何事实错误，可能需要"离线"（请参见下文）。	监控是否有升级迹象。如有任何升级，请报告直属经理。
冒犯性评论/网络喷子	将评论提交直属经理。	不采取行动。	监控是否有升级迹象。如有任何升级，请报告直属经理。

允许个性

在处理社交媒体对话时，组织往往很难确定正确的基调，经常回到平淡乏味的"企业用语"。社交媒体团队需获得一定程度的信任和自信，组织才允许他们像普通人那样交流，并表现出一点个性、性格和最重要的人性。社交媒体团队也需具备判断技能，才能识别何时愤怒的客户可能误解了不拘礼节或幽默尝试。

> **不拘礼节的力量**
>
> O2电信公司的社交媒体社区管理团队以其处理客户查询，并允许品牌及其员工的个性脱颖而出的巧妙方式而广受赞誉。O2网络崩溃了两天，拒绝成千上万的用户访问他们的手机，在这场危机中，该团队的技能经受了最终的考验。不出所料，这引发了许多问题和愤怒的（偶尔）冒犯性评论。数百条推特对话中的范例充分展现了该团队处理突如其来问题的巧妙方式。

客户：@O2 必须跑到意大利才有信号——绝望的时刻！！！

O2 答复：您现在可以回来了。我们已恢复业务正常。

客户：噢！O2！因为您的失误，我错过了我亲爱老母亲打来的电话。为此，我认为您欠我一品脱！

O2 回应：嗯……不客气，但如果您母亲问起，我们会否认这条推特的存在。

客户：我没问题。

O2 回应：我有99。

客户：@O2，去您的！去死吧！

O2 回应：也许以后，有推文发送。

很快，O2 就开始收到人们发来的推文，他们对 O2 处理这些对话的方式印象深刻。营销机构伟门公司的乔纳森·里昂和亚历克斯·乔治奥分析了该团队处理方法的有效性。他们使用情感评估工具确定，由于社交媒体团队巧妙地处理对话，推文的整体色调从愤怒和悲哀已转变为幸福甚至关爱。一个备受信任、经验丰富的社区经理可以巧妙地以人性化的方式回应推文，使得该品牌充满了个性和诙谐幽默感。一种有点冒险的策略在这种情况中却收到了意想不到的好效果。[①]

有时候，即使是最保守的组织也能做出令人惊讶的不拘礼节的行为。

中央情报局于2014年才开始使用推特，尽管其开篇推

[①] 2012年7月17日《连线》杂志的《平息风暴：O2 公司应对"宕机愤怒"的典型案例》。

文赢得了许多人的点赞——"我们既没有肯定也没否定这是我们第一条推文"。这条推文已被共享高达31.6万多次，引发了2.5万条评论。由此可见，与价值数百万美元的公共关系开支相比，这条简单推文的非正式和自贬的语言风格也许更能够改变人们对中央情报局的看法。

中情局前局长约翰·欧文·布伦南在一份声明中指出，"通过拓展这些平台，中情局将能够直接与公众互动，提供有关中情局的使命、历史和其他发展的信息。我们拥有重要的见识与公众共享，我们希望确保我们服务的美国公众可以更容易地获得有关本机构非机密信息，这符合我们的国家安全使命"。[1]

使对话脱机

在上述的许多情况下，尝试使对话"脱机"，远离公众可见的社交媒体渠道，可能是合适的。即使我们承认在公众场合解决客户的问题可带来积极的声誉收益，不过，有时候尝试将一些更复杂或更尖锐的投诉转到更独立的渠道，并远离任何人都可看到的开放论坛，无疑是言之有理的。显然，投诉者可能拒绝以这种方式"沉默"，并继续在开放论坛上表达批评或投诉。

不要询问个人详细信息

不应要求人们在开放的社交媒体论坛中提供个人详细信息，

---

[1] 《想和中情局谈谈吗？》推特@CIA，2014年6月6日《华盛顿邮报》。

例如电话号码和电子邮件地址。如果需要这些信息，应要求投诉者将对话转到更独立的渠道，例如，应为他们提供可用于直接联系的电子邮件地址，直接电话号码或聊天应用程序。

危机情况下该怎么办

每个组织都需要有适当的流程和系统来应对危机情况下社交媒体流量的大幅增长。它需要进行方案规划，重点关注以下问题："如果在短时间内我们突然遭遇到数以百计的批评或潜在负面的帖子／推文，我们将怎么办？""我们现有的监控系统如何应付？""我们可以匆忙地从公司内部和外部获得什么额外的（人力）资源？""如果事件发生在正常办公时间之外，会发生什么？"

在规范市场中该怎么做

在规范市场中，例如金融服务和卫生保健，以及可能涉及敏感公司信息时，组织需要增设其他审批和合规阶段，以确保社交社区经理和其他员工（包括高级管理人员）不会违反法规或行业准则。

提及社交媒体时，监管不能成为无所作为的借口。您用监管限制作为不使用社交媒体的原因，但简单的现实却是利益相关者，即客户、商业合伙人、员工等，希望您使用这些渠道进行交流，想到这点，我感动欣慰。如果我向银行发推文查询或投诉，则希望得到答复，而不是"无可奉告"。其实，有许多聪明的方法可以做到兼顾响应和合规。

如何处理高度规范行业的社交媒体对话

尽管许多合规和监管专家对此表示担心,但如果遵守以下步骤,规范市场中的组织可以成功和安全地使用社交媒体。

• 确保每个人完全理解其所在的行业或国家使用社交媒体的法规或行业行为准则。社交媒体在某些行业被视为等同于广告。① 花时间与监管机构讨论这些规则或准则是值得的,因为在许多情况下,立法可能不明确或模棱两可。现实情况是,许多行业监管机构和政府正在数字世界中奋起直追,从而造成一些立法考虑不周就被仓促通过。

• 提前准备大量已认可的内容,涵盖所有可能出现的问题和关注领域。这不可能做到面面俱到,总会有意想不到的问题或事件,但大多数情况都是可以预测的。理想情况下,该内容应采用短格式(足够简洁,可以成为推文的一部分)和长格式(可以连接到语句或文章)。另外,它有助于识别由行业组织或监管机构创建的已认可内容的链接。

• 制定灵活的内容创作和审批流程,其中包括当预先准备的内容不适合特定情况时的参与或法律或监管顾问。在快速反应的竞争要求与需要提供从法律角度完全符合要求的声明之间取得平衡,是一个挑战。但至少如果您知道需要遵循什么流程以及所涉及的人员,您就有机会在相当短的时间内准备新的、合规的内容。

---

① 例如,在促销方面,英国酒业遵守《波特曼最佳实践守则》。该准则不仅适用于广告,也适用于任何与特定饮料公司有关的人发布的社交媒体帖子或推文。——波特曼集团《酒类命名、包装和促销行为守则》。

- 确保负责处理日常社交媒体对话的人员精通法律和准则，不但充分理解什么该说，什么不该说，而且还受过培训，知道如何以恰当的人性化方式处理查询或问题。遵守规则和准则并不意味着像机器人那样说话。
- 确保在各位员工必须遵守的社交媒体政策中，明确地规定规则和准则，每位员工在创建或共享敏感内容时，需要充分意识到其中所涉及的风险。

审核

社交媒体通过辩论、评论和意见而得到蓬勃发展。它创建了一个对抗性的，有时甚至是令人不快的坏境，在那里，人们的禁忌天性可能导致他们说一些在公众场合不敢说的话。因此，难免偶尔有些发布在网站或社交媒体渠道上的评论会被视为不适当。

公司有权利拒绝与使用冒犯性语言的人员打交道，例如，从其脸书页面中删掉冒犯性评论。它们也可以选择禁用评论功能，尽管这种扼杀辩论的方式几乎不利于建立真正的社交环境。这也是为什么我建议人们支持麦当劳连锁店对"文明对话"的定义。麦当劳公司愿意与任何人辩论任何问题，甚至允许负面评论和批评出现在其网站，条件是只要对话保持文明。

对于什么是允许的，什么是不允许的，制定一个这样明确的政策无疑是明智之举。任何政策的首要要求是确定外部发布的内容是预审核的还是后期审核的。

- 预审内容在任何公共论坛出现之前都会进行筛选。
- 后期审核内容出现在公共论坛后，如果社交媒体团队发现它具有冒犯性，或者在线社区的其他成员将其标识出来，则要追踪后期审核内容，并有可能将其删除（有时这种行为可描述为"反应审核"）。

决定是预审核还是后期审核通常取决于受众，例如，许多广播公司依赖后期审核来处理诸如体育内容（通常具有对抗性，但一般来说，风险低），不过，对涉及儿童内容的需要进行预审核。

	社交媒体内容的预审核和后期审核的利弊	
	优点	缺点
预审核	消除出现在公司官方渠道中任何冒犯性或不适当评论或内容所带来的风险。	尤其对于那些可能收到大量评论的组织而言，这很耗时。技术有助于减轻工作量，机器在识别冒犯性语言方面变得越来越智能，不过，仍需要人工判断来决定什么是适当的。对于想要几乎立即看到他们的评论并有可能破坏在线对话自然流程的用户而言，可能会感到沮丧。
后期审核	需要更少的时间/资源，特别在您可依赖在线社区其他成员来标记问题时。允许实时进行在线对话和辩论。	冒犯性或不适当的评论或内容偶尔会出现在公司官方渠道中，如果不及时发现或标识出来，会造成声誉受损。

作为活动的一部分，您邀请粉丝和公众来展示他们的创意时，审核是一个重要的考虑因素，因为人们可能具有高度的颠覆性。

> **谨防公众的颠覆性本能**
>
> 在世界田径锦标赛期间,英国国家彩票进行促销活动,它创建了一个数字工具,使人们可以上传和分享自己最喜欢的运动员的照片,并在运动员手持的牌板上张贴个人信息。本以为人们会踊跃响应,而且可能送上有趣的建议,不过,不幸的是,人们的颠覆性本能占了上风,出现了大量信息,使用冒犯性语言攻击声名狼藉的名人。这就是没有预审核的结果。活动马上被叫停,但可悲的是,有关国家彩票的负面新闻却登上了头版头条。
>
> 组织也遭遇过类似的情况,允许人们未经审核的推文实时地出现在大屏幕上,由此可见,抵制使用冒犯性语言的诱惑似乎非常困难。

审核政策应予以公布,这样参与者对预期行为标准深信不疑,同时,也认识到主办方有权保留对内容进行预审核的权利,也有删除被视为违反政策内容的权利。

社交媒体审核政策的内容

良好的审核政策应包括以下内容:

- 解释内容需要审核的缘由,这并非对合法辩论的审查,而是为了确保高质量的讨论。
- 关于可能被视为不可接受的内容的明确指南,其中可能包括:使用冒犯性或攻击性语言,人身攻击,无礼的、不利的或可能煽动仇恨的评论,任何泄露个人细节的信息(例如手机号码和电子邮件地址),任何可能鼓励非法行为的事情,以及广告或其他公开促销活动。

• 在任何内容被视为违反政策的情况下，对即将采用的流程进行解释。

审核人的作用也值得注意。我记得《英国卫报》的一个团队的一番演讲，它解释了他们发现在一个讨论帖子的前10个帖子中，由于审核人的介入（例如，在一场典型的关于足球的激烈辩论中）对讨论质量产生了发人深思的重大影响。参与者意识到审核人在聆听/观看的事实（即使他们在有趣的讨论会中仅仅发表了一些平淡的言论），似乎对讨论质量产生了引导的作用，从而使谩骂和滥用的程度明显降低。

有时，可能要求审核人扮演更公开的角色，就像访谈节目的一位主持人，他会警告参与者注意其举止，威胁要删除某些帖子或只是提醒参与者坚持辩论的精神。许多论坛由少数人主导，他们有太多的时间和太多直率的观点，可以从这种坚定但公平的审核中受益。

信息管理

社交媒体可以提供宝贵的情报、信息和见解。不幸的是，这种知识通常被困在组织的"孤岛"中，可能发现它最具价值的人们却无法获得。

同样，任何具有意义的社交媒体计划或倡议可能需要组织的许多部门，潜在的客户服务、新产品开发、人力资源，当然还有高级管理团队的参与。连接组织的这些不同部门并打破内部"孤岛"至关重要。

> **打破内部"孤岛"的重要性**
>
> 一位怒火中烧的火车乘客发推文说,他所在车厢的空调尚未打开。他的推文显然很具体,不但提及火车,还提到了缺乏冷气的具体车厢。火车运营商的社交媒体监控部门很快收到这则推文,并向负责与司机沟通的部门报告,因为在几分钟内,司机收到了一则信息。然后,司机赶到公用广播部门,向发推文的乘客表示感激,并鼓掌宣布空调已打开。
>
> 这则故事可能是杜撰的,不过,我听许多人说,这些事件的一个版本确实发生过。它强调响应并处理社交媒体对话往往需要涉及组织的许多部门。在这种情况下,社交媒体团队在几分钟内,将信息先传给负责与司机沟通的人员(在此过程中可能牵涉不同直属经理),再传递给实际的火车司机。这需要快速的高水平协调与合作,许多组织对此并不容易做到。

需要创建一个有助于知识和信息传播的系统。在大型组织中,构建社交媒体功能的最常见方法是使用"辐射式系统",在此系统中,中央枢纽或部门负责社交媒体的总体方向,并提供协调功能。它负责监控社交对话并向组织的不同部门提供相关反馈,例如,任何客户问题或投诉都传递给客户服务专家,而媒体查询则传递给公关专业人员。

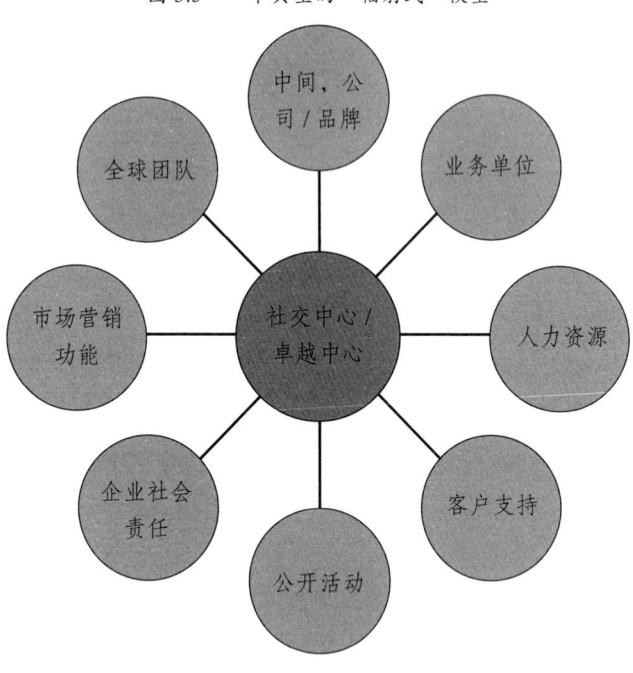

图 3.5 一个典型的"辐射式"模型

- 中间，公司/品牌
- 业务单位
- 人力资源
- 客户支持
- 公开活动
- 企业社会责任
- 市场营销功能
- 全球团队
- 社交中心/卓越中心

一个辐射式结构

一家领先的商业街连锁餐厅根据一个简单的原则来运作其社交媒体功能："确保我们从粉丝那里听到的一切都传达给合适的人。"它雇用了一位专职社区经理，负责与粉丝的日常互动并监控有关该品牌的对话。任何疑问或问题均传递给客户服务团队，而客户对特定餐馆体验的任何反馈则直接发送给特定餐馆的经理。这样，一系列相关单位和个人参与了社交媒体功能，重要的客户信息被广泛共享，而不是被困在社交"孤岛"中。

本章重点知识

1. 社交媒体渠道的选择应着重于满足利益相关者的需求和期望。除非绝对必要,否则应该抵制开设多个账户的诱惑(例如不同的推特账户服务组织的不同部门)。除了您的自有渠道外,借用渠道和免费渠道也应视为整个渠道生态系统的组成部分。

2. 尽管社交媒体社区经理的关键作用需要特别关注,但每个员工都应被视为操作系统的一部分。

3. 组织要求制定详细的社交媒体政策,该政策不禁止员工使用社交媒体,但提供必要的保护措施。此外,应该制定监督员工和筛选候选人的相关政策。

4. 任何有效系统都需要4个关键流程,即监控、对话管理、审核和信息管理。有效的流程有助于您充分利用机遇并减少大部分风险。

阅读本章后建议采取的措施

1. 审查您选择的社交媒体渠道是否继续反映您和受众的需求。表现不佳的账户或渠道需要修复,或可能关闭,因为它们只会增加成本和复杂性。

2. 审查您是否在充分利用借用渠道,尤其是动员员工和组织周围的其他人员成为社交媒体的支持者或大使。

3. 审查您使用免费渠道的效果,您是否与行业最重要的影响者有关联?

4. 审查您的政策是否符合目的,您的社交媒体政策是鼓励还是阻止员工使用社交媒体？您是不是在采取正确方法进行对话管理和审核？社交媒体情报是否传递给合适的人？

5. 审查当前流程的有效性。它们是否能及时处理大量的社交媒体活动，是否有能力识别和处理重大问题或危机？

文章 3.1
网上的仇恨和辩论难以划分界限
莉拉·拉托普图洛斯

许多企业聘请了内容审核员，但很难保证讨论内容富有建设性。

脸书在2017年10月宣布了一项对其社区准则的微小但有意义的变动。"我们将开始认可人们认为有新闻价值、重大意义或对公共利益重要的项目，"这份声明写道，"即使它们可能违反我们的标准。"此前有报道称，脸书员工认为唐纳德·特朗普关于穆斯林移民的帖子违反了他们的仇恨言论准则。在网络辩论世界中，这是充满挑战的时代。我应该知道，我负责FT.com上的《金融时报》社区，我监督着一个评论审核小组，以确保文明地在线讨论。这可能意味着我偶尔要与编辑讨论一篇报道是否应该禁止评论，或提醒记者注意报道下方的有趣对话。有时，我会征求读者对他们想要阅读的主题的想法，从英国脱欧事件到今日办公室和公司的面貌，等等。这可能非常困难。您如何使那些观点分歧严重的人进行文明讨论并使讨论富有成效？您如何使所有读者感觉宾至如归？尤其是那些属于少数评论群体的读者，例如妇女和年轻人？

并非只有新闻机构面对这一挑战。数以千计的组织聘请了社区经理、审核员和"诚信团队",他们的工作是确定评论员的行为是否越轨。如今,这些相对较新的角色对于评审服务中的所有企业(例如,从亚马逊和猫途鹰,到诸如众筹海淘、易趣网和Twitch之类的平台)而言都至关重要。甚至您的Fitbit也有一个受监管的在线社区。在所有这些平台上,均备有关于仇恨言论、不文明行为和滥用的空间。

此外还有一些巨头:脸书、推特和YouTube等社交平台。脸书拥有一个人数高达20多亿的全球性社区。它一直在努力制定有关仇恨言论的准则,并将该准则应用于不同国家和文化中。它曾犯过一些众所周知的错误。2016年,激进分子肖恩·金发布了一封他收到的充斥着诋毁言论的电子邮件的屏幕截图,以引起人们对其经常面对的偏见的关注。脸书审核员误解了上下文,于是删掉该帖子,并暂时禁用金先生的账户。

社交平台承受着遏制仇恨和极端主义的压力。最近,脸书聘请了3000名内容审核员,并一度将审核员人数提高到7500人,这几乎肯定是世界上最大的审核体系。据说,每周他们要删掉约6.6万条被视为仇恨言论的帖子。推特也因其未能保护用户免遭滥用而受到严厉批评,为此,该公司表示它会加大对滥用账户的打击力度。

社交网络的算法为用户提供增强其世界观的内容,而新闻机构应让读者接触与自己意见相左的人士。

对于读者而言,这种辩论是有益的。最近,我们对《金融时报》的订阅者进行了一番调查,发现读者喜欢评论的两大原因是:

一则可以增加他们的见识,二则可以让他们接触到不同的观点。正如一位读者指出:"评论挑战了我们对辩论的理解,并迫使我们查看其他观点。"

读者对不同的话题存在不同的看法。在英国大选过后,成千上万的读者开始思考英国政党的未来。上周,一个小组辩论了相关母乳喂养压力的报道是否与《金融时报》有关。约翰·奥特斯时常参加他的市场和投资专栏下的激烈辩论。

我们面临着没有完美答案的困境。删除批评难民的评论,您就失去了进行深思熟虑的对话的机会,这种对话可能会引起同情并改变主意。如果我们不点击删除键,而该评论主题完全是负面的,则可能疏远他人,并使他人感到不满。在某种情况下,最佳答案可能是将该评论完全关闭,尽管这样做会使读者沮丧。

《金融时报》的准则是明确的。欢迎各位读者争论或合理批评的文章,但不允许对他人不尊重,也不能扰乱他人行为,以至于使富有成效的辩论夭折。在性别、种族、宗教以及由此产生的政治等最敏感、最个人化的问题上,这条准则最难以执行。如今,随着种族主义、反犹太主义、白人至上等一度处于边缘化的问题重新进入主流政治辩论中,情况变得更为复杂。但这条准则还是要坚持的。如果一条评论具有歧视性,例如,基于种族、宗教、性、性别、性取向、残疾或年龄的诋毁,则将其删除。如果评论员常违反我们的准则,则将其禁止。

将来,审核员所做的大部分工作将会实行自动化,因为谷歌正在开发一种软件,以帮助新闻机构更好地识别有毒评论,并且由奈特基金会创办的珊瑚项目等计划正致力于开源工具的开发中，以改善新闻网站的评论社区（披露：我们正在与双方展开对话）。但是，所有这一切都不能完全代替人工审核，而且永远不会有完全客观正确的答案。

最后，每位社区经理都必须决定自己的准则。准则在其细则部分难免有点模糊不清，因此坚持准则取决于良好技术和人为判断。我们划分的界限可能区别于脸书、Fitbit 或 Breitbart 所选择的，甚至与您自己的也有所不同。为了文明交谈，读者可能需要做出相应的调整。

资料来源：莉拉·拉托普图洛斯的《网上的仇恨和辩论难以划分界限》（2017 年 8 月 23 日《金融时报》）

第二部分
付诸行动——利用社交媒体的力量发展业务

在本书的这一部分，我将说明如何利用社交媒体力量，为组织的发展做出切实贡献，不管是增加收入、减少成本还是提高运营效率。

它分为6章，每章重点介绍社交媒体可以为您的业务做出重大贡献的特定活动领域：

第四章：交付核心社交媒体计划。 说明了如何基于高效的社区管理，丰富的内容，适当的工具和适当的投资水平来成功进行社交媒体运营。为了实现您的目标，将操作系统理论付诸实践。

第五章：充分利用社交情报。 可以解释如何理解社交数据（大量的帖子、图像、有关组织的评论、品牌、产品或服务），以及如何使用这种难以置信的知识、情报和见解来更好地理解客户并预料他们的需求。

第六章：使用社交媒体促进销售和市场营销。 介绍使用社交媒体产生业务线索和推广产品和服务的不同方式。它包括有关规划和交付社交媒体广告活动以及如何利用新一代社交影响力的建议。

第七章：拥抱社交客户服务。 阐释了社交媒体如何成为许多客户服务运营的重要因素,并有望取代更多传统的面向客户的技术。

第八章:重振内部沟通。说明了社交媒体如何改变组织与员工沟通的方式。

第九章:转变企业文化。介绍了社交媒体如何鼓励更多协作工作场所的发展以及社交业务的兴起。

第四章
交付核心社交媒体计划

为什么这很重要

如果不能有效、持续性开展日常社交媒体活动，即使最聪明的策略和最复杂的操作系统也会失败。您不能一连几周都无法打开和关闭推特，或忽视您的脸书页面，然后期待成功。同样地，一旦您开辟了与利益相关者的沟通和对话渠道，他们会期望您维持这些渠道。

交付成功社交媒体计划需要：

1. 一个功能强大且训练有素的社区管理职能。
2. 源源不断的高质量内容的开发和传播。
3. 合适的工具。
4. 适当的投资规模。

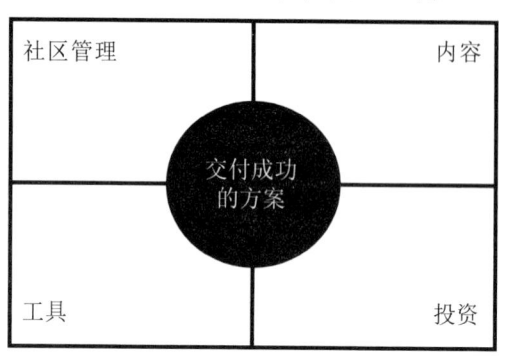

图 4.1 成功社交媒体计划的核心要素

社区管理	内容
交付成功的方案	
工具	投资

1. 社区管理

社交媒体社区管理团队将时间划分为：

- 监控有关其品牌或组织的言论。
- 跟踪关键影响者的活动。
- 回应客户或消费者（疑问、问题或建议）。
- 参与其他相关对话。
- 分析和报告数据。
- 设计和创造原始内容。
- 规划、交付和评估付费活动。

对于分配给每个任务的时间没有硬性规定，它取决于业务规模、行业的不同以及预算大小。不过，在被动倾听和主动创造之间取得平衡至关重要。如果您的社交媒体团队几乎所有的时间都花在发布原始内容上，并用帖子、评论和其他活动充斥您的社交渠道，那么他们可能是在浪费金钱和错失机会，而这是通过倾听和回应他人的言论所无法获得的。首先，我建议每个单独任务分

配以下时间：

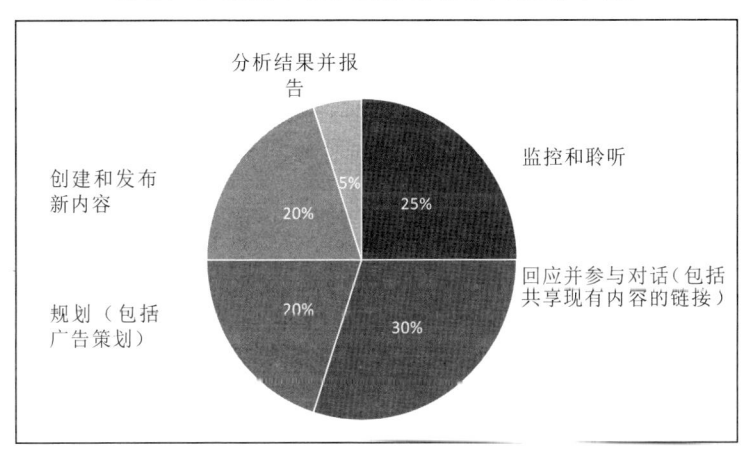

图 4.2 社交媒体社区管理团队分配给不同活动的时间

监控和聆听	25%
回应并参与对话（包括共享现有内容的链接）	30%
规划（包括广告策划）	20%
创建和发布新内容	20%
分析结果并报告	5%

如您所见，至少一半的时间花在"反应式模式"（聆听和回应他人的言论），而在"广播模式"（创建和发布新内容）上花费的时间则相对较少。

其中一个选项是将社区管理职能外包给专业机构。将社交媒体功能内包或外包给代理合作伙伴的决定，是基于各种考虑和权衡取舍的结果。与小型内部团队相比，代理机构通常可以提供更深入的社交媒体专业知识和资源。另外，外部供应商往往难以掌握所需的技术产品知识水平，以回答详细的或非常具体的查询，尤其是在紧迫时间范围内和需要多个部门参与的情况下。[1]

---

[1] 领先运动服饰品牌的社交媒体社区管理团队的其中一名成员告诉我，他们被问到的许多问题通常非常复杂，需要公司技术专家的帮助。他认为，外部机构快速访问此类信息相当困难。

您应该将社区管理职能内包还是外包？

	优点	缺点
内部	关键决策者和内部专家的密切合作意味着更快的响应时间。整合社交媒体活动并与组织的其他部门共享知识应该更容易。机密或专有数据可保存在组织,而不是与外部供应商共享。	典型的小型内部团队的资源约束可能是一个挑战,尤其在需求旺盛期或危机情况下。小型团队很难跟上技术创新和不断发展的最佳实践的步伐。
外包给机构	与典型的小型内部团队相比,具有丰富的专业知识和资源。	对于社交媒体的查询,尤其在需要专业知识或信息方面,可能反应不够敏捷或不够及时。

社交媒体社区管理不善的后果

即使最聪明的社交媒体团队有时也会出错,并且无意间将对话变成了问题。这通常反映了:

- 处理社交媒体对话的员工判断失误。
- 使用被视为不恰当或傲慢的语气。
- 允许激烈的对话升级为全面辩论。
- 未能警告其直属经理情况已失控。

未能判断形势的严重后果

误解交谈情绪或幽默尝试的失败往往会适得其反。媒体稍后报道了沮丧的乘客与伦敦交通局之间于2014年4月的推文对话。乘客的最初推文是："整理 @LDNOvergournd。如果我再次迟到，这个月我将损失 25% 的工资。您们这帮人会给我报销吗？"我收到如下答复，我认为这可能是一次幽默的尝试，"早点走，下次您就不会迟到了。希望这可以帮助。"由此可见，乘客的反应是可以理解的："您怎么敢这样回答，对您的拙劣服务为啥我要赔偿。为啥不准时运行？"在此阶段，伦敦交通局社交媒体团队不得不让步，"我不认为这是故意的，我会调查这件事的。"

该案例研究强调了社区管理角色的重要性。它要求仔细挑选和培训。仅将团队中最年轻的人员置身于社交媒体（这是大多数组织使用的方法）中，风险很高。我颇有兴趣地发现，推特的一个较为成功用户（作为客户服务渠道）的社交媒体功能是由一群 50 多岁和 60 多岁的人员提供的。该部门负责人告诉我，他们可以在几个小时内教会人们如何使用该技术，但是要真正了解如何与人打交道需要花费数年甚至数十年的时间。

2. 内容

建立有效的社交媒体形象取决于从所选择使用的渠道中可以定期获得高质量的材料供应。对于大多数组织而言，这意味着需要投入大量时间和金钱。

内容有四大类型：

- 重新设计用途的内容——生成新内容的任务既费时又昂贵，这也是我建议组织首先从现有资产着手的原因。大多数公司积累的内容丰富多样，从报告、思想文章到电影和照片，包罗万象，其中大部分隐藏在他们的在线文件系统中不起眼的角落，或深埋在他们的网站中。因此，在匆忙着手准备新材料之前，需要对您所有的内容进行审查。

• 创建的内容——如标签所示，这是专门为社交媒体所创作的原始材料，例如照片、信息图和帖子。虽然在创建公开促销内容（要约、交易、促销）方面肯定没有什么错误，但一般经验法则是要在信息/娱乐和促销之间达成 80:20 的平衡，也就是说，您创作的 80% 内容应该具有鼓舞人心、告知、教育或娱乐的作用，只有 20% 的内容用来销售您的产品和服务。如果这一平衡未能把握好，您可能会疏远您的受众和失去粉丝。内容创作的明智之举是先聆听目标受众的对话，以建立有关他们的兴趣和偏好的资料，然后再去创建自己的素材。据马歇尔·曼森（企业传播机构布伦瑞克的合伙人，并在埃德尔曼和奥美担任高级管理和数字职务）介绍，"我们可以根据目标受众的喜好和行为量身定制，具有高度的个性化，如果如此做的话，它将大大提高效率"。

• 精选内容——由您从社交媒体渠道链接到的其他组织或个人制作的材料。例如，由分析师制作的市场报告，您认为受众会觉得有趣。您必须清楚地表明这是别人的内容，要抵御诱惑或不要冒领别人的功劳。

• 用户生成内容（UGC）——由组织外部人员（您的客户）创建的内容，客户提供内容给您，以在您的社交媒体渠道中展示，或发布在自己的渠道，通常附带广告系列标签。使用大量可用的工具将特定主题标签的用户生成内容汇总，并将其展示在您的网站上。

> 绿色和平组织活动家所领导的一场巧妙的颠覆运动备受赞誉，它鼓励可口可乐公司减少其包装引起的环境破坏。其中颇受关注的举措之一是鼓励支持者将污染其当地环境的瓶子的照片上传到照片墙、脸书和推特，并通过与 #EndOceanPlastics 合作，一起颠覆该品牌的 #ShareACoke 和 #CokeSummer 的主题标签。

密切关注所有权

谈到在线资料时，您需要注意所有权问题。从网络下载精美照片以用于我们的演示是如此容易，以至于我们时常忘记我们可能侵犯了知识产权。您需要确信自己有权使用您和您团队在社交媒体上展示的任何内容（尤其是图像）。一些版权所有者会使用先进软件跟踪其图像的非法使用。从无版权网站和低成本照片库中可以获取足够的图像，这应该不成问题。

创建内容计划

鉴于大部分活动都涉及对他人帖子或推文做出反应或响应，因此任何社交媒体程序均具有一定程度的自发性。然而，制订一个内容日程表或编辑日历时，将公司新闻、时事和季节性事件，以及任何计划活动等因素考虑进去，是合乎情理的。

> 在全球粮食运动期间，我们通过制作围绕全球体育赛事（例如世界杯和奥运会）、宗教节日（例如排灯节和复活节）、全球事件（例如全球粮食日和地球日），以及国庆节（例如

7月4日)等主题的照片来引起人们对该运动的兴趣。

抵制人人都想蹭热门主题标签的诱惑。在许多备受瞩目的案例中,组织试图利用与自然灾难或其他危机情况有关的不适当主题标签,但均不出意外地遭到了社交媒体用户的猛烈抨击。

美国时装零售商肯尼斯·科尔的一名员工认为,与2011年所谓的"阿拉伯之春"相关的埃及政治动荡是发布以下推文的恰当时机,"开罗的数百万人在骚动。有传言说他们听说我们的新系列可以在线购买……"这段推文在网上和传统新闻媒体中引起了轩然大波,遭到强烈批评。

如何制订内容计划

您应该像大多数编辑部那样在制订自己编辑时间表时,使用结构性内容规划法,从而可以在长期规划和利用短期机会之间取得平衡。通常,我建议组织制订一份合理的、详细的、为期3个月的日程表,这样就有足够时间规划如何最大限度地开展未来工作。不过,这需要与每周和每日计划会议结合起来,以识别短期机会、热门话题(和主题标签)。

内容计划的内容:

目标——我们要达到什么目标以及如何评估?

• 目标受众——我们正在努力吸引和/或影响谁?我们如何才能最好地满足他们的兴趣/需求?这是社交聆听可以发挥重要作用的地方,例如,温布尔顿网球锦标赛的组织者在赛事赞助商

IBM 公司的协助下，特别积极地聆听网球迷在社交媒体对话。据全英草地网球和槌球俱乐部的传播、内容和数字部门主管亚历山德拉·威利斯的介绍："我们正在分析球迷们的谈话，他们的兴趣所在以及消费的内容类型，然后我们用它来调整我们的内容计划。"①

我们能重新利用哪些现有资产？

• 我们可以宣传有关公司新闻/重要事件，例如新产品发布、广告活动、高级管理思想等。获得这种公司内部信息无疑是一种挑战，尤其是在高级领导团队不参与或工作繁忙而无法提供信息的情况下。您需要确定组织内哪些关键人物有助于识别和生成这些信息。

• 我们可以利用下列事件：

• 日历事件——公共假日、宗教节日、其他受欢迎事件（例如情人节②、黑色星期五和体育赛事）。

• 现有的意识提高倡议，例如地球日。

• 受欢迎的主题标签，例如 #BlueMonday。

为您的内容制定最有效的时间表。

标准的社交媒体分析工具将有助于您确定在一周或一天中的哪个特定时间，您的社交媒体帖子和推文会更有效。谨防任何所谓的专家，他们往往会信心十足地宣布"最佳发帖时间是周一上

---

① 2017 年 5 月在 iSportconnect 数字粉丝参与大师班的讲话。

② 根据推特介绍，2017 年情人节共产生 4100 万条推文和 26 亿推文观看次数（推特内部数据），从社交角度可以看出这一事件的受欢迎程度，但也面临着如何在这么多相互竞争的信息中脱颖而出的挑战。

午10点"。其实，根据我的经验，最佳时间往往因不同品牌和组织而异。我的一位客户从事采矿行业，他毫不奇怪地发现早上和午餐时间是发帖最有效的时刻，因为在工作日的其他时间段里，他的大多数目标受众都在地下。

若您经营一个独立的全球账户，您应牢记时间差——从伦敦发出的晚间主题帖子可能不会引起美国粉丝的共鸣，因为他们正在度过自己的午休时间。

使用诸如Hootsuite之类的日程安排工具，可以轻松地安排一天/一周中特定时间的帖子和推文，并有助于管理社交媒体团队的研讨会。

为每个渠道交付合适内容的频率

有证据表明，发帖和发布推文有个最佳的频率。根据业务部门的性质和最终共享内容的质量，它会有所变化，但经验法则似乎如下所示。

- 推特是一个高频率渠道。据估计，一条推文的平均寿命约为20分钟，在那之后，除非已被共享或有人有意识地寻找它，否则该推文将消失在数字以太网中。这意味着，在这20分钟内除非您的目标受众碰巧登录推特，否则他们不可能看到您的推文。因此，组织需要多发推文（理想情况下，在一天的不同时段发布推文），并准备在多个渠道共享相同内容。在很多情况下，与没人看到这则内容的风险相比，让粉丝在不同场合看到相同或类似推文所带来的风险（即疏远粉丝）要小得多。这也是许多组织发现推特作为促销或宣传渠道所获得的巨大价值具有挑战性的原因，因

第二部分 付诸行动——利用社交媒体的力量发展业务

为它需要源源不断的、高质量的、引人入胜的内容。

• 脸书和照片墙的运行频率较低,每天似乎只有1—2条帖子有效,尽管照片墙故事是从Snapchat复制的一项功能,其中原始和未经润饰的内容要24小时后才消失,但通常需要较高的频率。

• 领英是一种低频媒体。虽说该渠道的使用越来越多,不过,许多人只是偶尔登录领英而已。领英上某条内容的寿命可用天而不是几分钟来衡量,这意味着组织和个人只需要一周发布1—2个项目。

一些组织为社交媒体团队设定了输出目标,例如,向他们布置每天至少发布4条推文的任务,尽管存在着仅仅出于活动的目的而鼓励活动的风险。在理想情况下,输出水平应由需要传达的新闻量和特定主题的对话量来决定。

3. 工具

在过去的几年中,出现了一个充满活力的社交媒体软件市场,提供着几乎令人眼花缭乱的工具选择。通常,已创建的工具在以下一个或多个领域提供解决方案。

• 简化跨多个渠道的活动的管理、调度、跟踪和报告。我建议投资这些系统之一。通过将所有主要社交媒体的推送集中在一个独立的控制面板上,使它易于追踪和安排活动,这样将最终节省时间和精力。如果您正在处理大量的客户和一般消费者的推文和帖子,这就变得至关重要。[①]

• 从整体上和个别渠道上来评估社交媒体投资的绩效,例如,

---

① 使用最广泛的管理工具包括Hootsuite、Buffer、Spout Social和Sprinklr。

您的帖子或推文所能达到的受众范围和受众参与度。使用这种分析类型有助于微调或优化您的活动：例如，什么类型的内容可以更好地吸引或发展受众？什么时候安排活动最好或最有效？

• 跟踪公司、品牌的提及（加上情感分析），并基于社交媒体对话收集情报/见解。

• 发生问题/危机时，发出警告/警报。

• 确定特定主题领域的热门话题和关键影响者。

• 评估网站流量和社交活动产生的其他在线行为。

• 管理潜在客户和未来的领导团队。

• 可视化数据。通过使用工具，将大量数据聚集在人性化的报告系统或控制面板中，作用非常突出，尤其是当您想与繁忙的高级管理团队共享关键结果和见解时，更是如此。

案例研究：飞利浦照明如何可视化社交媒体数据

一些公司采取其他措施，创建一个社交媒体"任务控制"设施。例如，飞利浦照明公司在其埃因霍温总部建立一个外观令人印象深刻的指挥中心，其特色是一面纯平屏幕，通过其社交媒体管理系统可视化生成多股社交数据流。

该公司社交媒体主管克莱夫·罗奇认为，这个"社交媒体剧场"在提升公司内部社交媒体数据潜力方面发挥着重要作用："市场营销和传播团队可以使用它查看活动效果，确定趋势，检查竞争对手的表现并发现影响者。"[1]

---

① 要了解飞利浦照明指挥中心的外观，请查看克莱夫·洛奇创建的 Vine-- https://vine.co/v/55gDbw0rlhm。

从免费材料着手

我见过许多组织浪费大量资金购买非常智能和复杂的工具，而他们却不知道如何使用，这好比让初学驾驶者开法拉利汽车一样。为此，我建议，在投资大笔资金购买复杂管理或监控工具之前，先多使用可获得的免费工具。通过使用免费工具，您和您的团队将学到许多基础知识，并对您想用的付费工具有更好的了解。[1] 另外，许多工具开发商也提供免费增值模式或免费一个月的试用版。

4. 投资

使用社交媒体，不需要重大投资，就可以实现许多目标。除了人力外，建立渠道、发布内容和使用渠道的分析工具来评估您的绩效都不需要花费任何费用。这也是许多资金有限的小型组织能够利用社交媒体的力量，确定和吸引大量客户和顾客的原因。

然而，总有一天您会需要额外的投资来帮助您的运营和活动更上一层楼。随着需求的发展，可能需要投资的主要领域有4个。

1. 人力——尤其是社交媒体社区管理。小型组织也许可以将社交媒体监控和管理的职责增加到现有员工的工作量中，但最终，大多数寻求发展其社交媒体业务的组织将需要考虑一个专门的社区管理角色。鉴于在假日或生病期间需要分配角色，这可能需要不止一个人员，我碰到至少一个小型组织，当该公司进入社交媒体渠道的唯一员工度假时，它发现自己处于社交媒体危机中。我

---

[1] 有许多产品可供选择。在谷歌搜索栏中输入"社交媒体监控"或"免费社交媒体工具"，您会有各种选项。

曾遇到过至少一家小公司陷入社交媒体危机的情况，当时该公司里唯一能够访问其社交媒体渠道（以及使用这些渠道的专业技能）的人正在度假。

2. 工具——正如我早先解释的那样，一旦您的需求超出了免费工具的能力，您可能需要使用付费监控和管理工具。这些工具往往可以提升现有团队的生产力和成本效益。

3. 内容——在主要社交媒体渠道上保持活跃有效的展示，需要制作高质量的创作内容（例如视频、市场报告和信息图表），而这一切都需要投资。通过重新利用现有内容或制作自己的材料，您能实现的只有这么多。

4. 广告——无须使用广告也可以开展社交媒体活动，不过，即使很小的增量预算也有助于扩大活动的范围和影响力。在没有付费因素的情况下，大规模开展社交媒体活动很困难，而且，肯定无法在脸书上获得大量的现有粉丝和支持者。一直以来，脸书都非常聪明地吸引品牌和企业加入其生态系统，最初不收取任何费用，然后改变其商业模式，这样，这些品牌和企业现在想从脸书获得任何利益，唯一的方法就是花钱购买有偿活动。在早期，品牌可以使用脸书招募大量粉丝，然后使用高质量的、常规帖子与受众进行互动交流，这一切都是免费的。自那时起，有机获得粉丝的能力——脸书将此定义为在自己网页上发帖时可以免费联络到粉丝的数量——逐渐被脸书算法的变化所侵蚀，该算法决定了我们在新闻推送中看到的内容。[①] 使用有针对性的社交媒体广

[①] 这一比例已降至10%以下，而对于拥有大量粉丝的品牌或组织而言，这一比例可能低至2%。

告还可以有助于组织在其核心受众之外分享其内容，并增加其粉丝的总体数量。

为额外投资找到充分理由很困难。坦尼娅·约瑟夫是英格兰体育委员会的前任商业合作伙伴总监，也是参与设计屡获殊荣的"这女孩可以竞选"的关键人物之一。她告诉我，在说服她的高级管理人员投资社交媒体广告支持方面，她遇到了一些挑战："在一些高级经理中有一种误解，认为一切都可以有机地进行。几年前可能就是这种情况，如果我在社区发布一些东西，很可能会吸引他们，但是现在肯定不是这种情况。如果要吸引大量受众，无论是宣传帖子还是赞助视频博客，都必须在社交媒体上花钱。"

本章重点知识

- 训练有素，掌握丰富资源的社交媒体社区经理对于交付有效的社交媒体运营至关重要。

- 除了从头创建的原始内容之外，还可以通过重新设计用途，精选内容和用户生成的内容来满足您的内容要求。制订社交媒体内容计划将有助于平衡计划和自发的活动。

- 在投资购买付费工具前，先从可用的许多免费工具入手，以帮助您处理关键任务，例如设计媒体管理、监控、分析和报告。

- 要使社交媒体运营的绩效更上一层楼，必须认识到在人力、内容、工具和广告上的投资需求，这一点很重要。

阅读本章后建议采取的措施

- 审查社交媒体社区管理的质量，尤其要确保负责人员提供培训、支持和资源，以使其高效地开展工作。

• 审查重新设计用途的内容、创建的内容、精选内容和用户生成内容之间的平衡，尤其要确保在创建新内容之前，充分利用现有的资产。

• 审查是否能使在有偿社交媒体工具上的任何投资实现最大化的价值，以及是否有更好或更廉价的选项。

• 制订一份投资计划，确定现有业务中可以通过增加谨慎投资来加强或充实的领域。

第五章
充分利用社交情报

为什么这很重要

社交媒体需要在真实情景下，真实的人实时用自己的语言谈论真实的事情。只要您知道如何捕捉和理解它，这便代表了难以置信的知识源泉，以及对客户行为、意图和新兴趋势的洞察力。通过社交聆听捕获的社交数据包括人们在社交媒体中创建的任何对话、文字、图像和视频，还有他们用来推广、共享和点赞这些内容而采取的动作。

每个组织都可以访问有关客户、竞争对手、市场趋势和其他关键业务知识的情报，无论是临时参与社交媒体对话，还是使用复杂技术来汇总数以百万条评论和帖子，都可以访问。

从社交聆听中获得的信息与您从企业获得的任何其他数据（例如传统的市场研究或交易数据）完全不同。它捕捉了有关类别、企业或品牌的真实对话。社交聆听专业机构 Listen & Learn Research 的创始人杰里米·霍洛指出，"我认为这非常像在公共汽车上偷听人们谈论自己的生活一样。如果您查看护发类别，则所有广告都侧重于道德和产品配方，但是，如果您在社交媒体中听到人们谈论他们的头发的消息（也许是在搜索诸如受损发质之类的东西时），则对话会截然不同"。

社交聆听会有助于您发现：

- 市场商机

联合利华公司使用社交聆听来确定其烘焙、烹饪和涂抹业务的潜在增长市场。它分析了博客、论坛、脸书品牌页面、Tumbler、推特和照片墙上正在讨论的内容，以建立收益、障碍和机会，触发有关产品选择决策的因素以及目标受众的灵感来源。该公司声称，与传统研究方式相比，使用社交媒体聆听可用一半的时间和一半的成本获得相同质量的消费者情报。[1]

- 新兴趋势

一家饮料公司使用社交聆听，以洞悉人们如何谈论外出度良宵。它寻找人们使用的检索项，他们与他人互动的方式、内容和语言，所有这一切有助于告知市场营销沟通和促销活动。

- 客户需求

一家金融服务公司使用社交媒体进行聆听和分析，可以帮助它了解不同年龄段人口群体的需求，这些不同人群谈论

---

[1] 作为与市场研究协会和营销协会合作的 #IPASocialWorks 项目的一部分发布，2017年8月22日。

金融服务时所使用的语言,以及在金融服务方面他们所关心的金额。它还使用社交数据来告知产品命名、消息传送、应采用的赞助和合作伙伴关系,甚至还包括应投放广告的电视节目。

- 在您的类别中人们使用的语言和图像

约克郡建筑协会在一个社交聆听项目中发现,金融语言与真实人使用的语言之间存在着脱节现象。据该公司社交主管里查德·巴辛德介绍,像"按揭"和"储蓄"之类的术语并不像我们想象的那样经常使用——人们谈论的是"房屋"和"愿望"。在社交活动中我们改变语言,以关注愿望和"家"的含义。①

- 客户对您的产品或服务不满

美国社交媒体评论员杰夫·贾维斯有句绝妙的话——"学会去爱恨您的客户"。② 贾维斯的观点是,从不满的客户身上您往往可以得到宝贵的见解,这些见解突出了您的产品或服务可以改进的地方。我们面临的挑战是,如何将提供有益和建设性意见的普通消费者与在许多社交媒体论坛上经常出现的专业抱怨者区分开来。具有审查某人社交媒体历史的能力会相对容易发现连续投诉者。社交聆听者应牢记,在某些类别中客户情感比其他类别的客户情绪更消极,例如,对金融服务产品和服务的评论往往比规范

---

① 引述于2017年2月22日《营销周刊》中的《社会洞察的未来》。
② 引述于2008年2月21日《彭博商业周刊》中的《爱上恨您的客户》。

情况下更消极。

- 业务部门中创新者或早期尝试者的观点和偏好

消费技术行业的许多品牌都在跟踪创新者或新产品和服务的早期尝试者之间的对话。后来,这些对话对主流购物行为产生了重大影响,因为这些是其他人在网上搜索时通常会找到的评论。

- 创新机遇

社交聆听可以充当创新和新产品开发的跳板。

> TomTom 卫星导航公司的一位分析师发现,在一家英国社交论坛中人们正在讨论该公司一款产品的连接问题。他们将此消息传递给该公司的产品开发团队,然后该团队直接与在论坛上讨论这个问题的客户合作解决问题。这个一次性事件随后促使 TomTom 鼓励开发新的研发流程,在该流程中,TomTom 定期进入社区,以获取有关产品设计、功能和常见问题解决方案的灵感。

- 员工关注的热点问题

获得未筛选过的员工观点的最佳方法之一是,阅读他们在 Glassdoor 招聘程序上的评论,以及失败的求职者的观点。差的评分可能表明存在着传统人力资源渠道尚未发现的潜在问题。据经验丰富的非执行总裁埃德·华纳介绍,"非执行总裁日益察觉到针对他们所监控公司的这种未筛选过的反馈,并意识到不良评分可能在警告发生了问题,而董事会管理层尚未明显注意到该问题"。[①]

---

① 发表于 2017 年 9 月 4 日《泰晤士报》。

第二部分 付诸行动——利用社交媒体的力量发展业务

• 迫在眉睫的问题或危机

> 一张照片正在社交媒体上共享,该照片上的美国一家麦当劳餐厅门上似乎贴着这样的标语:"部分原因是最近发生一系列抢劫,作为一项保险措施,非裔美国客户现需要在每次交易时多支付 1.50 美元的费用。"麦当劳社交媒体团队迅速发现并反击这种恶作剧,在推文上以严厉的言辞抨击:"这张照片是毫无意义的且无知的恶作剧。麦当劳一贯重视所有客户,多样化观点已深深植根于公司文化中。"该公司的股价在第二天飙升了 5 个百分点。有人认为,这在一定程度上反映出投资者对此事件的反应是多么及时有效,令人印象深刻。

社交媒体聆听还可以帮助经理们摆脱内省的习惯性舒适区,在这里他们发现自己总是与相同的同事交谈,分析相同对手的活动,以及阅读相同的文章。这与许多零售商所采取的方法类似,他们希望自己的高级经理每年都来基层工作一段时间。他们的总公司可能有机会获得堆积如山的市场研究、管理报告和销售数据。不过,人们普遍认为,只有通过个人接触客户、员工和日常零售业务,经理们才能真正理解自己的业务,从而作出正确的运营决策。社交媒体可以执行类似职能。经理们不用花几天时间考察基层工作或陪同销售代表拜访客户,他们只需登录社交媒体,然后实时监控人员的真实视频。

> 美国一家银行的执行总裁从公司底层(银行出纳员)开

始自己的职业生涯。通过这份工作，他亲身体会到客户的顾虑，并且在与客户面对面的业务往来中，他了解到银行的声誉。这正是他高居执行总裁后所想了解的内容，也是为什么他如此重视社交聆听的价值所在。他谈论了他如何保持组织的真实性，并切入层层精心设计的、对首席执行官友好的内容来倾听客户的真实声音。

下表总结了从基本到较为复杂的可用社交聆听选项的范围。

图 5.1　社交媒体聆听选项的范围

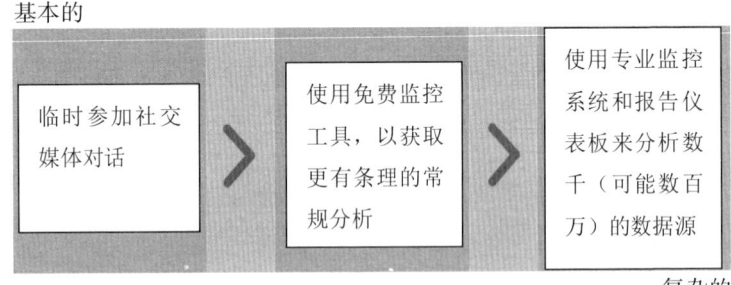

基本的

| 临时参加社交媒体对话 | 使用免费监控工具，以获取更有条理的常规分析 | 使用专业监控系统和报告仪表板来分析数千（可能数百万）的数据源 |

复杂的

即使是临时聆听也能为组织增加价值，提供机会快速了解客户情绪和兴趣。我们所有人都应该主动花 5 分钟倾听（或更准确地说，是偷听）客户、雇主、潜在合作伙伴或其他重要受众的意见和看法，而不必特意去参加小组讨论会或花钱请市场研究机构。显然，从单个客户帖子、评论或推文中所得出的任何结论均需谨慎对待。因为它可能表示未满足的需求或正在出现的问题，尤其是如果它来自权威来源。不过，只有通过分析大量的社交媒体数据，才能并应该能作出重要的业务决策。在某种意义上，它与将业务决策基于亲身市场调研（而不是具有代表性的样本）之间没有什么区别。

在投资复杂社交媒体管理系统之前，建议您尝试使用可用的免费工具。许多领先的开发商都在使用"免费增值"模式或提供免费试用的机会。

传统市场研究的替代方案

有人建议，社交媒体聆听可以取代更多传统形式的市场研究。威尔·麦金尼斯是一家世界领先的社交分析公司的品牌观察首席营销官。可以理解的是，他一直热衷于社交媒体分析所带来的价值："我们正在以较低成本提供真正的见解并帮助作出更为明智的决策。"进行传统市场研究需要花费数千万英镑。我们没有必要取代它，因为大多数客户仍然喜欢这种混合方法，不过，社交分析可以产生更便宜、更快的结果。当处理临时研究请求时，例如当高级管理团队希望快速量化决策，或确定某事物是真正的趋势还是正在出现的危机时，此功能特别有用。我们其中一个客户将此称为"镇定数据"。他依靠社交媒体分析来快速、廉价地确定是否值得担心的事情。不通过完善的研究项目来应对任何潜在危机或问题，可以节约大量成本。

杰里米·霍洛认为，社交媒体并非取代传统形式的市场研究；相反，它可以作为主流研究的基础，可以帮助研究人员确定不同的主题和潜在问题领域，然后将它们正式确定为定量问卷的一部分。他建议，"当您知道要测试的内容时，定量研究会很好，但在构思新颖想法时却效果不佳"。

这类似于创新产业考虑使用基于人群的解决方案或所谓的

"开放创新"方式。作家埃里克·雷蒙德是这种方法的坚定支持者,他提出"大教堂和集市"的比喻来描述两种迥然不同的创新模式。[1] 集市代表了宽松的开源方法,利用了开发人员社区或更广泛的在线人群的技能,而"大教堂"则代表传统的、受到严格控制的模式。软件行业的经验表明,"集市"模式在创立概念方面(这些概念仍依赖个人天才的智慧火花的迸发)不是非常有效,但在测试和改进它们方面非常有用。

如何利用社交聆听来指导策略性计划

- 您的品牌和传播策划者是社交数据的监护人。社交分析的重要性在于透过单纯的数据显示,挖掘数据背后的故事。好的策划者就是优秀的说书人。他们明白如何将通常是复杂的,有时却自相矛盾的研究和数据转化为令人信服的概要或引人注目的报告。这也是社交数据在政治竞选活动中发挥如此核心作用的原因。才华横溢的竞选活动策划者埋头于社交数据中,可以找到一种方法,使他们的政治领袖在更大视野中大展宏图。

- 鼓励高级经理拥抱社交聆听的价值,并充分理解社交聆听有助于他们切入层层精心设计的、对首席执行官友好的内容,从而倾听到客户的真实声音。

- 尝试使用社交聆听数据来指导对业务至关重要的战略决策,而不是简单地将其作为告知创造性开发过程的一种手段。

- 考虑通过将社交媒体从数字部门转移到组织的核心部门来

---

[1] 埃里克·雷蒙德编著:《教堂与集市,一位偶然革命者对 Linux 和开源的沉思》。

创建一些数据"剧院",例如,通过在接待区放置平面屏幕,可以将多个社交数据流可视化。源源不断的帖子、推文、评论和图像吸引着从初级社交媒体执行官至首席执行官的所有人。它将激发对话,引发争论,并不断提醒人们,我们可以获得丰富的可用情报。

人或机器

社交媒体聆听技术变得越来越复杂。不断发展的模式识别技术可以监控社交媒体使用的照片、图像甚至表情符号,使公司可以获取有用的信息,了解人们使用自己品牌的方式。不过,人工分析还是必不可少的。杰里米·霍洛预测,自动化分析将不可避免地在阐释社交媒体对话方面变得更加有效,尽管不敢想象在不远的将来它会取代人工编码,或具有专业分析能力来识别见解,并将数据与具体业务需求结合起来。目前,技术很难对跨社交媒体共享的图像提供有意义的分析。它能使用模式识别来确定标志和简单模式,但无法对特定图像所引发的情绪或感觉做出有意义的解释。

本章重要知识

1. 社交媒体聆听可以带来实实在在的好处,那就是在真实情况下实时聆听真实人,以真实言语谈论真实事情。

2. 通过提供有关客户行为和偏好的新见解,它有可能改变市场研究,并重振营销计划。

3. 尽管建议采用更有条理的方法,并投资于跟踪工具和分析专业知识，但即使是临时聆听（偶尔听取客户或利益相关者的对话）也非常有价值。

阅读本章后建议采取的措施

1. 回顾现有的社交聆听方式。
- 它是否提供可行的情报？
- 这种情报是否在组织中广泛共享？
- 您的员工是否具有捕捉、分析和阐释数据的专业知识？
- 投资于付费聆听工具是否有什么成效？

2. 审查目前使用的营销研究，以确定是否需要通过使用社交媒体聆听来进行补充，或部分取代。

文章 5.1
大数据能否革新政府决策?

罗宾·威格斯沃思

挖掘数字信息以获取准确、最新的经济快照,助力官员更快、更好地作出决策。

20 世纪 80 年代后期,阿尔贝托·卡瓦洛还是一位生活在阿根廷的小孩,那时拉美国家正遭受着一场偶发性危机的煎熬。失控的通货膨胀,甚至使得购物成为日常忙碌的冲刺。每天,卡瓦洛和母亲需要去银行提取购买必需品的足够比索,其余的都用美元储蓄。然后,他们奔赴当地商店,并尽快抢购他们需要的东西,希望在价格表再次更新之前赶到柜台前。"如果我们不能及时赶到收银台,那我们必须回到银行再次提款。"他悲伤地回忆道。但这段经历却为他日后在通常保守的经济统计领域开展更有趣实验埋下了种子。试图利用"大数据"爆炸来提升、补充甚至最终取代传统的数据形式,后者仍然为无数决策者、政治家和学者提供信息并影响他们的观点,以及指导价值数万亿美元的投资。卡瓦洛先生现在是麻省理工学院的应用经济学教授,在那里他与另一位麻省理工学院教授罗伯特·里戈邦共同管理"百亿价格"项目。该项目始于 2006 年,当时的阿根廷政府被指控操纵其通货膨胀数据。卡瓦洛和里戈邦两位教授意识到，通过汇编阿根廷零售商列出的网上价格，他们可以建立更准确和同期的真实通胀率度量。自从 2015—2016 年政府更迭以来，阿根廷公布了更准确的通胀指标。该项目的商业部门 PriceStats 通过分享这份图表，现在可以收集到足够的数据，为 22 个经济体提供每日的通胀更新。卡瓦洛教授指出，"这有点意外。但我们很快意识到它可以应用到其他地方"。该项目只是当今流行趋势的一个案例，该趋势是指在浩瀚的大数据海洋中搜罗有关公司、行业或整个经济体表现的信息。一些数据可以提供有用的（尽管不太完善）见解。不过，一些专家预测，我们在线生活的数字指标最终会被压缩成实时的经济趋势图，使得当今数据看上去与 20 世纪 20 年代的铁路货运信息一样古香古色。我们数字信息留下的踪迹随处可见。根据国际数据公司的研究表明，全球每年的数据生成量都会翻一番，到 2020 年，数据总量将达到 44 泽字节（即万亿字节）。若将所有信息都输入高端平板计算机中，则这堆平板电脑的高度将是地球至月球距离的 5 倍多。卡瓦洛教授与同事发现使用互联网价格监控通胀的新方法 © MIT。替代数据提供商 Quandl 的负责人塔默·卡梅尔表示："如果您利用正确的数据集，您想了解的有关经济的任何事情都会马上知晓。""这是其中一个巨大机遇。这些经济报道不能与时俱进，但会影响市场走势，只要查阅到合适的资料，现在您便可以对它们有所了解。"鉴于大数据存在许多明显的或隐秘的缺陷和偏见，这听起来可能有点雄心勃勃。但一些数据科学家认为，随着我们的生活越来越多地与网络息息相关，我们可能正接近近似即时经济统计数据变成现实的时刻。乔纳森·肖是伦敦艾伦·图灵研究所有关利用经济研究中替代数据的新项目的主管。他指出，"整理所有数据并将其以正确形式呈现并非毫无轻重的挑战。""但在 10 年内，我认为我们将非常接近于制订经济实时图。如果我们在这 10 年间做不到，我会很失望"。当英国于 2016 年决定投票脱欧的时刻，分享这份图表，许多经济学家预测一场灾难将很快来袭。英国脱欧公投后，一项对服务行业乐观情绪的调查立即遭受到其 20 年来最人的跌幅，高盛投资公司预计英国将陷入衰退。但迄今为止，事实证明，英国经济在脱欧之前的那段时间表现出了惊人的韧性。并非所有人都措手不及。英国施罗德投资集团于 2015 年成立数据分析部门，以帮助其解析大量新的数字信息，其中包括人们可以初步了解实时消费模式的信用卡数据。尽管到处弥漫着忧郁情绪，但数据显示其影响可忽略不计。施罗德数字部门主管马克·安斯沃思表示，"我们可以告诉我们的基金经理，情况看上去不错，几个月后，官方数据会证实这一点"。"所有这些数字数据可以助力您从不同角度了解当前经济"。其潜力是光明的。社交媒体供稿可用于建立实时情绪指标。太空中的卫星可以看到哪艘船在何时何地停靠、油箱是满的还是空的、农作物的质量，甚至高炉的生产率。信用卡购物和电子邮件收据可以显示零售消费情况。来自成千上万个职业网站或公司网站的工作列表可以揭示就业模式。智能手机发送的位置数据可以表明我们在任何给定时间的位置。随着时间的流逝，"物联网"可以通过网络冰箱揭示我们的日常饮食习惯。港口、停车场、道路和机场的卫星图像可以显示许多有关货物流动以及经济活动的信息。像盖蒂矿业公司这类新数据集过去曾经是复杂"定量"对冲基金的保留地。如今，一些国家的财政部、中央银行和统计机构也开始涉足这一领域，希望更好、更快地了解经济发展趋势，这种情况可能会对公共政策产生重大影响。金融危机暴露了官方数据中的重大缺口。美国国家经济研究局商业周期测定委员会是判断美国经济收缩的半官方仲裁机构。直到 2008 年 12 月（雷曼兄弟破产后将近 3 个月），该委员会才宣布美国经济实际上在一年前已陷入衰退。然而，奥巴马政府的国家经济委员会前副主席戴安娜·法瑞尔回忆说，尽管许多经济学家已经从迅速恶化的月度和季度数据中得出了很多结论，但是统计数据不能充分反映经济的低迷状态。她承认，"经济比我们预料的更糟糕，我们应该在基于更糟情况下做出相应政策反应"。法瑞尔女士现担任摩根大通研究所的领导，该所是摩根银行创建的智囊团，旨在将其客户数据转化为有价值的经济和政策见解。此外，该所还探索零工经济的角色，自付医疗支出对家庭财务状况的影响，以及抵押贷款调整如何影响违约或客户消费。法瑞尔女士指出，大数据可能对政策产生"重大"影响，尤其是在经济衰退期。她说："传统数据在极端时刻无法回答很多事情。""我认为这不会取代核心统计数据，但显然，可以充实核心统计数据。"目前，美国商业部经济分析局提供国内生产总值的季度数据，不过，这些"预览"数据也存在一个月的滞后，因此，需要不断对其进行修订。法国对冲基金 CFM 的主席菲利普·乔丹预计，将来，各机构能更快地获得有关经济的数据。他说，"每季度发布有关国内生产总值的数据看上去已过时，虽然赋予数据结构的工作非常复杂，但我们可以获得经济的每月数据，而不是季度数据。这将是良好开端的第一步"。SpaceKnow 公司相关非洲夜间照明指数捕捉到北非（上方）和尼日利亚（下方）的发展情况。非洲之光指数的统计数据可能不具有时效性且具有误导性，因此，Space Know 公司衡量夜间灯光强度，以此快速评估经济活动。云密度低的国家可以按月测量，而云密度高的国家则按季度报告。该领域仍然有怀疑者。伊万·柯克是瑞士资产管理公司 GAM 旗下的坎塔布资本对冲基金的首席投资官。他认为，他的团队发现大量有希望的数据集最终被证明对投资活动毫无作用，而且它们在预测经济走向方面是否更有价值也令人质疑。他指出，"经济是相当复杂的，比金融市场还要复杂一个数量级。现在的钱是替代数据提供商，而不是替代数据用户"。经济学家善于从传统数据中开发出最新的经济评估指标，这种做法就是众所周知的"临近预报"。有人认为，新数字数据集对增加临近预报模式的准确度几乎没有什么用。例如，加拿大已经公布了每月国内生产总值的数据，英国不久也这么做。值得称道的英国国家统计局的"独角兽"校园，尽管过去存在疑惑，但现在开始重新考虑如何评估法国马克龙呼吁的探索大数据使用的全欧洲大数据战略 AQR。数据科学家和统计学家承认，将经常混乱的数据集转化为可用数据的挑战可能是巨大的。智能手机或社交媒体数据常常没有覆盖有关老年人的信息，并且信用卡数据只包含部分支出信息。恶劣天气会影响卫星信号。有人认为最大的障碍在后勤和法律方面，这些信息主要分布在私营部门、银行内部、电信公司、社交媒体平台或生产商中。在某种情况下，可付费获得这些数据，但在许多情况下，公司可以分享的内容受到法律的限制，或者对于公司希望披露的内容也有实际限制。与此同时，许多政府统计机构的资金不充裕，以至于难以获得和处理这些新数据集。黛安·科伊尔既是曼彻斯特大学经济学教授，又是英国国家统计局研究员。她表示，"技术上的挑战是艰巨的，但可以解决……人们低估了来自监管方面的挑战"。她认为，考虑到更好、更快和更精细的数据对公共政策的影响，统计机构应该可以自由接触重要私营部门的数据。然而，集中大量数据（通常包括敏感信息）难免会涉及安全和隐私问题，施罗德集团的安斯沃思先生说，"作为一个社会，我们应该问的问题是我们应该拥有隐私权还是应该将所有这些数据整合到一个地方，"他又补充道，"因为这些数据是数字的、个人的，所以应该予以尊重。"一幅堪萨斯州农田的红外卫星图像揭示了农业的发展。盖蒂公司从大数据中获取实时、细化和更准确的指标的做法是否可行或只是幻想？怀疑者表示，大数据不能自动等同于好数据。及时性会给准确性造成无法接受的损失，而后者仍是统计机构的优先事项。卡瓦洛教授表示，他视这些新数字数据源为传统信息的补充，并怀疑它们是否会很快被取代。他说，"我们可以评估任何事物，但并不意味着任何事物都有评估的价值"。尽管如此，一场有望成为数字数据革命的早期阶段已经开始。乐观派认为，他们可以使用在10年前无法想象的方式来评估经济发展趋势。现有的数据集将具有较长的时间序列，从而可以进行更准确的建模，并将有新的数据集可用。这可以让参与者提高准确性，并加快创建有关整个经济体的全面、同期的统计数据。柯尔教授认为该领域正处于发展的"大规模炒作阶段",但他预计"情况会很快变好"。

资料来源:罗宾·威格斯沃思的《大数据能否革新政府决策?》(2018年1月31日《金融时报》)

第六章
使用社交媒体促进销售和市场营销

为什么这很重要

大多数组织倾向于将社交媒体视为主要的营销功能。[①] 尽管它可以为组织各个部门做出贡献,不过,它对于销售和营销团队的好处却是引人注目的。

- 需要花费大量时间来接触和吸引受众——尽管担心"虚假新闻"和所提供信息的可靠性,但我们大多数人在休闲和工作中越来越多地使用社交媒体,因为对于许多人而言,社交媒体是他们首选新闻、信息和娱乐的渠道。
- 增压网络和潜在客户——社交媒体被描述为"类固醇网络",它提供了一种识别和建立新关系并将其转变为有价值的关系和潜在销售线索的方式。
- 影响人们的选择和行为——有大量证据表明人们如何受到社交媒体中所见事物的影响,尤其是朋友、同事或他们认为有影

[①] 据 Simply Measured 机构进行的一项有关美国企业的调查表明,63% 的社交媒体单位处于营销部门的控制(比往年上升了 57%),16% 由沟通部门控制,5% 由公关部门管理,还有 1% 由客户支持。调查中另外 15% 交由其他部门管理。——《2016 年社交营销状况报告》

响的人所共享的内容。① 尽管有许多理论和模式，不过，多数专家认为，如果想改变人们的行为，有必要去树立一种大众运动的意识。如果我们观察那些和我们有联系的人（"和我们一样的人"），他们的行为方式很特别，我们很有可能被说服去模仿他们。如果这场运动中有很多人愿意通过分享他们的经验甚至提出建议来激励和鼓励我们，那么我们日常生活中的任何改变都很有可能会持续下去。因此，社交媒体成为行为改变运动的核心因素就不足为奇了。它使招募和动员志趣相投的个人团体变得相对容易，而不需要任何正式的结构，并为人们提供了一个平台来分享自己的经验，互相激励，从而感觉自己是真正运动的一部分。

- 促进人们有创意的自我表达（或所谓的用户制作内容）——它为消费者或支持者提供了发挥自己创造力的途径，从上传照片或促成在线讨论的简单行为，到创建自己的视频等更复杂的活动。
- 利用影响者的力量——它使人们相对容易地识别、影响并潜在地获得有影响力的人和组织的支持，这些人和组织可能在塑造人们的行为和偏好方面扮演重要角色。他们可能包括受尊敬的专家和备受关注的博主、名人或新闻记者，尽管这些有影响力的人越来越希望获得报酬。
- 降低营销成本——不论是依赖非付费活动产生的自然覆盖面还是使用针对性强的社交媒体广告，都已证明它具有相当高的

---

① 英国领先的杂货零售商怀特罗斯的一项研究描述了"社交媒体如何彻底改变人们选择食物的方式……有数以百万计的人共享照片、食谱和博客文章"。进一步的研究表明，推特上5%的对话和脸书上8%的对话都涉及食品和饮料。——《怀特罗斯餐饮报告》，2014年

成本效益。

• 增强搜索引擎优化——它在生成影响搜索引擎优化评级的链接方面非常有效，例如，通过鼓励更多外部网站链接到贵公司内容（这是功能强大的谷歌算法的主要考虑因素）。

• 促进对不同想法或创意执行的检测——这使得市场营销人员用少量的投资来测试不同的想法或创意执行变得相对容易，例如，在实施大型广告活动前，一些广告公司会测试受众群体对一系列脸书帖子（特色是含有不同创意信息）的响应速度。

快速失败，快速学习并继续前进

国际特赦组织运动与传播高级总监托马斯·舒尔茨—贾戈曾是英国乐施会、世界野生动物基金会和绿色和平组织等组织的活动家和前线活动家，他亲身见证了社交媒体作为活动工具扮演着日益重要的角色："从某种意义上说，社交媒体从根本上改变了组织活动，因为像我们这样规模较大的全球性组织拥有更轻松的竞争环境，可以近似实时和相对较低成本，对受众需求以及他们所处的地方进行试验和测试。它使得我们从传统的、线性活动模式（做研究、评估研究结果以及浏览宣传和活动策略）转变为更快、更综合的模式。现在事情相对便宜，您可以测试，试用，也可以几乎实时得出结论。我们需要在快速失败、快速学习和不断发展方面变得更好。"

他描述了国际特赦组织对"我的身体，我的权利"所采取的方法，这是一项针对全球范围内越来越多的法律将人们的性生活定为犯罪，并限制妇女对自己身体的控制权，这是一项全球运动，为以后的运动提供了模板。从一开始，我们就建立了更加突出的社交媒体链，因此，我们没有使用传统的方式发布大量研究报告，而是使用了东京艺术家 Hikaru Cho 制作的一系列人体图像，这些图像是专门设计用于在社交媒体上共享的。我们没有在纽约举行大型的新闻发布会，反而是在加德满都的一个村庄发起这项运动，同时也主要在网络上开展一项全球教育计划。

传统销售和营销技术仍然有价值

人们很容易由于社交媒体提供的可能性而感到兴奋，但是我们不应太快地放弃更传统的（模拟）策略，也不要认为社交媒体可以解决一切销售和营销挑战。社交媒体改变我们的网络连接能力，开放了无穷尽的有用联系，但它不能取代面对面联系的重要性。[①] 甚至在复杂的技术辅助式销售的时代，传统事件（正式会议、研讨会、展览会和会议）仍是最有效的销售技术，与通过领英对话相比，一边喝啤酒或咖啡一边聊天（如果不是更多的话）则更有效。

数字化并非唯一的答案

国际特赦组织的舒尔茨—贾戈对过于依赖社交媒体提出

[①] 2015 年在一项针对最成功的 B2B 销售技巧的研究中，61% 的受访者认为社交媒体"非常"或"有些效果"，这听起来令人印象深刻，但在同一项调查中，有 78% 的人认为社交媒体"非常"或"有些效果"。——资料来源：BrightTALK，2015 年 6 月。

了告诫:"我们组织并没有说过数字化高于一切。我们的方法更加细致入微。我们发现,在我们开展业务的许多国家中,转为独家数字服务对我们行不通。诸如生成会员资格以及吸引我们的积极分子和活动家之类的活动主要是离线进行的,例如,在像塞内加尔和布基纳法索的地区,我们仍需要手动收集签名。"

国际特赦组织务实、均衡的数字化方法,在一定程度上受制于其业务所在国家有限的新技术获取渠道,但也反映了其对许多活动家心理的理解。舒尔茨-贾戈说:"我们发现人们喜欢亲手签署请愿书和写信,而不是仅仅单击支持信息。对于我们的活动家而言,团体聚会是非常重要的事情,例如坐在教堂的礼堂、学校或社区中心给囚犯写信,这在很大程度上就是他们如何看待自己的问题。与其他竞选组织使用的数字请愿相比,这种面对面的行动可能会影响我们能够生成的注册总数,但对我们而言,与全球活动家的关系质量与数量一样重要。话虽如此,我们怀有非常雄心勃勃的增长目标:我们公开表示,我们希望到2020年将现有的800万支持者增加到2500万,数字化将在帮助我们实现这一目标方面发挥关键作用。"

在本章,我将重点介绍社交媒体改变销售和营销流程的4个领域:

1. 社交销售。
2. 网红营销。

3. 社交媒体广告。

4. 开展活动。

1. 社交销售

社交销售取决于长期的关系建立，而不是交易性的"立即购买"方式。国际特赦组织托马斯·舒尔茨－贾戈认为，实际上，社交销售和更传统的面对面销售技能之间没有什么区别："就像在模拟时代一样，您不但需创建支持者旅程，还需激情四射、引人入胜，并能引起人们共鸣的故事讲述。不论我们是通过社交媒体渠道还是在街头搭讪与支持者交流，他们愿意加入我们的心理都是一样的。在这两种情况下，我们都是慢慢来的，可能到第二次或第四次联系时，我们才会收费。"

将社交销售分为6个步骤，是有道理的。

图 6.1　社交销售流程

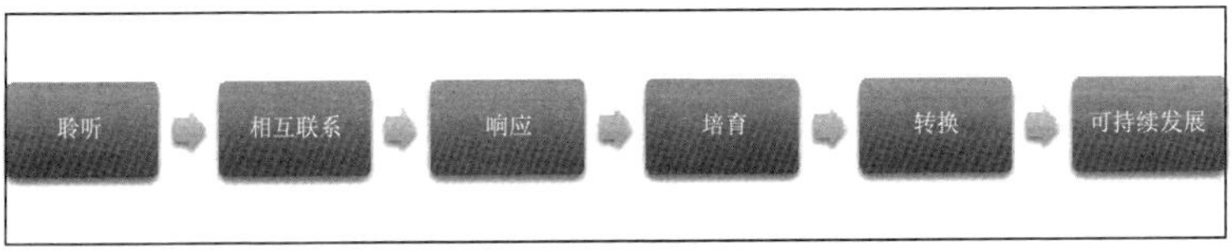

聆听 → 相互联系 → 响应 → 培育 → 转换 → 可持续发展

- 聆听——社交聆听可能听起来像是唱片破损的危险，它几乎是所有社交媒体活动的基础。参加小组、论坛、领英讨论和其他社交媒体辩论中的在线对话，将帮助您确定相关的潜在客户，最重要的是，可以更好地了解他们的需求、语言和偏好。根据美国咨询公司 A Sales Guy 的首席执行官兼总裁吉姆·基南的说法，"我的团队不会打电话给任何人，直到我们知道我们所能做到的一切。他说,作为数字跟踪者,我们感到非常自豪"。①

• 相互联系——社交媒体联系最好通过发现共同利益和共享价值的领域来形成。社交卖家通过提供内容(报告、白皮书、信息图表)来促进这一点,这些内容可能会被潜在的客户所重视,理想情况下,会满足需求并展示卖家在主题领域的专业知识。这样,买卖双方对彼此知之甚少的"冷电话"会从销售流程中消除。

• 响应——许多人使用社交媒体查找解决方案,询问问题和征求意见。聪明的社交卖主往往会留心观察各种机会,以解决他们的问题。我记得我曾要求研讨会上一位相当愤世嫉俗的与会者在推特搜索栏中输入他的产品类别。他立即从人们那里找到了很多推文,以寻求有关在该领域购买什么产品的建议。他的冷嘲热讽随即消失,全身洋溢着一种新发现的热情。

• 培育——从长计议是相当重要的,因为这意味着需要投入时间和精力来建立联系和潜在前景。销售专家往往认为,在转换潜在客户之前,可能需要长时间联系多个联系人。

• 转换——显然,交付销售是任何结构化社交销售流程的最终目标。

• 可持续发展——现有客户始终是您最好的客户,这是最简单不过的自明之理,意味着维持现有关系,不考虑即时性、一次性销售,往往会带来最大的价值。

经验丰富的销售人员对以上销售流程并不感到奇怪,因为转换销售的过程并没有发生变化。社交销售只是为聪明的卖主打开

---

① 2016年4月22日,赛富时公司主办的一次网络直播中引用了这句话:"销售外卖让我们对销售产生了不同的看法。"

了一个更大的潜在市场，需要他了解更多的潜在客户，并从简单的交易关系中开发出更多的价值。

社交销售也会给组织带来新的挑战，即谁拥有员工在雇用期间所建立的社交媒体关系？一旦员工离职，很显然会存在这样的危险，员工会招揽诸如领英之类渠道中的客户或联系人。为此，一些公司坚持员工离职时必须关闭其领英账户。因此，这段时间内，人力资源专业人员和职业律师必定非常忙碌。

2. 网红营销

网红营销利用了拥有大量社交媒体粉丝的个人力量。其中包括知名度很高的名人或体育明星，其脸书或照片墙页面拥有数百万的粉丝。尽管这也包括越来越多的"普通人"（您可能这么称呼），但他们不怎么依靠名人身份，更多依靠自己制作视频教程、精美照片、生活黑客和诙谐帖子的能力来招揽粉丝。许多社交网红，尤其是那些拥有过百万粉丝的网红，他们可以从品牌和产品的代言中获得可观的收益，有些人甚至在虚拟生活方式的支持下推广自己的品牌，并由专业网红代理商签约。[①]

网红越来越被用作营销工具，在一定程度上，反映了人们对传统广告的不满与日俱增。人们普遍认为，消费者不再信任广告。有些人可能会说人们从未真正相信过广告，但人们确实相信他们喜爱的名人以及他们认同的可靠专家所提出的建议或推荐。

[①] 据称拥有 100 多万粉丝的影响者可以通过每条帖子，从渴望接触大量受众的品牌中赚取大约 1 万英镑。受众人数较少的影响者期望通过每条帖子赚取几百英镑。

如何选择合适的（付费）社交媒体网红共事

理想的网红应具有：

- 您所在行业中广泛认可的专业知识。

- 久经考验的动员受众能力。您可以决定优先考虑他们可能吸引到的受众群体范围，例如他们是否拥有大量社交媒体粉丝，不过，他们也可能拥有规模相对小、名声却很大的粉丝，有时候他们被称为"微型网红"。您可以要求获得经过审核的受众范围、粉丝以及最重要的参与度数据，在一些情况下，广告商会为人为夸大的受众人数买单。[1] 您还需注意一些"交易技巧"，例如，"网红评论窗格"，一群网红聚在一起对彼此的帖子进行点赞和评论，从而发挥各自能力来衡量其内容受欢迎的程度。只要涉及金钱的地方，就会有人试图走捷径。

- 过去成功品牌代言的历史记录，使您确信他们知道什么，但不会因为他们代言太多而被指责过于分散精力。

- 与您的品牌或公司的契合度。这可能不太科学，不过，在您的品牌价值和所选大使的价值之间需要一个合适的契合度。

在某种意义上，花钱请网红代言与聘请名人在商业广告中露面或在公司大会上讲话没有什么区别。然而，在考虑任何商业交易时，我认为您应该考虑以下几点：

- 明确说明网红将在内容（他们将撰写的内容）以及他们将采取的行动方面做出的承诺。例如，是否链接您的网站或社交

---

[1] 为了强调与虚假的网红合作的风险，美国网红营销机构 Mediakix 设法诱使 4 个品牌与假 Instagramers 达成交易。它利用库存照片和每 1000 个 3—8 美元购买的虚假粉丝建立虚假账户。

媒体渠道。

- 确定如何定义成功。
- 同意网红如何展示有效性,例如,如何评估承诺的达到和参与目标。他们是否准备将薪酬与其他关键指标(例如网络流量)联系起来。
- 同意如何管理审批流程。一些知名度较高的网红,例如新闻记者,在出版之前并不愿意提交其草稿以供审批,这可能会引起一些客户的担忧。
- 同意如何披露您与网红之间的关联,同时牢记监管机构的要求,必须清楚地标识任何有偿代言(请参阅下文)。[1]

网红销售已成为一个重要风险领域,广告和社会舆论之间的界限往往是模糊的。监管机构的态度是明确的,任何有偿代言都必须清楚地标识出来。[2] 监管机构对违规的反应一直都很慢,不过,也有迹象表明这种情况正开始发生变化。[3]

3. 社交媒体广告

社交媒体广告是营销界一个备受争议的话题。表面上,一切似乎都很积极,社交媒体(尤其是脸书)在营销预算中所占的份

---

[1] 照片墙推出一个标签,以"帮助创作者在帖子是合伙关系的情况下披露信息",并在付费帖子上加上"付费合伙人"字样。这将替代促销性推文中使用的更加不透明的 #sp 或 #ad。

[2] 英国竞争和市场管理局的相关法规规定:"在线发表意见的企业、媒体机构或个人应确保已付费内容是清晰可辨的。否则,发布该内容的企业、媒体机构和个人可能违反法律。2016年8月,15家企业和43个社交媒体人士收到监管机构的书面警告,内容是他们未能披露在线内容已付费使用。

[3] 全球领先品牌所有者之一宝洁公司被迫从其美容推荐 YouTube 渠道中删除一则化妆品使用说明。尽管在视频前面有一则信息表明,该内容获得了赞助,但美国标准协会裁决,它违反了美国 CAP 准则,因为它"没有明显的市场传播识别"。

额越来越大。不断增加的案例研究表明,利用定制信息定位兴趣小众社区的做法,可以在广告投资方面获得高回报。

> **社交媒体广告是如何帮助特朗普掌握政权的**
>
> 政治竞选活动家很快发现社交媒体的潜力,可以利用定制信息来识别不同选民的不同兴趣并对其进行微定位。一场有关脸书和推特策略竞争的网络战争,正与传统的"空战"(电视和广播)和"地面战争"(基层活动家在街头并上门进行竞选宣传)一起如火如荼地进行着。活动家使用复杂的数据分析和建模技术来识别受众,这些受众可以通过脸书传递的特定信息进行吸引。在2016年美国总统竞选活动期间,唐纳德·特朗普团队得到了自动贩卖技术的支持,一天能发送令人震惊的5万条脸书广告,并在特定日子里发送数量高达15万条。据特朗普总统竞选活动的数字总监布拉德·帕斯卡莱介绍,"当特朗普成为总统候选人时,我们没有资金,却需要开展基层竞选活动。脸书帮助我们以非常快的速度筹集了惊人的资金。如果没有这笔钱,我们将无法与希拉里·克林顿竞争"。[1]

然而,人们还担心数据的报告方式以及许多自动广告出现位置缺乏控制。[2] 在自动流程中,广告的放置位置并不由人员决定,而由算法(业内所谓的程序化广告)决定,从而出现这样的风险,

---

[1] 特朗普竞选活动数字总监介绍脸书如何帮助特朗普在总统大选中击败希拉里·克林顿——2017年11月8日《营销周刊》。
[2] 2016年9月脸书承认它夸大了用户观看时间表视频的时间长达80%。

即广告商发现其共享在线空间中的内容有些并不合适：美容产品广告与仇恨牧师为特色的 YouTube 影片一起出现，英国政府广告与三 K 党视频一起亮相，其他品牌广告的旁边带有色情内容。[①]

立法者未将社交媒体运营商归类为媒体所有者的这种不同寻常的做法，使得情况变得复杂，这意味着从严格意义上来说，社交媒体运营商对其展示的内容概不负责，不论这内容是"假新闻"还是令人反感的视频。[②] 根据这个逻辑，电话公司不用对令人反感的电话负责，就如同社交媒体公司不用对令人反感或虚假的内容负责一样。这种情况尤其令全球最大广告网络公司 WPP 的总裁马丁·索雷尔爵士感到沮丧。在一次针对 YouTube 的母公司谷歌的直接攻击中，他指出，"您不是用数字扳手扭紧数字管道的被动数字工程师，因此不必对流经这些管道的内容负责"。[③]

大型广告商通过投资其他内部资源和数据管理系统，来应对这些安全和度量问题。同时，脸书和谷歌加强了对广告展示位置的控制，并增加员工以改善监控和审核效果。尽管采用了智能技术，仍需要人工判断才能区别合适和不合适的内容。[④]

如果预算宽裕，您可向脸书、领英和推特的账户管理人员寻求建议和支持，如果您的预算低于它们的收费门槛，则您将不

---

① 一些广告商对 YouTube 无法为他们的广告提供安全环境感到担忧，以致许多广告商开始抵制该社交渠道。

② 这不同寻常的状态是美国 1996 年《通信规范法》第 230（c）条的直接结果，该条规定"交互式计算机服务提供商或用户均不得被视为其他信息内容提供商所提供的任何信息的发布者或发言人"。

③ 2017 年 3 月 10 日，在伦敦国际认证协会的英国广告节上的发言。

④ 谷歌和脸书已同意在英国实施 IAB 黄金标准项目，以安全解决欺诈和品牌等问题。

得不依靠自助服务工具。通常，这不是问题，因为针对特定受众优化和微调广告活动并不需要经验丰富且昂贵的媒体购买者的技能。通过相对较少的资金，您也能取得傲人的成绩，低于在当地报纸分类广告的费用。

如何计划和执行付费社交媒体活动

如果您没有与专业媒体购买代理商合作的好处，我建议您在计划和执行付费社交媒体活动时遵守以下流程：

- 根据网站流量或受众参与度，确定哪些有机社交媒体内容或主题和渠道表现得好。也就是说，在对一系列创意执行进行有机测试之前，请勿展开广告宣传。汉威士媒体的前首席执行官保罗·弗兰普顿认为，令人遗憾的是，大量媒体机构和客户均未能理解社交媒体广告的真正本质："根据定义，它与宣传或口碑营销是一回事，尽管规模上有所差异。许多代理商和客户往往陷入试图使其成为另一种付费媒体渠道的陷阱，但是这样做却错过了首先有机地进行营销的原则。您需要培育关注者，了解社区工作方式的动态、人们如何共享事物的动机，然后才应该开始做广告。"

- 通过查找有机内容的参与率峰值，使用社交媒体分析来确定安排任何活动的最佳时间。不要理会那些所谓的专家，他们宣称发布推文/帖子的最佳时间是一周中某天的某个特定时间，因为每个组织不一样，都有自己的最佳时间点。

- 设置特定的指标或目标，例如覆盖率、参与度、视频观看次数和网络流量。以 1‰ 的成本为基础，实现广泛的目标（例如扩大覆盖率或提高知名度）始终比扩展网络流量等更具体的目标要廉价些。

• 分配初步预算以测试几种不同的变体：例如，不同的广告素材执行方式，不同的渠道，一天中不同的时段或受众群体目标。太多的变化会让您抓狂（直销专家称其为"多变量测试"），因此请努力将其保持在可管理的水平。花时间微调或优化受众群体目标。所有的社交媒体平台均具有易于使用的细分工具，可以有助于您专注于特定受众群体或人群。

• 查看该测试的结果，以确定与实现相同目标的其他方式（例如使用谷歌 AdWords）相比，该测试是否代表良好的投资回报率，并将所有学习内容应用于主广告系列。

• 实施广告系列，但继续进行测试和优化。

• 假设网络流量很重要，需要花时间掌握谷歌分析法。您还应学习如何标记广告素材的执行，以便将特定的操作（例如下载或在线购买）归因于各个社交媒体广告素材的执行。

4. 开展活动

最佳社交媒体活动营造一种运动感——动员支持者和积极分子为共同目标而奋斗，而无须任何正式手续。

发起一场社交运动

美国鞋类公司汤姆布鞋按照简单的"1对1"使命开展业务。每次您买一双汤姆布鞋，公司会捐赠一双给需要帮助的孩子。加州佩珀代因大学冲浪俱乐部的一群学生决定赤脚参加一天的慈善活动，受此启发，汤姆布鞋因其发起

"一日无鞋"的全球社交媒体活动而声名鹊起。这促进了有关发展中国家儿童的教育和健康需求的讨论，并筹款帮助诊所开展工作，以根除一种名为象皮病的衰竭性疾病（这种病是由于世界某些国家的刺激性土壤而造成双腿极度浮肿）。只需穿鞋，不仅可以治愈这种疾病，还可以预防。该公司鼓励活动参与者拍摄自己的照片或视频，然后使用标签#withoutshoes在照片墙上发布它们。每贴出一张独特照片，汤姆布鞋便捐赠一双新鞋给有需求的孩子。最近一次活动涉及30多个国家的参与者，共有10个国家的27435名儿童获得了新鞋。

制订并开展有效的社交媒体营销活动

• 整合在线和离线活动。最有效的社交媒体活动包括支持者或参与者的"现实生活"或有形元素，例如聚会或参加活动的机会。尽管社交媒体在政治竞选中越来越重要，但是鼓励积极分子走上街头开展活动，参加集会以及上门宣传活动的重要性依然不可估量。

• 平衡计划和即兴发挥。社交媒体的大部分价值来自对突发事件的响应：客户的建议、通过社交渠道共享的意外新闻故事，以及关于特定主题的热门对话。这就是最佳社交媒体活动家具有即兴创作能力的原因。

• 采用所谓的"老式"广告原则。最有效的宣传活动往往倾向于关注简单而单一的信息，重复一致且持续不断。这是从唐纳德·特朗普奇迹般入主白宫的经历中得出的主要心得之一,他重复简单的口号"让美国再次伟大"被证明非常有效。

• 动员核心支持者帮助宣传信息。这是扩大社交媒体活动范围的最简单且通常最有效的方法。

> 尽管在2017年英国议会大选中落败,工党的表现远好于预期,其成功很大程度上归因于其对社交媒体的高效使用。特别是,得益于左翼政治组织莫曼腾(Momentum)招募的积极分子愿意共享政党官方内容,并创建自己的竞选材料。事实证明,与任何一方使用社交媒体广告相比,这种有机的活动更能成功地产生高水平覆盖范围和参与度。
>
> 政治板块记者蒂姆·希普曼在其优秀著作《争吵:政治混乱的一年》一书中,对2017年大选进行了精彩剖析,并指出"工党的巨大优势是,在科比宾的鼓舞下,成群的拥趸纷纷通过脸书、推特和照片墙与朋友分享竞选材料。整个竞选活动中最引人注目的统计数据之一是,1/3的脸书用户在活动期间看过莫曼腾(Momentum)内容,但莫曼腾(Momentum)在脸书广告上仅花费了2000英镑,因为他们可以依靠其支持者免费分发活动材料"。①

• 要认识到活动的所有权由发起者和支持者共享。多聆听支持者的言论,多让他们参与制订活动内容和消息传递,效果越好,最终您需学会放手,因为最成功的活动是自我维持和自我产生的。

---

① 蒂姆·希普曼著:《争吵:政治混乱的一年》,威廉·柯林斯出版社2017年版。

对于任何竞选主管而言,知道什么时候放手以及有信心把控制权交给支持者都是重要的技能。

- 创建人们想要共享的内容,这是为什么转发或共享之类的"共享指标"是评估活动在动员人们有效性方面的重要指标。
- 遵守规则,尤其是在高度监管行业,例如医疗保健或金融服务(在第十章,我将提供有关避免监管问题的详细建议)。
- 投资广告以扩大您的有机覆盖范围。

社交媒体如何帮助动员妇女

《英格兰体育》(Sport England)的"这个女孩可以运动"(This Girl Can campaign)提供了一个最好的案例研究,描述了社交媒体作为大规模动员的媒介作用[①]。该活动于2014年年底启动,旨在解决妇女参与体育运动水平上的巨大差距,该活动获得过众多营销行业大奖,但最重要的是,它鼓励了280万名年龄在14—40周岁的妇女积极参与体育活动。

举行该活动的根本原因在于,一份研究性报告表明75%的妇女希望得到更多的锻炼,却担心他人对其外貌或能力的评头论足而受到限制。创建"这个女孩可以运动"的宗旨是,通过一种积极的、授权示范的方式来消除这些顾虑,在这项活动中,妇女(不论年龄、体形、天资或境况如何)均可尽情享受运动。据《英格兰体育》团队报道:"这是首次同类活动,展示了妇女在运动中挥洒汗水,再次绽放青春活力。

---

① 我在英国体育协会任职两届,这是一家政府和彩票资助的机构,负责促进基层民众参与体育活动。在实施"这个女孩可以运动"项目的前几年,我结束了任期。

它以完全不同于我们过去看到的理想化、程序化的妇女形象，向世人讲述有关女性运动的真实故事。"①

　　前《英格兰体育》商业合作主管坦尼娅·约瑟夫在其大部分职业生涯中一直从事各种活动。她还是福西特协会的副主席，该协会自1866年以来一直致力于解决性别不平等问题。在市场营销节上，她被评为年度最佳营销商，以表彰其在"这个女孩可以运动"中所扮演的核心角色。她热衷于倡导社交媒体在现代营销活动中的作用，使我们洞悉了《英格兰体育》和其代理合作伙伴是如何利用社交媒体力量创建真正的基层运动。

　　该活动于2015年年初正式启动，并投放了短暂的电视广告。约瑟夫介绍了在活动启动前他们如何着手建立支持者基础："我们并不想在一片空白中启动活动。我们需要创建一个社区，让人们理解我们所做的一切，并在我们受到任何批评或反对情况下给予我们软着陆的机会。因此，我们在2014年年底的'体育界女性变革'会议上预演了这一活动。我们向2000名与会观众解释了活动背后的思想，强调体育性别差距问题并略述我们的计划。在会上我们分享了一张图片和活动标志。当时我们在社交媒体上只有3个粉丝，而我是其中一员。到当天结束时，我们已有2000名推特粉丝。

　　"在开始做任何事之前，我准备了一套指导原则，涵盖了我们应该和不应该使用的语言，应该采用的语气，以及应

---

① 英格兰体育网站。

该参与的对话类型。我们的重点是尝试以一个女孩的身份与这些女孩交谈，而不是以大公司主管身份命令她们该做什么。只有在我们认为可以增加价值的时候，我们才会加入对话。"

我们使用推特专有算法，使得我们可以聆听并有可能参与相关对话。例如，一位女士可能会说："今天我应该去体育馆的，但我已经去了科斯塔。"我们往往向她们发送这样的信息："没关系的，至少您有这样的想法，以后想去，随时欢迎。"她可能会做出回应，她的一些朋友也会参与其中，很快我们就促成一段对话。我将它比作坐在公交车顶层，倾听别人问您一个能帮上忙的问题，您有点紧张，但您还是参与进来，很快便有了愉快的交谈。这就是社交媒体运作的方式。

投资建设社交媒体社区意味着，当我们开始直播电视广告时，已有1000多名粉丝。在活动开始前24小时，我们发送信息提醒他们注意这则广告。幸运的是，人们喜欢这则广告，自从广告发布后，人们天天（甚至圣诞节也不例外）在社交媒体上提及该广告。

特别有趣的是，许多女士开始在其推特个人资料中添加#thisgirlcan标签，这凸显出该项活动在颂扬女性赋权和宣传体育美德方面具有重要意义。该标签也用于社交媒体对精英女性运动员成功的评论，无论是塞雷娜·威廉姆斯在网球场上的表现，还是英国女运动员在里约奥运会上的非凡成功。它已成为一种社交货币，出现在T恤衫上——《英格兰体育》与玛莎百货达成了一项营销协议——以及许多草根运动中。

约瑟夫认为，使用社交媒体可以与目标受众建立不同类型的关系："她们信任我们，我们也信任她们。我们可以向她们提问，测试创意，进行案例研究并使用她们的思路。我们爱护她们，她们也支持活动：例如，活动刚开始时，一些人批评'女孩'一词的使用。虽然我们为这次活动准备了一份全面的问答简报，却发现我们不需要它为自己辩护，因为社区会为我们做到这一点。"

关于传统电视广告效果下降的讨论有许多，但约瑟夫认为，它仍然是活动成功与否的关键所在。我们需要巨大的影响来推动我们前进，尽管声称不再有人看电视，但受众肯定会看的。社交媒体可以使我们保持前进，一直以来它都是如此，不过，它无法给我们带来影响。

最有效的大众活动具有将虚拟与实体结合的能力。政治运动可以在线发展，但只有当人们涌向街头或市政厅时，才会发生真正变化。约瑟夫同意，尽管"这个女孩可以运动"成功地动员了成千上万的妇女在线发布、分享帖子和推文，但只有现实世界的体验与在线体验相匹配，它才能带来行为上的变化："下一阶段活动我们所面临的挑战是确信现场的实际体验反映出在线活动的语气和态度。老一套的营销方式在市场上仍有一席之地——在体育中心竖起正确的标志，在合适地方分发印有正确超本地信息的传单——不过，最重要的是我们和合作伙伴必须确保实际体验的质量，因为如果您做对了，我们的女士会回来告诉她的朋友。"

约瑟夫认为，这项活动不仅为《英格兰体育》，也为政府和体育界提供了重要的测试案例:"它表明,如果您将消费者置于您所做事情的中心,倾听他们的谈话(这就是为什么社交变得如此重要),并与他们进行适当交谈,则您将产生重大影响。"

规划社交媒体活动

规划对于确保社交媒体活动的重要性:
- 专注于实现可评估的目标。
- 资源充足。
- 基于对受众需求和市场机会的理解。
- 与其他营销活动(例如,广告、公关或直接营销)同步。
- 尽可能安全地实施。
- 性价比高的。

图 6.2 社交媒体活动策划方法

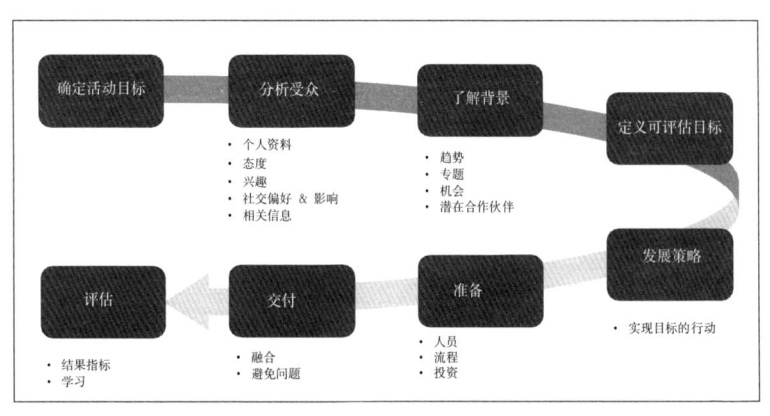

这是一个典型的线性规划方法,围绕 8 个阶段构建。它以我

在本书前面介绍的操作系统和核心计划交付为基础。

如果那些要素代表了社交媒体功能的基础,这便构成旨在实现具体活动目标的倡议。

1. 确定活动目标——您具体想实现什么?人们普遍认为,目标越少,成功的机会越大。

2. 分析目标受众——这是计划过程中最重要且最耗时的部分。对目标受众了解越多,越有机会成功实施活动。我建议您分析:

• 受众的个人资料,重点是人口统计和生活方式资料、态度和兴趣,以及对您所宣传的产品或服务可能存在的任何误解。

• 受众群体的社交媒体偏好和影响,有助于您确定有关自有渠道、借用渠道和免费渠道的正确组合,并确定倾向于影响其态度和行为的人员或组织。

• 可能引起受众群体共鸣的相关信息。

可以通过分析可用的营销情报(例如市场报告或趋势研究)的组合来获得信息。这些情报可能委托新受众进行研究,而更重要的是,社交媒体聆听作为一种技术,可以了解人们的谈话内容、使用的语言以及分享有关特定主题的图像,具有不可估量的价值。

3. 了解开展活动的背景——活动不是孤立进行的,而是受竞争对手活动和流行趋势等外部因素的严重影响。社交媒体在节日、假日和其他日历事件等主题机会上大放异彩,同时会出现一个受欢迎且往往很流行的标签,人们可以在其中分享对话和照片。

4. 定义可评估目标——简言之,您希望受众在接触到社交媒体活动后该怎么做?我建议您使用第二章介绍过的评估模型,其中包括 5 种不同类型的社交媒体评估方式：覆盖率、参与度、宣传、行动和影响。

5. 发展活动策略——策略阶段将从分析中学到的知识整合到行动计划中，以实现活动目标。通常，它重点关注：

- 与活动最相关的目标受众。
- 社交媒体渠道的最佳组合，以联系和吸引受众群体。
- 最引人注目的信息。
- 这些渠道中最有效的内容。
- 投资重点在于开展这项活动，包括可能使用付费媒体支持"有机"社交媒体活动。

6. 准备活动——假设您已建立合适的社交媒体操作系统，还需考虑其他准备步骤。

- 鉴于活动可能需要超出其日常社交媒体社区管理角色的工作量，因此要确保有合适人员开展活动。解决方案可能需要引入其他资源（例如外部代理合作伙伴），以支持负责日常社交媒体活动的团队。
- 确定您已安装正确的监管系统、审查系统和评估流程系统，例如，您可能需要为特定活动主题标签设置跟踪服务。
- 回顾开展活动需要哪些其他投资，例如，投资于其他内容（电影、照片、信息图），社交媒体广告以及购买影响者的支持。

7. 交付活动——确保与其他营销活动的高度整合或协调至关重要。在许多情况下，社交媒体被允许"泡沫"运作，与其他营销组合隔离开来，然而，当它与其他活动结合时，则是最有效的。可以通过专注于解决一些最关键的集成问题来解决此问题：

- 社交媒体活动是如何支持网站的关键性能指标的?例如,在多大程度上它有助于推动网站的流量,与其他活动相比,它的效果如何?
- 社交媒体活动是否与搜索引擎优化策略保持一致,并且社交内容中是否使用了正确的"关键词"?谷歌算法青睐推特上那些被大量转发和分享的内容。如果博客和网站与各种社交媒体网络相链接,则谷歌算法可以对它们进行排名。
- 如何运用社交媒体分析得出的数据来指导战略决策?
- 社交媒体对其他营销沟通活动的支持力度有多大?

需要考虑其他营销活动是如何最好地支持社交媒体活动的,例如,在其他交流方式(甚至包装)中使用@name和活动标签。

8. 评估活动 ——重点介绍评估活动的预期结果,以确定其达到最初的活动目标,并确保所吸取的任何经验可应用于未来的活动中。测试和学习是任何数字营销活动的主要要素之一。需要注意的领域包括:

- 哪种类型的消息和/或内容产生最高级别的响应?
- 是否有特定的受众小组比其他小组更有反应力?
- 哪些影响者(无酬或有偿)被证明是最有效的?
- 活动是否产生任何潜在问题,例如负面评论?

开展跨国社交媒体活动所面临的挑战

社交媒体让世界变得更小。单条推文或帖子可以在全球范围内引起不同分享者的共鸣。从最偏僻的地方捕捉和上传的照片可以在数秒内出现在数百万人的新闻源中。全世界的虚拟参与者都可以庆祝一个国家的活动。这个新现实为全球活动家提供了一个难得的机会,可以打破地理障碍,建立跨国联盟并吸引世界各地的支持者。但这也给高级协调人员带来了挑战。如何在对速度和灵活性的需求与对仔细的消息管理的竞争需求之间取得平衡?在一个时刻都在运转的社交媒体中,在一个时区变得毫无意义的情况下,如何管理审批流程?如何制作出符合并尊重当地文化需求的全球社交媒体内容?

赢得全球受众群体的关注

罗彬·安德森是粮食和农业领域经验丰富的国际顾问。全球豆类联盟要求她协调 #LovePulses 活动的全球营销活动,我在本书的前面已对此进行了介绍。安德森在联合国就农业和粮食问题发表过演讲,并代表国际农业粮食网络在联合国工作。因此,她对以不同团体和组织的联盟为基础的任何活动的敏感性和政治性非常熟悉:"我曾在联合国的基层单位工作过,在那里,非常有激情的人们在激烈争吵中说的话,最终会对不同联盟推进其议程能力产生重大影响,因此我很清楚卷入负面对话旋涡中所带来的危险,它可能会损害活动的开展。这对于团队中年轻人员来说是一种挑战,因为他们生活在一个比较自由的环境,人们鼓励他们勇于表达自己的看法,并拥有鲜明的观点。这意味着,我们需要训练他们自律,使他们三思而后行,而不是只顾表达自己的看法,而不顾及他人。"

她是社交媒体力量的坚决拥护者,不过,她认为需要敏

第二部分　付诸行动——利用社交媒体的力量发展业务　　137

感地处理社交媒体在多方利益相关者的活动中的使用："在处理社交媒体时，您需要一定水平的情商，您需要小心，不要威胁到谈话和信任的水平。您能说什么不超出联盟中每个人的舒适范围？一项活动结束时会涉及数以千计的个人推文或帖子，您不可能每次都全部浏览一遍。活动背后总会有难以言传的故事。计划之外，难以置信的纪律和准备过程，同意关键信息，确定共同点以及确保通过社交渠道共享的任何信息实际上都是正确的。谈论食用豆类对健康的益处时，我必须格外小心，因为任何主张在我们开展业务的每个国家中都会有支持者。不过，如果您能妥善处理自己的工作，活动本身几乎是例行公事而已。"

本章重要知识

社交销售、粉丝营销、社交媒体广告和社交媒体活动越来越成为营销人员的重要手段，尤其是与更传统的营销沟通技巧一起使用时。

- 社交销售主要是一种更加结构化和纪律性的联网方法——社交媒体的兴起增强了传统销售技巧的效果。
- 粉丝营销占有营销预算的重要份额，但如果任何活动涉及个人，需要小心处理。任何与粉丝有关的有偿联系均需全面披露。
- 社交媒体广告根据其形象，生活方式或兴趣，提供了一种有高度针对性且具有成本效益的方法，可以吸引和动员小众目标群体。
- 社交媒体为活动家提供一种非常强大的手段，可以动员受众并影响行为和态度的变化，尽管最成功的活动总是基于结构化的计划过程。

阅读本章后建议采取的后续步骤

审查现有销售和营销活动的有效性，并问自己以下问题：

• 您的销售团队是否与您的社交媒体团队合作，将社交媒体开发作为潜在客户发展计划的一部分。

• 如果您在和社交媒体粉丝合作，您是否在充分利用这种关系，是否理解如何最好地评估您的投资回报，并且遵守规则？如果没有，也许要好好考虑成本经济才有意义。

• 社交媒体广告在您的总体广告组合中扮演什么角色？您有什么证据证明这是正确的投资水平？当广告展示位置已自动设置完成时，您有什么证据证明您的品牌或公司与适当内容一起出现？

• 您的社交媒体活动是否可以通过创造可共享的机会以及支持者在网上和线下聚集的机会而成功地动员核心支持者？

延伸阅读

蒂姆·希普曼编著的《全面战争：英国脱欧如何击垮英国政治阶层并导致分裂的完整故事：一年的政治动荡》，对2016年英国脱欧运动和2017年英国大选活动中有关社交媒体作用作了精彩法医式分析。

蒂姆·休斯与马特·雷诺兹合著的《社交销售：影响买主和社会创新的技术》是一本有关社交销售的有用入门书。

文章 6.1
网红来袭

卡丁·舒伯

新一代社交媒体明星正在用真实的承诺来吸引各品牌。

乔治娅·托福洛在照片墙上有近 50 万名粉丝，可以说她拥有生活中最轻松的工作之一。在全英音乐奖颁奖典礼前几天，这位真人电视秀明星就在她位于西伦敦高档社区南肯辛顿的公寓里，为本周众多派对的第一个做准备。化妆师正在确保她的妆容看上去恰到好处。一辆优步出租车正在外面候着。这时，她的手机因一条短信而嗡嗡作响。她用热情、文雅的声音回复："嗯，这很有趣。"这是张付费照片墙帖子的报价，该帖子正在为珠宝商雅培·里昂的售价为 100 英镑的玫瑰金金属表作广告。该公司希望她分享的图片显示，背景为枯萎的粉色和白色玫瑰衬托出一只不见其人的手臂上的表。很快，事情发生彻底转变：公司需要在 15 钟内有结果。托福洛对报价考虑了一会儿。她解释道："当然可以，因为内容不错，这是张好照片。"我们不知道照片中是谁的手臂，但很快照片就被她成千上万的粉丝分享了。标题包括折扣代码，内容如下："多亏 @abbottlyon，才有今日人们对玫瑰金金属表的痴迷。"托福洛根本没有停下她对派对的准备工作。她说，

"您没看出这很容易吗？"这就是乔治娅·托福洛生活的世界。这位22岁的姑娘3年前加入英国真人秀节目《切尔西制造》，从此声名大噪，该节目讲述了像她这样年轻富有的伦敦人的生活。随着她逐渐为粉丝所熟识，粉丝称其为"花花公子"，这使得她的名气在网络上相当有知名度。她在照片墙上有43.6万名粉丝，在推特上有9.6万名粉丝。但即使拥有这么多粉丝，在不断扩大的"网红"世界里，她仍扮演次要角色。那些在社交媒体上拥有大量粉丝的"网红"，利用自己的地位通过广告挣钱。我们多数人靠工资生活，而他们靠每单帖子的报价生存，在那里所有一切均可使丰富想象力实现货币化。当我们抵达泰晤士河畔的俱乐部时，狗仔队发现了托福洛，并发出一连串闪光。她并未觉得受到干扰，而我却因目眩而跌跌撞撞。在我们进入俱乐部前，还有工作需要做。首先，我们在会场外徽标墙前面拍摄一张照片，然后，在会场内不同徽标墙前面拍摄更多照片。最后，我们被领进拥挤的贵宾专区，那里又有一位摄影师在等候着。当一切尘埃落定，我发现我们在一家相当普通的夜总会，那里人山人海，都是二十出头的年轻人。托福洛与两位朋友在一起，其中一位穿着上面印有恐龙的套衫。我发现，这是这么多年来托福洛最年长的一位朋友。第二天早晨，我收到托福洛的经纪人（联合代理人公司的马特·尼科尔斯）发来的电子邮件。邮件告诉我，昨晚演出非常成功，托福洛的照片已出现在《每日邮报》网站上，网站文章称其"故态复萌"并"炫耀自己娇小的身材"。这是线上与线下造星运动的一贯套路。名人媒体中的照片吸引新的粉丝，这样做会吸引更多品牌和获得更多派对的邀请，从而形成良性循环，其结果是更多照片刊登在名人媒体上，招揽更多新粉丝。造星运动旨在塑造托福洛的良好形象和提高其盈利能力。正如尼科尔斯所述，"造星运动可以提高知名度，吸引粉丝，提升价值"。昨晚的每一个细节都可以出售。某一特定品牌的美发产品，甚至在活动中亮相的某个设计师的服装，都可以得到推广；所有一切均可分离到不同品牌。尼科尔斯提及真人秀电视/社交媒体王国的"皇室"时，指出"实际上，就是卡戴珊姐妹开创了先河，她们所做的一切都可以货币化"。正如他所说的那样，其结果是拥有足够的网上"信徒"的网红们，可以不费力气、源源不断地捡到大把金钱。他解释道，有100万照片墙粉丝的网红，每发一帖赚取3000英镑，另外穿套服装参加活动还有2000英镑的奖励。他说，"只要在活动现场露面，您便轻轻松松将5000英镑收入囊中"。随着粉丝数量的增加，价格也会飙升。据美国一家社交媒体分析公司Captiv8介绍，在照片墙上发帖的费用，从支付800美元给粉丝数量少于25万的网红到支付15万美元给粉丝数量高达700多万名的网红不等。色拉布上的费用也大致类似，但脸书的溢价适中，YouTube的费用是所有社交媒体中最昂贵的，拥有700万名或更多粉丝的网红平均可以得到30万美元的费用。这还是统计社交媒体名人获得其他品牌机会之前的数据。新旧世界实际上是一样的，名声都会逐渐传开。尼科尔斯的另一位客户露西·沃森，曾是切尔西制造明星。她在照片墙上有140万名粉丝，目前，正在向出版领域发展。他说，"我们正在与露西合作，共同推出一本纯素食书，因此我们希望每隔4个帖子就发布一次她的纯素食理念。"这显然是最佳时机。明星们也可以从促销行业起步，发展到拥有自己的产品。他补充道,"当您有 100 万名粉丝时,您不用推销他人服装,可以为自己的服装打广告。"这是一条众人都走的路线。佐伊·萨格,亦称佐埃拉,因在 YouTube 上从事化妆辅导课而声名鹊起。在企鹅出版社的一位捉刀人的协助下,她于 2014 年发表了处女作《网上女孩》,该书大获成功。同为 YouTube 热门人物的山姆和尼克·查普曼姐妹,目前拥有自己的化妆笔生产线,据唐·斯梅尔斯介绍,这是英国最畅销的化妆笔品牌,也是美国市场份额增长最快的品牌。唐·斯梅尔斯是光彩期货公司的创始人,这是一家专门研究 YouTube 人才并管理佐埃拉和查普曼姐妹的机构。托福洛希望踏上一条稍微不同的人生旅程。此刻,她向粉丝推销魅力的理念,但也有从政的意愿。尽管她的照片墙上有关派对和假日的美好图片琳琅满目,但其推特账户却充斥着有关时事的评论。下次我遇见她时是在国会大厦外面,她正好要去拜访国会议员格雷格·汉兹。不可避免的是,就在我们进入国会大厦时,狗仔队出现了。托福洛加入切尔西制造前,在大学读过法律,还学过政治学,目前,正在思考将来离开演艺界。她是保守党的支持者,反对英国脱欧。她边喝茶边对汉兹说:"因此我投了留欧票,实际上,我对此感到非常遗憾,我甚至不好意思说我投了留欧票,我这样做完全出于害怕,这太愚蠢了。"汉兹建议她参加当地的保守党,并对参加和避免哪些宴会都给出了建议。我们离开时,她拿出一个记事本,并核对了她想在会议上提出的谈话要点清单。她只漏掉了一个,然后总结道:"这可能是有史以来最佳的会议。您也知道,我并非是一个在照片墙上晒照片的小妞。"社交媒体明星既有托福洛这样的人,其知名度在一定程度上通过电视等传统媒体而为人所知的，也有纯粹通过网络走红的人。有一些人像卡戴珊姐妹，因一首"因为出名而出名"的歌曲而红透大江南北，也有另外一些人，在风靡一时的创意浪潮中崭露头角。也有像托福洛这样富有魅力的人，他们除了名声外，可能还有一些"书呆子"的兴趣，还有一些人，比如瑞典 YouTube 用户西蒙妮·吉尔兹，因制造坏得滑稽的机器人而扬名。爱德华·伊斯特管理着代表品牌所有者的 Billion Dollar Boy 公司，他表示，一些社交媒体明星的创造力是吸引品牌的关键。这些品牌可以将广告制作业外包给家庭作坊业主，这些业主拥有大量粉丝便是他们技能的证明，这种做法可能比从传统创意机构获取创意更吸引人，价格更优惠。伊斯特说，"一个年轻人在创意公司，他想出一个主意，但他在照片墙账户只拥有 200 名粉丝，而有人拥有 10 万名粉丝。那么拥有 10 万名粉丝的人胜出，因为他知道如何招揽粉丝。"可见，人们信任名人的想法对于网红的赚钱能力至关重要。人们认为，网红与粉丝之间有着更密切的人际关系。一般来说，粉丝比较年轻，很可能在网红默默无闻时就开始追随网红，直至网红声名远播。由于脸书之类的社交媒体限制低参与度内容的传播范围，因此这些网站发布的内容往往具有较高的参与度（评论、点赞和分享），各品牌认为这为它们的广告预算提供了更好的价值。所有这些使得什么是广告与什么不是广告的界限模糊不清。英国广告标准局首席执行官盖·帕克说，"大多数人在多数情况下都没有意识到他们看到了广告。"虽然现在有规定，要求社交媒体用户必须清楚地告诉粉丝宣传品牌可以获得酬劳，不过，没有什么人这么做。同样，托福洛也不愿意谈论这些模糊规定。在她照片墙上的一些帖子似乎是促销，却没有标明"广告"，但有些标了。如果全部由她决定，估计什么都不标明。她说："我觉得这不是字幕的一部分。"至于她的粉丝是否在意，则是另外一回事。托福洛的手表帖子总共获得1000多条点赞，低于她的平均水平。但有好几条评论充满感激之情。其中一条来自一位激动的少年："您是我认识的最脚踏实地的人之一！"

资料来源：卡丁·舒伯的《网红来袭》（2017年5月4日《金融时报》）

文章 6.2
广告商敦促脸书和谷歌建立标准机构
马修·加拉汉

各公司希望技术组织采用共同的政策来过滤不当内容。

英国一些最大广告商呼吁脸书和谷歌成立独立机构,对这两大平台上的内容进行规范和监督其平台上的内容。英国广告商协会总干事菲尔·史密斯表示,两家科技公司应该在检测、监督和删除不当内容方面采取共同政策。这些广告商包括劳埃德银行集团、联合利华和宝洁。他说,谷歌和脸书应该"研究出一些有关内容审核和删除的共同原则,这些原则应由两家科技公司资助的独立机构采用并执行。其他社交网络和科技平台,例如推特和色拉布,可以加入这个监控框架。"史密斯先生告诉《金融时报》,"至少,我们正在寻找的是独立监督和报告,这将建立对平台本身的信心,并对其声誉有好处。"他说,为独立机构提供资金还将增强消费者和广告商的信心,并避免受到政府监管的威胁。在整个欧洲,要求对技术平台采取监管措施的压力越来越大。2017年,德国出台措施,对在收到投诉后 24 小时内未删除仇恨言论或虚假新闻的公司处以最高 5000 万欧元的罚款。英国首相特蕾莎·梅要求科技集团将恐怖主义有关内容出现在网上的 2 小时内删除。谷歌和脸书拒绝就国际海底管理局的提议发表评论。谷歌表示，最近它将其 YouTube 视频频道上的内容评论人数增加到 1 万名以上，尽管它拒绝透露已经聘用员工的数量。脸书最近也承诺，到 2018 年年末，将其安全和社区团队的规模扩大一倍，人数达到 2 万人。此举在一定程度上是为了回应美国国内对与俄罗斯实体有关内容的公愤，这些内容旨在破坏 2016 年美国总统大选结果。在公众日益担忧的情况下，科技公司加大了监管力度。据今年的爱德曼信任度晴雨表显示，公众对大型科技集团的信任度正在下降。在过去的 12 个月里，这种下降在英国尤为突出。过去一年来，英国人越来越担心 YouTube 上存在极端主义和其他不当内容。为此，YouTube 聘请了审核员来删除不当视频。推特承诺针对俄罗斯风暴进行广告改版。脸书也在一份声明中表示，它正在对其平台上"非法和不当内容采取强有力的措施"。克拉夫特公司的前营销主管史密斯先生指出，广告商希望大型科技公司采取措施，因为消费者对数字广告持怀疑态度。他说，"消费调研表明，数字广告令人讨厌，不被客户所信任。"消费者知道，电视广告在一定程度上受到监管，包括广告和内容，但他们不认为在数字广告方面也会如此。去年 3 月，许多英国大广告商离开了 YouTube，因为有消息称，知名品牌的广告与圣战视频和其他极端主义内容一起投放。11 月，帝亚吉欧、玛氏公司和惠普将其广告撤出该视频频道，因为它们的广告出现在带有儿童和性评论的视频中。上周，YouTube 首席执行官苏珊·沃西基在一篇微博帖子上写道，"我们将运用过去一年打击暴力极端主义内容的经验教训来解决其他有问题的内容"。

资料来源：马修·加拉汉的《广告商敦促脸书和谷歌建立标准机构》（2018年1月23日《金融时报》）

第七章
拥抱社交客户服务

为什么这很重要

　　社交媒体通过提供便捷、即时的投诉、提问和偶尔赞美的方式，为客户服务功能增加新的内容。它还鼓励一种新型客户行为，即联系呼叫中心时，人们可以在推特上抱怨或在脸书上分享积极故事。[①] 喜剧演员里基·热尔维（偶尔客串社交媒体评论员）对这一现实进行了一番描述："10年前，如果某事冒犯了您，您会拿出笔和纸写给'亲爱的英国广播公司'，不过写了一半，您会叫道'哦，真麻烦，我受不了了'。现在您只需发一则推文给英国广播公司总监或美国总统，事情就办妥了，他们可能会用推特答复。这是一个不可思议的世界！"[②]

　　目前，我们正处于新旧客户服务过渡阶段。虽然有些客户已经开始使用社交渠道，但有些客户仍热衷于打电话、发邮件

[①] 据数据分析公司称，维度数据社交媒体是全球"Y一代"客户服务的首选。——《2015年全球联络中心基准报告》，维度数据。

[②] 2017年10月13日《地铁报》引述。

第二部分　付诸行动——利用社交媒体的力量发展业务

甚至写投诉信。[1] 因此各公司应为客户提供他们喜欢的任何访问方式。

出于以下原因，社交媒体渐渐成为主要的客户服务渠道。

• 客户偏好——与通过多种电话选择的"呼叫中心"相比，使用推特发布问题或投诉要容易得多。

• 客户体验——人们越是听到在公司的脸书页面上发布抱怨或问题比使用传统客户服务渠道收到更快的回应，他们就越会采取这种行为。

• 成本因素——处理客户电话、邮件，甚至更传统客户的偶尔来信既费时又昂贵。相比之下，据估计，一个训练有素的客服人员处理一个电话呼叫所用的时间，可以处理 4 个社交媒体查询。研究还表明，网络推广者在社交方面的得分（对于大多数客户服务团队而言是一项重要指标）往往高于电话渠道。实际上，许多人更喜欢基于社交媒体的匿名对话，而不是与呼叫中心的操作人员进行真实对话。

• 新兴技术，特别是聊天应用程序（例如微信和脸书即时通）的日益普及。[2] 聊天应用程序将更多地用于处理客户服务查询，尤其是现在，许多此类查询是在智能手机上进行的，这并不是大多数网站上使用"实时聊天"功能的最简单方法。使用手机对话有个令人讨厌的毛病，刚好在您处理重要事情时，手机会突然断

---

[1]　社交媒体目前在英国的客户服务组合中约占 6%，预计到 2020 年将超过 25%。根据 FAS 研究（2016）的数据，虽然数字技术势不可当，但电话仍将是使用最多的渠道，不过，到 2020 年，其占比将从目前的 55% 降至 36%。

[2]　脸书旨在通过说服各品牌将 Messenger 应用程序用于客户服务（包括使用可以与客户交流的聊天机器人），从而实现盈利。

网。而这正是聊天应用程序广受欢迎的地方,因为它提供一种离散的、个性化和超高效的双向通信流,可以在不影响对话的情况下将其中断。另外,聊天应用程序还利用了聊天机器人或自动机器人的发展成果,尤其是它们需要处理大量对话,以及数以千计的类似客户问题时。①

> **使用聊天应用程序提供更好的客户体验**
>
> 荷兰航空公司鼓励乘客使用脸书即时通交流,这样乘客可以接收预订确认、航班更新和登机卡等信息。乘客还可使用聊天应用程序发出请求以更换座位、跟踪丢失的行李并提出问题。在开通该项业务当日,航空公司发现来自用户的问题增加了40%。为此,公司社交媒体中心经理格特·维姆·特·哈尔指出,"我们发现越来越多的客户更喜欢聊天应用,而不是发送公开的推文或信息。因为它更具有个性化色彩"。不过,切换到聊天应用程序并不是没有风险。格特·维姆·特·哈尔描述了这种问题的严重性:"上周,在高峰时段,我们每分钟收到13条信息,这巨大信息量颇具挑战性。我们不得不安装系统来应对这个问题,而这正是需要人工智能的地方。您必须找到一种方法,既能让人际交往变得简单,又能处理大量的信息。"
>
> 这就是自动化——汽车人或聊天机器人——可能提供解决方案的地方,不过,大多数专家也承认,在解释和响应信

---

① 根据社交媒体技术专家介绍,SproutSocial 在脸书 Messenger 上使用了 10 万个聊天机器人。——《2018 年六大社交媒体趋势》,SproutSocial。

息方面，即使是最聪明的人工智能也无法与人类相比。格特·维姆·特·哈尔表示，"有时必须人工服务，因此我们必须找到一个平衡，我们不能全部自动化"。[1]

尽管有这些支持社会客户服务的有力论据，但许多组织仍然缺乏处理社会媒体查询的能力[2]。这可能会使许多客户感到不安，他们期望通过社交媒体访问所有组织，并能够通过他们希望使用的任何渠道来处理客户服务问题。

标致汽车英国公司前营销总监迪恩·德鲁是一位客户服务系统专家。他告诉我，在客户服务方面，企业认为他们提供的内容与客户所亲身体验的现实之间存在巨大差距："80%的公司表示他们提供了高于平均水平的服务，不过，这种观点只有不到15%的客户表示认同。"他们无法拥抱社交客户服务便是这种差距的又一例证。

社交客户服务的结构化方法

如果您负责大型且昂贵的客户服务职能，我建议您在拥抱社交媒体服务机会时，采取以下步骤，首先是相对简单的解决方案，最后是更复杂的、更合适的技术方案。

---

[1] 引用自2016年4月16日《鼓》。
[2] 维度数据报告声称，每10个客户服务联络中心中就有6个没有能力处理社交媒体查询。

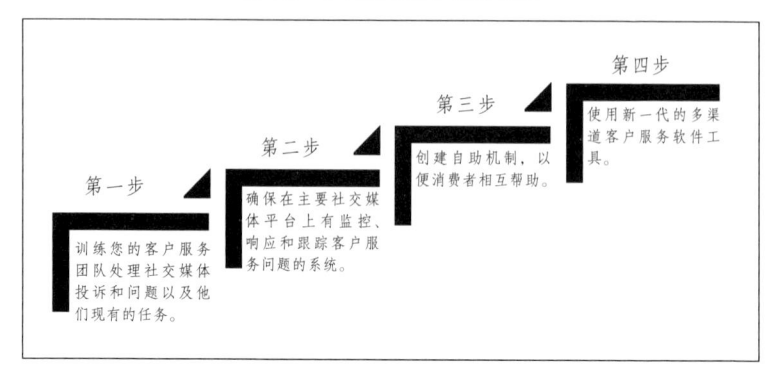

图 7.1 如何拥抱客户服务机会

第一步——训练您的客户服务团队处理社交媒体投诉和问题以及他们现有的任务

确保在主要社交媒体平台上有监控、响应和跟踪客户服务问题的系统。

创建自助机制，以便消费者相互帮助。

使用新一代的多渠道客户服务软件工具。

第一步——训练您的客户服务团队处理社交媒体投诉和问题以及他们现有的任务

训练现有团队，即使他们的技术技能相对有限，也可能比引入一群（通常）年轻、对技术有信心的人员（经验不足的客户服务操作员）要更有成效。您可以教会某人几个小时内处理基于社交媒体的投诉或问题，但是要训练某人精通与客户打交道并判断处理棘手情况的方法可能会花费数年。

第二步——确保在主要社交媒体平台上有监控、响应和跟踪客户服务问题的系统

您必须拥有正确的监控工具来识别客户投诉，并建立相应系统来快速、有效地处理客户投诉。主要关注事项是：

• 速度和效率——合适人员需要尽快发现投诉并处理它们。客户往往会原谅您的过失，但对您不响应却不予谅解。一些组织已采用服务标准，承诺在设定时间段（通常为 30 分钟）内处理一定比例的投诉或查询（通常为 80% 以上）。

- 审批流程——绝大多数的投诉或问题应由一线客户服务团队处理，而不是提交给高管。尽管通常情况下，可以通过准备预先批准的应对措施或涵盖最常见问题的材料来解决此问题，但在受到严格监管的部门中这可能是一个挑战。
- 营业时间——大多数客户服务职能可以在正常办公时间内进行，无须全天候待命。这在很大程度上取决于客户的期望和对组织的感知风险水平。在合理时间段内未处理的投诉可以升级。
- 质量控制——与传统渠道（电子邮件）相比，推送或发布的投诉可能受到较少的关注，不过在电子邮件中，其电子"书面记录"更容易受到跟踪。因此，检查任何社交媒体投诉是否已跟进和处理过很重要，尤其是那些移交给组织其他部门的投诉。
- 持续监控——监视原始投诉人或其他投诉人有关投诉的任何其他评论非常重要。如果问题似乎已经升级，特别是许多人似乎在投诉同一问题时，显然，需要将此问题提交给直属经理。

第三步——创建自助机制，以便消费者相互帮助

许多消费者品牌所有者发现，在其脸书页面上发布的所有问题中，有一半是其他客户回答的。这是数字革命带来的最有趣的行为之一，它激发了我们相互帮助的自然本能。这也是许多消费者技术公司所使用的自助论坛的基础，在该论坛中，人们可以发布需要其他用户解决的问题。当涉及处理相同类型的问题时，社交媒体还可以提高规模效益。

英国税务海关总署为了减少打给税务帮助热线的通话量，尝试鼓励人们在推特上向@HMRC客户提出有关税务

> 事宜的问题。税务帮助热线因其漫长的等待时间而在公众中声名狼藉。英国税务海关总署传媒总监斯蒂芬·哈德威克在英国广播公司广播四台的《今日节目》中指出:"社交媒体的全部意义在于,您回答了一个问题,成千上万的人可以看到答案,而不必在电话里回答所有问同样问题的人。"[1]

第四步——使用新一代的多渠道客户服务软件工具

多渠道或全渠道工具可以帮助组织通过邮件、电话、短信服务、实时聊天、在线自助服务和全社交媒体渠道,来处理客户参与。承担大量客户服务任务的大型公司开始使用这些工具,因为这些工具可以为他们提供以下能力:

- 满足客户使用任何渠道的需求。
- 提供单一的客户行为数据源,有助于更好地制定决策,并最终提供更快、更灵敏和更经济的服务。

高科技,高接触

尽管出现了聊天机器人或自动机器人,但很少有客户服务专家建议将所有客户服务职能都实行自动化。相反,则需要找到一种平衡,例如,使用技术处理简单或平凡的任务可以解放客户服务操作员,以便他们专注于更重要的客户服务查询。

在金融服务领域,他们将其描述为高科技/高接触的平衡。大多数情况下,客户主要通过使用技术(智能网站、自动呼叫中心、自助诊断工具和越来越多的自动机器人)来获得支持,并往

---

[1] 2015年1月2日BBC新闻在线报道过。

往对这种方法感到满意。而高价值的客户通常要求由经验丰富的财务经理提供"高接触"服务。客户体验咨询公司芬德森斯（Findasense）的联合创始人多美·洛尔施指出，问题很简单，"要确定客户在服务过程的哪一部分能够忍受与机器交谈而不生气"。他还建议，不同类型的客户对技术的使用具有不同程度的容忍度，通常，年轻客户可能比老年客户更愿意使用技术解决方案。

重新思考客户服务模式

针对社交媒体使用的日益增多，一个更积极的响应是彻底重新思考和重塑客户服务的理念。对于多美·洛尔施而言，这个问题很简单，"您将客户服务视为成本中心吗？与客户的电话联系越短越好，或者是建立感兴趣的关系和社区，建立忠诚度并产生收入的机会"？他将等待客户联系的传统客户服务思维方式与更为主动的客户体验意识进行了对照："您必须走出去寻找客户，并积极与他们联系。即使拥有复杂客户关系管理系统的公司也不能真正理解他们的客户，从而很难为他们提供真正的体验。它要求调整管理重点，将过时的关键业绩指标（诸如覆盖率和影响力等）改为更具社交色彩的关键业绩指标。在这些指标中，您需要优先获取客户的相关信息，例如，客户购买什么、为什么购买、他们喜欢的品牌和体育团队。您获得的情报越多，您交叉销售的能力就越强。"

建立可口可乐公司的客户联系中心

芬德森斯（Findasense）与可口可乐公司在40个国家进

行合作，为可口可乐公司的许多品牌服务，以帮助其管理主要社交媒体渠道的聆听、监控、对话和内容制作业务。他建立了可口可乐客户互动中心，用他的话来说，这是一个"高性能的数字直接联系中心，使得可口可乐公司可以从战略的角度管理其沟通渠道"。该中心将从专业供应商购买的一系列工具整合起来，可以提供社交聆听和监控、情感分析、趋势分析，社交媒体管理系统、客户管理以及仪表板报告。

洛尔施对我描述了开发这种能力时芬德森斯所遵守的流程："将本行业和其他行业中现有客户体验当作衡量基准，这点相当关键。因为客户的期望由最佳体验确定，而不仅仅是您从事的工作。接下来要进行数据分析，以便更好地了解客户资料，他们的行为，他们的想法和感受。对于可口可乐来说，重点是确定'亲密的体验时刻'，客户感觉有必要与他人分享积极或负面体验的时刻。一旦您有明确的目标和愿景，您可提供适当的技术、流程、结构和专业支持。然而，一个计划的成功与否最终取决于组织文化，只有获得整个公司的理解和支持，才能提供一致的、高质量的客户体验。"

芬德森斯方法表明，起初人们只是简单地将社交媒体添加在现有客户服务渠道中，慢慢地，社交媒体便可以对组织结构和运营方式进行广泛的审查。它鼓励高级经理提出各种基本问题：人们是否以正确方式合作？我们可以围绕客户需求而非内在逻辑进行组织吗？在技术发展呈指数级增长的发展周期中，我们是否对变化做出了响应？

本章重点知识

1. 对于具有重要大客户服务职责和成本的任何组织而言，社交客户服务可以提供绝佳机会来降低成本，同时潜在改善整体客户体验。

2. 所有组织必须认识到，客户希望通过他们喜欢的任何渠道与组织进行互动。目前，日益受欢迎的渠道是脸书和推特。

3. 采用结构化方法很重要，因为它可以交付社交客户服务，确保您最大限度地利用机会并将风险最小化。

阅读本章后建议采取的步骤

1. 检查现有客户服务职能的成本和有效性，以确定使用社交媒体是否具有成效。

2. 探索是否可以训练您的客户服务团队，使其能够处理推送或发帖方式的查询，以及电话和电子邮件。

3. 检查是否通过现有服务渠道组合来满足客户的期望和需求。这可能需要进行适当的研究。

4. 调查您的客户服务团队是否可以从多渠道技术平台的使用中受益。

文章 7.1
蹒跚学步的孩子给企业主上了一堂在线客户服务课
皮利塔·克拉克

社交媒体放大了那些曾经几乎不被注意的负面评论。

一个多星期前，美国孟菲斯市一家素食咖啡馆老板碰到一些不愉快的事。一位顾客在餐馆在线评论上抱怨，她用餐时受到干扰，因为店主的学步孩子赤裸出现在她面前，并"弯下腰"向她露出屁股。她明白这是家庭企业，也知道"孩子喜欢做些古怪的事情"，不过，对此她感到不愉快。这件事在媒体上掀起一阵骚动，尽管并非您希望的有关素食者和臀部的评论。但来自咖啡馆老板克里斯蒂和亚当·杰弗里的愤慨反应使局势恶化。在一篇现已删掉的脸书帖子中，他们扬言要严禁人们留下差评，尤其是那些与孩子有关的评论，因为他们不欢迎这些"仇恨者"。本周我联系杰弗里夫人时，她的态度依旧非常抵触。她声称评论是不公平的，虽然她可能重新措辞，但她仍保留拒绝某些顾客的权利，因为如果食客觉得孩子不好，"那么餐馆也就不欢迎他们"。她的本能反应是情有可原的。我本人没有孩子。如果我说，我坐在餐厅或飞机上一个调皮的小孩旁边时，心跳会加速，那我是在撒谎。不过，我帮助许多朋友和亲戚教育过一群不服管教的孩子，因为他们教养孩子显得力不从心，特别是您想将管教孩子与做生意结合起来时。即使如此，杰弗里夫妇的行为在许多方面是错的，因为他们不知道从何开始教育孩子。更糟糕的是，这只是商家对苛刻的网上评论进行反击的最新例子，尤其是在餐饮和住宿行业。我记得第一次遇到这种事是在几年前，那时一位食客发帖评论在我悉尼老家附近的咖啡馆："脏，有蚂蚁。菜烧煳了。价格贵。"随后，他收到餐馆管理层的一封反驳信，严厉斥责他吃了所谓烧煳了的菜肴，并指出有蚂蚁，还试图"砸我们的生意"。后来，这家餐馆倒闭了，许多其他企业主也尝试过类似策略。这可能是巧合，但它确实指出了素食咖啡馆老板经营方法中的第一个问题：自我伤害。显然，社交媒体的兴起放大了差评，而在温和的前互联网时代，这种评论几乎不会被注意到。另外，一些在线评论网站也容易受人操纵。不过，严斥评论员毫无意义，反而会适得其反。商家的性情对于潜在客户而言相当重要，为什么要威胁禁止任何无意返回的人呢？最好是慎重答复客户。在特别艰难的情况下，爱尔兰宾馆经理的做法堪称我们学习的典范。他收到来自猫途鹰的一则差评，声称其宾馆看上去像"切尔诺贝利核电站的建筑"。于是，他礼貌地回复，"不幸的是，贵方评论将本店比作造成无辜生命死亡的20世纪最大人为灾难，我不知道如何找到解决方案。"确实，一些成功商业领袖认为，客户不一定都是对的。大陆航空公司前首席执行官戈登·白求恩在自己的回忆录中也认为，在面对可能是"不讲道理、苛求的浑蛋"乘客时，公司选择站在员工一边非常重要。该观点在航空公司可能行得通，因为那里的顾客有时确实不像话，比如，在3万英尺高空中醉醺醺地打开安全门。不过，一般来说，在地面上的乘客很少试图做一些可怕的事情。不过，我们不难找到所谓的专家，他们声称客户至上是一种过时的观念，这会让员工感到不满，且通常在浪费时间。对于他们，我有一个办法：约翰·刘易斯。一家员工所有制英国百货公司将其客户服务做得相当完善，无微不至，而当地人往往视之为理所当然。其承诺"永远不会故意压价出售"遭到广泛嘲笑，且不可能总有效。但它赢得了几乎所有我认识的在这里购物的人的忠诚，并成为该国最受尊敬的企业之一。而这种公开斥责顾客的想法，更不必说要威胁禁止他们，实在是不可理喻。来自愤怒商家的反对意见也有一定道理，客户，尤其是食客，本可以亲自投诉，而不必做出这种不友好的网上评论。在孟菲斯公众骚动事件之后，杰弗里先生发牢骚，认为"没有谁对其孩子的赤裸跟他说过什么"，因为孩子学会如何扯掉尿布后，就不再这么做了。如果评论员亲自表示反对，对所有相关人士可能会更好。总的来说，如果人们线下抱怨，而不是在线评论，生活会变得更文明。但在线评论益处多多，毕竟，这绝不是借机攻击客户的理由。将来，杰弗里夫妇应该从他们的闹剧中吸取教训，采取明智的措施：冷静下来，深呼吸，甘心容忍，不予反击。

资料来源：皮利塔·克拉克的《蹒跚学步的孩子给企业主上了一堂在线客户服务课》（2017年7月15日《金融时报》）

第八章
重振内部沟通

为什么这很重要

我们生活在一个高流动性的商业环境中，在这里，"员工"的定义得到了扩展，各公司越来越依赖半流动性承包商、虚拟团队和自由职业者。在许多行业，远程办公已成为常态。有效的内部沟通可以提供双向对话机制，而不是简单的自上而下的管理独角戏，因此受到了前所未有的重视。有人还指出，步入职场的千禧一代对灵活工作、授权责任和扁平公司等级制度有着迥然不同的期望。但是，我想说的是，不仅仅是千禧一代想要体验一个更具合作氛围、更少官僚主义的工作环境，其他人员也同样如此。

社交技术促进了信息、知识和专业知识的共享，这也是为什么许多大型组织迅速发现自身潜力，以此作为重振内部沟通和促进工作场所内更有效协作的一种方式。据麦肯锡公司的咨询师介绍，"社交工具（特别是新团队协作工具）有望带来更高水平的内部收益，并最终通过员工的良好沟通，可以给组织带来更深刻的变化。"[①]

[①] 《社交工具如何重塑组织》，麦肯锡全球研究院，2016年5月。

大卫·布莱恩是爱德曼公司亚洲区前首席执行官，也是我的《人群冲浪》一书的合著者。他积极宣传社交技术的正面影响，并认为"社交技术可为那些对企业文化失去兴趣的千禧一代带来诸多好处，从而使这种体验更具合作性，更少官僚性"。他还认为，一般情况下，社交技术的广泛使用"将改变企业，并对文化、信息技术和基础设施产生重大影响"。

那些较"传统的"社交媒体渠道，比如首席执行官的博客帖子、公司的脸书页面，以及公司内联网，等等，也可以扮演重要的内部沟通角色。这就是为什么那些采用企业对企业销售模式的公司，尽管不愿意与普通客户沟通，却认为，脸书的价值在于方便告知员工有关公司新闻和发展状况。

社交媒体渠道带来的最明显好处是减少了内部电子邮件的数量，其中许多邮件没有必要，只会让人们从更重要的任务中分心。

征服堆积如山的电子邮件

法国源讯信息技术公司首席执行官蒂埃里·布雷登采取严厉措施，禁止使用电子邮件，代之以内部社交网络工具。与传统的电子邮件（将信息推送至员工收件箱，并要求员工立即回复）不同的是，该工具允许人们在合适的时间内进入对话线程。该公司报告指出，这项措施大大改进了知识共享与协作水平。虽然最终未能达到布雷登的"零电子邮件目标"，但它确实使电子邮件数量减少了60%。[1]

---

[1] 《为什么源讯公司要努力成为零电子邮件公司》，大卫·布尔库斯：《福布斯》，2016年7月12日。

第二部分　付诸行动——利用社交媒体的力量发展业务

许多组织广泛使用聊天应用程序来取代传统电子邮件。研究表明，它们的使用有助于扁平内部层次机构——所有人员，上到首席执行官，下至职场新人，似乎都是以平等的声音出现在WhatsApp中。[①]然而，并非每个人都认可聊天应用程序的优点。据特许人事和发展研究所人力资源经理的一份调查报告披露，只有26%的员工认为聊天应用程序加强了工作场所协作，而40%的员工却认为聊天应用程序破坏了工作场所文化。

使用聊天应用程序的主要问题似乎是其明显的非正式性，鼓励人们说或分享一些事情，而这些事情如果使用电子邮件等更正式的公司渠道时，他们可能不敢这么做。因此，人们滥用聊天应用程序会造成越来越多的人力资源问题（从所谓的欺凌到分享不合适信息）。这些应用程序还存在使专业和私人应用模糊的趋势，比如，最初是为了方便同事了解传统工作时间的工作进展而成立的组织，却很快发展为社交琐事和周末消遣的渠道。

可用的专业内部社交媒体工具种类繁多，其中包括Workplace（通过脸书）、Yammer、Jive、Chatter、Paper（DropBox）以及Quip（Salesforce）。[②]人们不能指责这些工具存在着低价出售的现象——Slack网站承诺让其用户"更有效率，压力更小，更快乐"。一些组织还开发了定制的协作平台。

[①] 有关急诊外科团队使用WhatsApp的研究表明，聊天群层次结构扁平化，使低级实习生可以访问经验更为丰富的临床医生，后者可以为前者提供支持和监督。源自英国《金融时报》网站FT.com于2017年10月5日援引《WhatsApp在工作中使用的危害》。

[②] 在咨询专家的行话世界中，它们有时被标记为企业社交网络（ESN）。

> ### Yo 的力量
>
> 创意机构 Crispin Porter + Bogusky 开发出 Yo-Now 平台——"您可以把它想象成一个全球性组织，Snapchat、照片墙和 Facebook Live 都在为这家机构服务。始终在线，始终未过滤，在 CP+B 平台上培育客户。"① 因许多 CP+B 公司员工习惯用"Yo"开头发邮件而得名的平台，允许公司所有员工可以在公司办公室的大屏幕上上传照片、视频、图形交换格式文件和创意。②
>
> 该机构首席创意官拉尔夫·沃森介绍了开发该平台背后的想法："我们正在寻找一种方式，让网络人性化，让员工能够不断地与他人互动。在这个我们习惯于即时获得生活中所有事物反馈的世界里，它为人们提供了做同样事情的一种方法，同时又让其他人了解他们的工作和成就。"③

令人遗憾的是，我与众多商业顾问的交谈表明，虽然最初人们饶有兴趣地使用协作工具，但随着时间流逝，人们对协作工具的兴趣会逐渐减退。于是，人们又恢复过去的"不良"习惯——收件箱开始充满了电子邮件，讨论变得越来越少，经理们开始担

---

① https://thefwa.com/cases/yo-now-p2。
② 您可以观看一段有关 Yo-Now 的短视频:https://www.youtube.com/watch?time_continue=7&v=QQbk1xt3gug。
③ CP + B 于 2017 年 4 月 26 日在英国 Digiday 推出了内部社交网络以改善员工沟通。

心这是在鼓励社交活动，而不是提高工作效率。①

如何维持内部社交媒体的使用

1. 选择最适合需求的平台。理想情况下，为了确保员工的支持，最好让员工参与到选择过程中。

2. 保持简单和专注。与尝试使用一系列协作工具相比，将所有人迁移到单个平台的机会更大。

3. 确保获得高级管理层的支持。据奥特米特集团的创始人兼首席执行官沙琳·李介绍，"研究表明领导层的参与对于协作至关重要。领导者清楚他们应该与员工互动，尤其是通过数字和社交渠道。不过，他们未能做到，于是他们列举一连串借口作为托词，例如，'我的时间不够'或'没人关心我中午吃了什么'，等等。更重要的是，他们害怕交往会拉近自己与员工之间的权力距离，从而削弱自己的指挥和控制能力"。②

4. 管理和审核其使用。以同样的方式，如果不加以审核，领英团队的工作效率会降低——往往会成为一小部分对他人观点不感兴趣的固执己见的人员的宣传工具——同样，内部社交平台的有效性也会因缺乏审核而降低。

5. 提供高质量内容吸引用户，以便用户共享和发表评论。

毋庸置疑的是，社交网络技术可以推动变革，在工作场所内

---

① Altimeter 对企业协作工具的研究表明，员工定期使用的工具不到工具总数的一半。该研究还指出，很多员工经常使用的企业协作工具还不到所安装的工具总数的一半。——Altimeter 集团对 55 家雇员超过 250 人的公司的调查，2014 年。

② 《为什么没有人使用企业社交网络》，HBR，2015 年 4 月 7 日。

开辟新的可能性,并有望满足新一代员工的需求。尽管如此,我们仍需要警惕以下假设:通信技术的创新会自动导致通信和协作的改进。我记得妻子在职业暂歇后重返工作岗位,并评论了一个事实,即办公室里坐在她旁边的员工不跟她直接交谈,反而不停地通过电子邮件与她联系。几年前她在办公室上班时,电子邮件曾经是与办公室外的客户和熟人进行沟通的一种非常有用的方式,但在此期间,它似乎变成了交谈杀手。这就是许多公司都设置无电子邮件日以改善内部沟通的原因。

本章主要知识点

1. 社交技术对工作场所的沟通和效率具有明显的好处,尤其考虑到现在劳动力的退化性质和员工不断变化的期望。

2. 聊天应用程序可以有效地取代电子邮件,尽管它们的使用需要受到监控和审查。

3. 内部协作工具的业绩记录是毁誉参半,持续使用它们需要付出努力,尤其是高级管理层的支持。

阅读本章后建议采取的措施

1. 请认真思考社交媒体技术如何改变内部沟通。员工有多少时间浪费在处理大量电子邮件上?如何鼓励员工更有效地协作?社交媒体不可能是唯一的答案,但它将迫使您提出正确的问题。

2. 即使您看不到使用脸书联系和吸引外部利益相关者的任何价值,但它作为内部沟通的一部分也是值得考虑的。

3. 测试使用聊天应用程序来替代内部电子邮件。

4. 大型组织应该研究使用更复杂协作工具可以带来的潜在价值。

文章 8.1
脸书表示,这意味着业务正在进行中

汉娜·库克勒

企业网络产品的推出对现有企业软件制造商构成挑战。

脸书正向数百家公司推销所谓"脸书在岗"的产品,试图挑战企业软件商,并赢得企业客户的订购营收。从各方面看,"脸书在岗"都是世界上最大的社交网络,但它保持了企业数据的私密性和安全性,并与用户的个人资料分开。2015年1月,脸书宣布对该网络进行试用,并逐步将其扩展至100个合作伙伴,其中包括饮料公司美国喜力和社交媒体平台Hootsuite。目前,脸书正在准备将该产品推广至更广泛的商业领域,从初创公司到《财富》500强公司,"脸书在岗"将成为该公司首次涉足订购营收领域的经营项目。脸书目前的大部分收入来自向市场营销人员出售广告位,以锁定其用户,但它将保持企业客户的数据独立,不会向企业用户插播广告。相反,它将运营一种"免费"模式,这种模式在最新一代企业软件公司如Slack、Dropbox和Evernote中很流行。它提供免费基础服务,但对附加服务收费,比如与第三方工具、分析和措施的整合,以提高员工的参与度。脸书全球平台合作伙伴总监朱利安·科多尼乌表示,客户希望鼓励员工在脸书上工作，因为这是一种易于采用的工具，也是他们在私人生活中使用的工具。他补充道，脸书正在利用其在设计移动应用方面的专长，使这个平台首先成为移动的，使没有电脑或办公室工作的员工也能在网站上工作。他说，"我认为他们想把工作场所的协作和生产力提高到一个新的水平，他们希望用一种新型的企业软件来做到这一点。""一个好的组织的定义就是消息传播迅速。我认为，比尔·盖茨第一个说这句话，这也是脸书10年来一直在做的事情。"我认为，他们希望为工作场所带来更高水平的协作和生产力，并且他们希望通过新型企业软件来实现。喜力美国、Hootsuite和拉美在线零售商Linio都说，他们正在通过使用脸书的群组和新闻提要功能来提高生产力。"脸书在岗"可能会挑战其他企业技术，包括最新估值28亿美元的办公聊天应用Slack、谷歌Drive，以及微软的办公套件和企业社交网络Yammer。尽管它目前的目标是增强内部网络，但有朝一日也可能与专业社交网络领英相匹敌。脸书已经将目光放在所有就业人口上，据科多尼奥说这大约有30亿人，是目前14.9亿用户的两倍多。英国一处建筑工地的施工人员正在使用"脸书在岗"来拍摄和发布他们每天完成的工作，并发送照片至该公司在日本和德国的其他分公司。这只是"脸书在岗"计划通过使用智能手机改善公司之间的沟通，以此影响那些在工作中一般不使用电脑的员工的例子。全球平台合作伙伴总监朱利安·科多尼奥指出，脸书发现成群员工采用社交网络作为与同事分享信息的一种方式时，从中受到启发而开发出这种产品。例如，长期以来，这家硅谷公司一直使用自己的网站来管理内部交流，并开始看到其他公司采用脸书群组与自己的团队聊天。他说，在一家大型航空公司中，每架航班的每个机组人员都有自己的脸书群组。科多尼奥先生指出，"这是我们对全球数千家企业现有行为的回应。我们必须建立'脸书在岗'，以使其能够服务'首席信息官'"。

资料来源：汉娜·库克勒的《脸书表示，这意味着业务正在进行中》（2015年9月17日《金融时报》）

文章 8.2
在工作中使用 WhatsApp 的危险
艾玛·雅各布斯

工作场所聊天群组通常在虚拟闲聊区交谈，但这种聊天方式也存在风险。

在 2017 年 6 月的英国大选中，吉莲·基根当选为奇切斯特议会议员之后，她发现，有证据表明，WhatsApp 群组对于她具有重大价值。通过她私人电话上的免费短信服务功能，向女性保守党政客们发送短信，基根女士可以利用她的新同龄人的集体经验，其中包括拥有 20 多年议会经验的国会议员。手指滑动一下智能手机屏幕，她找到有关应对社交媒体滥用、新闻采访、管理乡村选区、关闭邮局，甚至园艺方面的诸多建议。曾在金融、信息技术和制造业任职过的基根女士称，WhatsApp 群组为"政客的妈妈网"。她喜欢 WhatsApp 胜讨电子邮件，这表明其语气虽非正式但非常肯定。相比之下，电子邮件在商业相关行业具有压倒性的优势。她指出："处理堆积如山的案头文件时，您会分心。"她是 WhatsApp 上多个政治群组成员，也是其办公室和家庭群组成员。虽然非正式工作场所聊天群组可以提供信息，但也有风险。员工可能发现自己受到欺凌、排挤或超负荷工作。如果使用不当，短信服务可能会损害雇主的声誉。WhatsApp 和其他应用程序之所以吸引人，部分原因是端对端的加密，这意味着只有用户端和个人或群组接收端可以看到文本信息、照片和视频。其他应用程序，例如 Signal（美国国家安全局举报人埃德·斯诺登使用）和 Telegram 提供加密的消息传递服务。据报道，白宫的一些工作人员也使用过另一项服务"Confide"。

加密对在政界工作的人员特别有吸引力。它作为一种向新闻界透露消息和建立秘密集团的方式，也具备与同事交流商业信息这种更为平常的特征。不过，短信服务不仅在政治领域且在各种工作场所都颇受欢迎。一项针对使用 WhatsApp 的急诊外科医疗队的研究表明，聊天群组将等级制度扁平化，使初级学员可以接触经验丰富的内科医生，后者可以提供支持和监督。另一项发表在《信息技术教育杂志》上的研究将 WhatsApp 作为教师和学生之间的交流工具，研究结果表明这款应用增强了师生关系。伦敦大学卡斯商学院组织行为教授安德烈·斯派塞表示，这样做有许多好处，"它降低了沟通成本，又提高了透明度"。然而，通过增加员工需要检查的另一条信息流，它可能会使人们应接不暇，从而进一步模糊家庭与办公室之间的界限。许多雇主鼓励使用 Slack（电子邮件的一种替代方法），作为安全的沟通方式，在此过程中，Slack 已成为另一种需要监控的、与工作有关的沟通系统。WhatsApp 主要用于闲聊和发牢骚。在我工作的办公室里，千禧一代整天坐在那里玩 WhatsApp，彼此发短信，并像小学生一样窃笑。基根女士说，周末她绝不会通过 WhatsApp 向办公室发送短信，因为"这会迫使'团队'回复。作为管理者，您必须小心如何使用它"。这种非正式的短信服务可能比电子邮件更令人讨厌。基根女士的丈夫，日本信息技术设备和服务公司富士通的英国和爱尔兰董事长迈克尔·基根采取另一种方法。"周末我绝不会给初级职员发送 WhatsApp 信息，不过，对于高级职员，我可能会。"这种非正式性是一把双刃剑。正如学校所指出的，老师们遭遇到"粗俗的语言和行为"。这不仅仅是青少年的问题，也是工人们的问题。最近，人力资源管理人员的专业机构英国特许人事和发展协会向从业人员询问了 WhatsApp 群组（包括正式群组以及为寻求咨询、社交和八卦而设立的群组）对企业文化的影响。26% 的受访者认为，他们改善了工作场所，鼓励了合作，并为相互支持提供了机会。其他人则悲观——40% 的受访者认为他们损害企业文化。一位匿名的人力资源管理人员表示，"只要用在正确的方面，它可以为员工带来巨大好处。然而，人们容易做出不当行为，发现自己违反了政策，却未能认识到自己的行为所造成的影响"。另外有人将 WhatsApp 描述为"恃强凌弱的工具"，用来阻止员工下班后喝酒，或将同事拒之门外。特许人事和发展协会伦敦业务主管戴维·杜萨对 WhatsApp 持乐观态度，并将其视为办公室闲聊的延伸。"人们总是批评他们的雇主（和同事），但这在酒吧里没有发生。"他说，技术仅反映了企业文化。"就其本身而言，WhatsApp 不会欺凌同事。"但诸如 WhatsApp 之类的安全和非正式短信服务则会引诱员工对文本作即兴评论。不同于工作后的酒局，对话记录可以很容易泄露给他人，例如，转发消息。基根女士说，这很大程度上取决于信任。"您会产生一种安全感。发生在旅行中的事情都是隐性合同。"然而，信息可能是由于意外而不是故意泄露的，就像工党议员不小心将嘲讽信息发送给错误的群组一样。年利达律师事务所就业顾问西蒙·克尔·戴维斯指出，在工作手机上使用 WhatsApp，在很多情况下，会因冒犯信息接收者、损害雇主声誉，或泄露机密信息，而违反雇主准则。随着时间的推移，工作人员逐渐认识到电子邮件的风险，并改变了他们在工作中使用电子邮件的方式。不过，尽管员工们习惯了 WhatsApp 之类的应用，却错误地认为这是一种临时的交流方式。同样，人们习惯于知道工作用的笔记本属于雇主，但不一定认为他们的手机也是属于他们的。"如果设备为雇主所拥有……那么雇主监控使用情况则是完全合法的，前提是要向雇员明确雇主保留这一权利。"克尔·戴维斯先生表示，世界各地的法律各不相同。例如，在数据隐私方面，德国被认为是最严格的国家，雇主监控和审查员工发送的信息的权利有限，即使是在工作设备上也是如此。在英国，如果雇主明确规定其政策，则可以"要求归还设备并访问内容，以调查有关设备使用的任何问题"。抖音信息安全通信专家卡罗尔·特里奥指出，对于在工作手机上使用 WhatsApp 的员工而言，在将工作设备或应用程序用于个人用途之前要三思而后行，这是一个好规则。为此，她建议，"如果您想在工作中保留一些隐私，那就不要让他们察觉到，也不要让他们的系统知道。"

资料来源：艾玛·雅各布斯的《在工作中使用 WhatsApp 的危险》（2017 年 10 月 5 日《金融时报》）

第九章
转变企业文化

为什么这很重要

工作的性质正在发生变化。为工业时代创建的传统等级制和官僚结构似乎不适合授权、非正式性、灵活就业和协作的新工作文化。罗兰·迪瑟告诉我："一切都不再起作用了。"这导致人们开始寻找替代方案或重新发现旧的理念，例如，灵活政治的概念：一种对凌乱、灵活和即兴性组织模式的颂扬。[1] 我们引进合弄制管理模式，它通过一系列重叠、自我管理的"圈子"来消除传统企业指挥链，以建立扁平的管理结构。[2]

阐明转型为社交业务的一个方法是，将其呈现为简单的层次结构，从最初使用社交媒体，到全面拥抱社交媒体网络和现有沟通渠道，最后根据更多社交方式重塑或重构组织。

---

[1] 这最初由沃伦·本尼斯于1968年在《临时社会》中创造。这个概念后来被阿尔文·托夫勒在其1970年出版的《未来的冲击》一书中推广开来。

[2] 布莱恩·J. 罗伯逊：《全面管理：快速变化世界的新管理系统》。

图 9.1 社交业务的演变

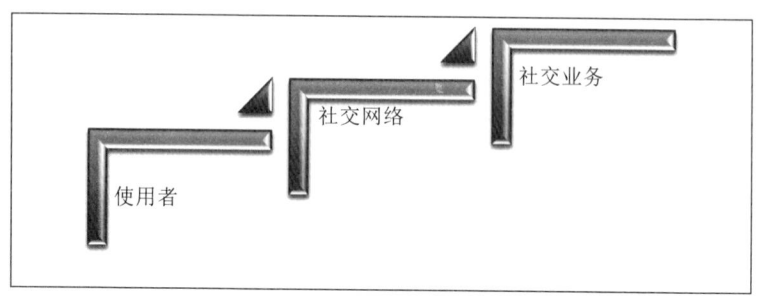

大多数组织仍处于"使用"阶段。他们在主要社交网络中建立起自己的网站（可能有脸书页面、推特账户和领英公司页面），具备使用这些网络回应普通客户查询的能力，且偶尔发帖或推特原始内容，或链接到其网站。这些活动没有什么不对的，不过，任何董事都不太可能关注正在发布的内容，或确信社交媒体可以对业务做出有意义的贡献。有关进一步投资的任何要求（例如为社交媒体管理系统的运营提供资金），都可能未予理睬。

本书所述的组织通常已达到"社交网络"阶段。他们已不再是简单地使用社交媒体，而是将社交媒体作为其客户服务、市场活动、市场研究以及与利益相关者沟通的重要元素，渗透到组织运营的核心。它们已意识到社交媒体在降低成本和提高绩效方面的潜力，因此，在系统、工具和培训方面进行了必要的投资。此外，它们可能更了解社交媒体带来的风险。

社交业务位于层次结构的顶部。它是一个引人入胜的概念——麻省理工学院斯隆和德勤所进行的一项调查中，70%的业务专业人员认同"社交业务是改变其组织运行方式的机会"[1]——

---

[1] 麻省理工学院斯隆与德勤，2013 年 7 月。

不过，对此很难下定义。[①]它仅仅是一个充分利用社交媒体作为沟通和网络工具的业务，还是需要对结构、流程和文化进行更根本的重新评估？对于权威性定义，我们或许应看看彼得·金怎么说。他是第一企划国际的首席数字官兼《设计社交业务》一书的合著者。他指出："社交业务通过新兴技术利用人类行为的基本趋势来改善战略和战术成果。"[②]

不出意料，科技和咨询公司纷纷涌入社交业务领域，利用这一热门机会销售基于云计算的技术、客户数据和网络解决方案。国际商务机器公司（IBM）一直走在这一活动的前列，创建了一整套社会企业咨询和服务。其有关社交业务的定义不可避免地着重于流程管理："社交业务是将社交网络工具和文化应用于业务角色、流程和成果中，以取得可观的投资回报率。"[③]

我们存在将社交业务概念过度理性化的危险。管理咨询师有一种既得利益，那就是让事情听起来很复杂。实际上，它非常简单。社交媒体的出现改变了我们交流、分享信息、获取想法以及与同事和更广泛的世界合作的许多方式。它强调我们是社交性和利他性的动物：我们通常喜欢交流、合作和分享。

不过，大多数组织看上去正在竭尽全力扼杀这些本能。我们可能已轻松地步入社交媒体发展的第二个10年，但有效工作的结

[①] 令人困惑的是，"社交业务"一词也适用于社交目的和社交企业组织。在这种情况下，该词的广泛使用归功于2006年诺贝尔和平奖获得者兼作家穆罕默德·尤努斯，尤其是他的著作《建立社交商业：新资本主义服务于人类最紧迫的需要》。

[②] 狄翁·辛克利夫和彼得·金：《设计社交业务：关联公司的变革性社交媒体策略》，2012年。

[③] 国际商业机器公司的社交业务网站。

构性障碍几乎没有崩溃的迹象。令人失望的是，我们看到 5 年前我在《宽松》一书中所提及的明星企业，例如，美捷步、吉夫葛夫以及戈尔公司，依旧在社交业务中独领风骚，到目前为止，我们还未目睹到社交业务发展的新浪潮。2013 年，德勤咨询公司在其《社交业务全球高管研究》一书中提出，"社交企业的兴起并非很快"，其发展速度在此几年间似乎也没有加快的迹象。[1]

有人曾邀请我到一家大型金融服务公司主持社交媒体工作。他们邀请了一批面向客户的人参加，有 20 多人到场。最令我惊讶的并非到场的受众人数（这是家大公司），而是这一事实，尽管在同一家公司工作且都从事与客户相关业务，但大多数人过去从未谋过面。为此，我建议，与其开始讨论社交媒体机制，不如花点时间来盘算一下，如何打破这些明显的社交孤岛。我保证，要是我再次造访这家公司，还会有这样相同的交谈。

如果我们摒弃这些陈词滥调，将言论转化成现实，那么协作和授权等概念会有所作为，前提是组织高层愿意参与辩论。

据国际特赦组织的活动与传播高级总监托马斯·舒尔茨－贾戈介绍，"我需要花一半的工作时间来确保我们引进的年轻才俊（本地数字化人才）真正从事他们认为正确的事情，不要陷入他们直属经理都不可能涉及的决策活动中。"

当我请他给一位高级经理同事提有关社交媒体的建议时，他说，"请聆听社交媒体团队中年轻才俊的讲话吧，也许他们还不满30 岁，也不可能拥有什么预算或权力，您只需让他们设计社交媒

---

[1] 《社交业务全球高管研究：换挡，2013 年社交业务全球高管研究与研究项目的发现》，德勤大学出版社 2013 年版。

体活动并支持他们。作为高级总理的工作在于确定活动的方向路线，这样他们便可以试验、试用以及着手工作。当然，您可以进行风险管理，不过，要为他们的发展创造条件。这会给您带来有趣的学习机会，往往您会发现十有八九他们是正确的。"

英国特许市场营销协会主席珍妮·阿什莫尔也认同这种授权的重要性。她认为核心问题在于"如何在组织中为特立独行者提供发展空间。他们会不可避免地率先采用任何新技术，但需要获得高层许可才能进行试验"。

在《宽松》一书中，我分析了领导者的特征，他们在授权消费者、高度期望和智能技术的新世界中似乎大展宏图，前途光明。其中关键因素是，企业领导者需要领悟"放手"概念的真谛并创建一种文化，使人们感到有能力充分利用新技术并作出决定，而不必上报公司高层。这并非意味着他们放弃领导者的角色，而是分散一些权力，尤其是那些一线、面向客户的人员。做到这一点需要得到组织的高度信任。不幸的是，大多数组织似乎缺乏信任。有些人将此归咎于合规文化，害怕打破规章制度，但这确实代表了管理失败。而社交媒体要求快速思考和快速反应，更凸显出这一失败。除非高度信任一线员工（那些日常与客户和其他利益相关者联系的员工），否则最大限度地发挥社交媒体的价值始终是一个挑战。荒谬的是，授权给缺乏经验的人似乎是一个冒险的举动，却可能意味着组织更有能力应对风险。正如我在研究时发现，利用不那么正式的结构和不那么墨守成规的组织，通常更能有效应对任何危机情况。最重要的是，他们有能力使能力遭到低估的员工即时发挥作用。

> **学会如何信任**
>
> 关于组织信任，我最喜欢引用的一句话是戈登·斯科比（英国警方社交媒体负责人）针对少数警官滥用推特而受罚的一系列事故所发表的评论："社交媒体如果使用得当，是积极工具，警方需要小心控制他们手中的社交媒体使用，两者之间存在微妙的平衡。这归结于组织文化以及您对一线警官的信任度。您必须允许他们犯错并当作错误来处置他们，而不是重罚他们。犯错的人应该得到支持，否则我们将有脱离实际、束手束脚的危险。"我们传达的信息是："我们信任您，同样，我想我们可以信任您的推特账户。"[1]

在信任的需要和管理风险的压力之间取得平衡，并非新的领导力挑战。古典主义者认为这可以追溯到亚里士多德和柏拉图时代[2]，但社交媒体有助于重新架构和重新聚焦这场辩论。

本章主要知识点

1. 社交媒体的兴起为前瞻性领导者提供了重塑企业文化的契机，可以说，社交媒体作为一种变革驱动因素的作用，甚至比它作为另一种沟通渠道的作用更有价值。

2. 社交业务的概念，位于社交媒体参与层次结构的顶端，它引发了许多有关未来组织（增强协作能力、获得高度授权、高度

---

[1] 引用于 2012 年 10 月 2 日的《英国卫报》。
[2] 柏拉图是一位"命令和控制"哲学家，他认为如果要实现任何有价值的东西，需要权威主义的指导，而亚里士多德则最适合硅谷，他相信人类是社交动物，需要一种参与自己命运的意识。

信任员工）的有趣对话。

阅读本章后建议采取的措施

利用讨论中提供的有关社交媒体对组织和利益相关者的影响的机会，来思考企业文化。您能否利用这个机会来增强协作能力，对员工的信任度以及对员工需求的响应能力？您的批准和合规流程是否适合目的或只是损害员工有效运营的能力？

延伸阅读

布莱恩·J.罗伯逊编著的《全面管理：快速变化世界的新管理系统》，2015年。

狄翁·辛克利夫和彼得·金合著的《设计社交业务：关联公司的变革性社交媒体策略》，2012年。

文章 9.1
商业：如何破除官僚主义

安德鲁·希尔

从一家创新的初创公司到因繁文缛节而负担过重的公司，这可能只有一步之遥。

基金圈在肃穆的伦敦金融城中心地带有间外观传统的办公室。不过，在其总部有许多雄心勃勃的年轻科技公司：室内咖啡厅，与公司配色方案相匹配的紫罗兰台球桌，一套高尔夫球设备，以及各种自发会议的时髦休息区。对等贷方机构虽然只有6年的发展历史，但目前雇用了570名员工，其中280名来自英国以外地区。它与所有创新、飞速增长的企业在其他方面有共同之处：专注于官僚主义。该机构的33岁联合创始人安德鲁·穆林格指出，"随着企业的发展，就会遇到所有这些关键问题。""混乱将普遍存在。作为一个团队，您如何创造秩序，提高效率？"正如办公室墙上的激励标语所告诫的那样，光是"聪明地思考"和"美梦成真"是远远不够的。他承认，随着基金圈的发展，结构和层次体系也发生变化。当危机来临时，如果不有所作为，过度的官僚主义可能会扼杀创新和创意。对于基金圈和其他年轻组织而言，这种命运似乎遥不可及，但与官僚主义的斗争几乎是所有公司的现实情况。面对罗尔斯·罗伊斯高昂的成本和迟缓的决策，这家工程集团首席执行官沃伦·伊斯特于 2017 年 1 月开始选拔高级经理，重组部门，并要求运营部门直接向其汇报。芯片设计商 ARM 控股公司前总裁表示，他正在重新设计罗尔斯·罗伊斯的"组织软件"。受到丑闻打击的大众集团将直接向首席执行官汇报的高级管理人员数量减少了一半，从而加快流程并简化决策。为了防止官僚主义，各公司正在开发比以前尝试过的更大规模的"自我组织"或"自我管理"模式。亚马逊旗下的鞋类零售商 Zappos 正在转变为合弄制（一种取消头衔的扁平体系），尽管在痛苦的转型期间，员工离职和紧张局势造成了诸多负面影响。加里·哈默尔和米歇尔·扎尼尼上月发表的一项研究获得好评，他们在研究中估算，如果"打击官僚主义"可以极大地提高美国生产力。他们建议，员工与管理人员的比例应与高效的"先锋"公司保持一致，这些公司包括瑞典商业银行（只有三层管理结构）和通用电气航空部，后者在北卡罗莱纳州的工厂雇用一名管理人员监督 300 名技术员。根据美国劳工局数据推断，他们估计有 1250 万富余"官僚"（经理和行政人员）在阻碍美国的经济，以及相当于 890 万"处理文件的下属"，这一数据是基于非管理人员从事"价值可疑"的杂务所花费时间计算出来的。两位作者认为，将这 2140 万人重新分配到"创造财富"的工作中，可以每年为美国增加 3 万亿美元的国内生产总值。他们估计，2014 年英国"官僚阶层"的规模为劳动力的 19%，而美国为 17.6%。哈默尔教授和扎尼尼先生写道，"官僚主义不会开始崩溃，除非著名的公共和私营部门领袖承认，官僚主义浪费人的潜力在道德上是站不住脚的"。学术界的批评者指出，这些计算基于许多假设，其言辞过于夸张。但是，在推翻等级制度、废除官僚机构和解雇中层管理人员的辩论中，核心矛盾在于，如果所有组织要想保持团结，至少需要上述3个要素之一，对于这点，甚至连哈默尔教授也承认。盖·索乔夫斯基是英国云服务公司 NewVoiceMedia 首席财务官，这家公司在4年内，其员工从30人发展为350人。他表示，"流程和官僚主义不是好话，也不可取，但是拥有流程，结构和清晰性是激励工具，而非约束工具"。甚至连那些一开始就锋芒毕露，与众不同的公司，也需要"防护栏"，美国凯撒医疗集团使用"防护栏"描述这些不可协商的规则，在2004—2010年，该公司应用这些规则来管理一种复杂的新健康记录系统。没有这些约束，公司可能会误入歧途。例如，2016年早些时候，美国加州健康保险经纪公司 Zenefits 因其松懈文化而受到负面宣传和监管关注。该公司首席执行官在前任辞职后的一份备忘录中表示："事实是，我们围绕合规的许多内部流程，控制措施和行动都不够充分。"风险投资集团 Index Ventures 的人才总监多米尼克·雅克森说，根据他帮助新兴企业扩大规模的经验，"混乱是主要问题"，而不是严重的官僚主义作风。然而，随着公司的发展，创始人必须将职责下放给管理人员，从产品或营销主管到成熟的首席运营官。他们还需要传统的人力资源政策，比如，产假或招募和留用员工的绩效管理。Index Ventures 的投资公司之一基金圈的穆林格先生说，"作为创始人，您拥有巨大权力，但您的整个工作却是权力下放的过程"。在任命经理的过程中，形成了新的层次结构。斯坦福大学商学院的林德雷德·格里尔等人进行的研究表明，在最好的情况下，当团队成员认识到彼此的长处时，层次结构可以明确角色并鼓励更好的表现。不过，在最坏的情况下，层次结构可以鼓励政治活动和无效竞争，从而阻碍团队的发展。行政繁文缛节的另外一个原因是复杂性。鲍勃·萨顿是斯坦福大学教授，也是《走向卓越》一书的合著者。他指出："即使最佳的科技公司，例如脸书，在多处地点移动的速度有多慢啊。"他说，他们对地域扩张的早期谨慎可能有助于解释他们的成功。几乎只要一家公司开设了一个或多个卫星业务，它便采取"矩阵"管理方式。在这种管理下，员工可能需要向多位老板汇报，比如，一位地区总裁和一位部门主管。这种结构有效地促进了独立部门之间的交流，但也可以大大增加官僚主义的活动领域和范围。金融危机以来，银行尤其发现，监管不可避免地增加了负责执行规则的新员工，即使消减创收工作岗位也是如此。在罗尔斯·罗伊斯集团，工程技术上的强大自豪感以及满足高安全标准的基本需求，随着时间流逝，逐渐变成了过度监督。该公司指出，只需要四级认证的设计或流程变化，有时竟然需要 12 个人签名，因为"有关 12 这个数字代表权威神话在该公司已经相沿成习"。最终，好运使首席执行官对效率低下和流程积压现象视而不见。约翰·肯尼斯·加尔布雷斯创造"bezzle"一词，指在"人们生活轻松，相互信任，经济宽裕"的繁荣时期，大量出现的未被发现的贪污行为。同样，在市场萧条和不必要的管理层变得明显之前，公司通常会容忍官僚主义的过度作风，正如一些资源集团在大宗商品价格暴跌后的情形一样。为了避免这种命运，萨顿教授建议，随着公司规模的扩大，它们应该划分为更易于管理和激励的较小部门。在更短周期内运行项目可以将官僚主义的积累最小化。这种方式为使用所谓敏捷软件开发方法的人所熟知。较大的公司正在尝试赋予较小的团队更多的独立性。包括微软和在线游戏集团拳头游戏在内的创意经济学习联盟于2015年成立，旨在分享减少繁文缛节和管理摩擦的非常规方法。例如，爱立信将来自爱尔兰2300名企业软件工程师分成100多个小型独立团队，在3周时间内"突击"开发产品。《自由公司》的合著者艾萨克·格兹表示，经营较小单位的成本可能更高。格兹的理念是"自由公司应赋予工人更多的自主权"，该理念正在被法国的迪卡侬和米其林等公司所采用。不过，他补充道："您得到的公司更灵活、更有创意、更有创新精神，且具有更高参与度和客户满意度"。哈默尔教授和扎尼尼先生在研究报告中指出，一般来说，针对官僚主义所取得的胜利，例如，缩小总部规模或者像巴里克黄金公司和罗尔斯·罗伊斯那样剥离一些管理人员，通常都是"规模小而很快就被扭转的"。虽然他们消除官僚主义的目标听起来很激进，但他们的解决方案却是渐进的。他们建议公司应该举办"黑客马拉松"内部竞赛，以找到解决运营问题的新颖方法。如果补救工作有效，可以推广开来。哈默尔教授说，"问题并非您是否需要控制，您是否需要流程，或纪律，而是您如何做到这一点？"至于更激进的解决方案，例如合弄制（用一套精心策划的会议和讨论体系取代管理人员），他认为，这种自上而下的变革注定会失败。合弄制的粉丝认为，批评者误解了这种方法，他们将这种方法描述为开发新的组织方式的框架。格兹教授说，在"自由"公司内，您需要的管理人员减少了，但这些管理人员并没有遭到解雇，为什么您要解雇一位15年来认真工作的员工？您为他们提供所谓的桥梁:"回来,告诉我们您想做些什么来实现我们的愿景?""这不是某种官僚主义作风,而是一种有效的创造性方法。"例如,海尔首席执行官张瑞敏说,许多被裁减下来的中层管理人员在集团新成立的微型企业中可以发挥更有成效的作用。在企业的历史中,钟摆往往在中央集权的官僚机构和控制较为松散的网络之间摇摆。我们面临的挑战是要防止流程随着时间的推移而僵化为官僚主义。萨顿教授表示,一位不愿意经常削减不必要规则和程序的领导者,就像一位"我只需要修剪草坪一次"的园丁一样。随着甚金圈的发展,穆林格先生说,最难向员工解释的一件事是,会议变得越来越庞大而难以控制。一些员工最好是不参加为好。但事实证明,出席会议是同事们不愿放弃的地位象征。为此,他吸取教训:"一个人的官僚主义便是另一个人的赋权。"

资料来源:安德鲁·希尔的《商业:如何破除官僚主义》(2016年《金融时报》)

第三部分
内部审查——管理风险与评估绩效

　　至少有一半参加我的董事学会研讨会的人想谈论风险。同样，说服董事会将社交媒体纳入董事会议程的最简便方法之一是关注风险和公司治理。如果组织不重视社交媒体风险管理，则其高级管理团队将无法履行公司管理职责，这意味着：

　　• 向员工解释在社交媒体上发布公司敏感信息和批评客户或同事所带来的风险。

　　• 制定社交媒体政策，最好是与人力资源和就业法专家合作，以鼓励人们安全使用社交媒体，同时在出现问题时保护雇主和雇员。

　　• 为每位员工提供合适的培训，仅将社交媒体政策写入人力资源手册中，并期望每位员工阅读它，是远远不够的。

　　• 确保建立适当的监控系统以识别潜在风险。

　　• 制订危机管理计划，以便在事故发生时，可以快速获得更多资源。

　　• 定期（至少每年一次）审查系统和流程的有效性。

　　社交媒体风险管理应该至少每年有一次纳入董事会的议程，并成为正在进行的风险管理过程的一部分。

高级领导团队还应关注社交媒体功能的整体表现。在本书这部分的第二章节，我提供了一种结构化方法来进行社交媒体审计，这是高级领导团队应该要求的（最好是参与其中），至少每年一次。

第十章
避免问题与处理危机

为什么这很重要

当社交媒体出现问题时,所有组织都容易受到声誉损害。由于缺乏规划、培训不足以及流程和政策的不完善,往往会使这些问题更加恶化。相反,只要您拥有合适的人员(在合适的高级管理层的支持下),稳健的流程,以及快速应对特定情况的组织敏捷性,绝大多数问题都是可以避免的、可预期的或可处理的。

通常所谓的"社交媒体危机"实际上是通过社交媒体放大的经营危机。在这个拥有几乎无处不在的拍照手机和即时新闻的世界里,任何不良的公司行为都可以通过数千次的转发、点赞和分享而放大。

社交媒体如何放大经营危机

在一件备受瞩目的案例中,一位乘客因拒绝让出已被超额预订的座位而被美国联合航空公司的保安人员从飞机上拽了下来。惊恐的乘客们拍下他受到粗暴对待的视频,几分钟之内便在全球范围内分享,于是,美联航面临着严重的声誉危机。该公司首席执行官的麻木不仁更加剧了事件的严重性,他为自己的员工辩护,并指责该乘客"捣乱、好斗"。随后,抵制联合航空公司的活动开始在社交媒体上流行起来,媒体的强烈抗议与该公司股价的下跌有关,使该公司的短期市场价值蒸发了近10亿美金。[1]

社交媒体涉及五大主要风险领域:

1. 运营故障。
2. 对客户投诉处理不当。
3. 未能遵守行业规则或业务准则。
4. 员工对社交媒体的不当使用。
5. 欺诈。

1. 运营故障

有时,社交媒体运营会因效率低下、疏忽或粗心而产生自己的问题。

几年来,我的一位客户一直忽视对领英的使用,当决定开始使用领英时,却震惊地发现唯一知道登录细节的员工早已离职。幸运的是,我们找到了这位前雇员(通过领英),并获得必要信息。其他组织则不走运,不得不因未能管理好其账户管理细节而付出代价。

谁在管理您的账户?

在圣诞派对季的准备期间,一家酒吧餐馆开除了其主厨,却未能意识到他已建立了酒吧的推特账户,并是唯一掌握登

---

[1] 2017年4月14日《金融时报》网站 FT.com 上的《美联航为客户的粗心大意付出了沉重代价》。

录细节的员工。在酒吧经理最终重新控制该账户之前，出现了一系列有关业务以及圣诞节期间解雇员工的不公平行为的批评性推文。与此同时，这则故事也刊登在许多英国报纸上。该主厨最后一则帖子表明，至少他从这次媒体的兴趣中受益，"在这次推文风暴过后，我获得一份报酬不菲的工作。请关注 X 的更多消息"。

应该有一个明确的协议，员工可以使用该协议访问组织的登录详细信息，并且应该将信息存档，以避免酒吧餐馆的经历重现。当拥有企业社交媒体账户访问权限的员工自愿或作为裁员计划的一部分离开组织时，应格外小心，例如，HMV 公司员工在这家零售商陷入破产管理期间，以"实时博客"的形式向成千上万的观众直播自己被解雇的过程。[1]

有时，对运营故障的处理可能会将问题转化为机会。

化危机为机遇

美国红十字会服务的社交媒体团队的一名成员，在规划其周五晚上社交聚会时，不经意间在美国红十字会的官方推特账户上（而不是自己账户上）发送如下的推文："……又发现二捆四瓶装的角鲨头啤酒厂的点金术品牌啤酒……我们大碗喝酒，喝就喝个痛快 #gettngslizzerd"（我猜一定玩得很开心）。当人们拥有多个专业和私人账户时，在错误推特账户上发信息实在是司空见惯的现象。

---

[1] "我们都要被解雇了！"令人感到兴奋！2013 年 1 月 31 日《独立报》，HMV 公司员工登录官方推特账户，以博客身份直播自己经历的"大规模裁员过程"。

美国红十字会发现该错误后，反应迅速且可圈可点。随后它发送如下推文："我们删除了这则流氓推文，请大家放心，红十字会是清醒的，我们没收了钥匙。"这件事故备受人们的关注，成为如何敏感地处理社交媒体错误的典型案例。红十字会社交媒体总监温迪·哈曼表示："我们是一家应对大灾大难的组织，但这不是我们的工作内容。"① 在应对可能成为一场重大声誉危机的过程中，该事故的应对措施堪称最聪明、最有效。这表明红十字会是一家人性化组织。它本可以发布一则正式的、有点浮夸的公司声明，但其选择采用的语气有助于缓解危机。

这则故事还有一个完美的后记：原始推文中提及的角鲨头啤酒的酿造师帮助发起美国红十字会筹款活动，鼓励捐赠者分享 #gettngslizzerd 主题标签。

这则案例研究表明，即使棘手的声誉问题也可以转化为机遇。它还表明，不管处理流程多么有效或全面，风险的有效管理最终取决于人们判断形势并做出相应响应的能力。

2. 对客户投诉处理不当

高级经理必问的问题是，"我们是否有信心确定并及时（以适当的敏感方式）回应任何可能给组织带来声誉影响的批评、投诉、评论、讨论或内容"？

一位资深营销人员这样描述社交媒体："它放大了抱怨的音量。"为客户提供了渠道，不仅可以让他们抱怨，还可以与更多受

---

① 引用于 2011 年 2 月的《全球之声》。

众分享他们的抱怨。使用智能手机的用户越来越多，使得通过社交媒体网络即时发送投诉变得更加容易。由于更多的人意识到发推文或帖子投诉的方便性和有效性，这种趋势将日益流行。消费者权益活动者也鼓励客户使用社交媒体表达自己的抱怨，因为有证据表明，与使用诸如电子邮件之类的传统渠道相比，他们得到响应更快。

社交媒体作为消费者授权代理的好处可能被夸大，但是毫无疑问，它在消费者和企业之间权力平衡转变中发挥了作用。社交媒体案例研究文件中有许多这样的例子：愤怒的消费者使用社交媒体召集数千消费者支持他们的事业，甚至迫使最大的公司迅速做出让步。

如何减少客户投诉所造成的负面影响

- 建立有效的监控系统，以便尽快识别和处理投诉。您需要特别注意评论网站上的评论和评分，这些可能不会出现在标准网络搜索中。
- 确保负责监控、审查和响应客户投诉的人员受到适当培训，并具备知道如何处理困难对话的经验。
- 整合社交媒体和客户服务功能或职责，以确保快速在组织中传播信息。例如，客户投诉可能会凸显产品或服务的广泛缺陷，需要引起市场营销和产品开发专家的注意。
- 制定升级的协议，以便使社交媒体团队清楚什么类型的投诉需要在公司层级中传递。绝大多数投诉可以由训练有素的社区经理处理，但有时，高级领导团队也需要参与其中。

- 监控投诉流程，以确保快速、适当地处理它们。正如维珍航空案例研究表明，公司对客户投诉反应迟钝往往会加剧本已困难的情况。

3. 未能遵守行业规则或业务准则

您和您的团队是否了解管理社交媒体使用的法规？您是否被迫放弃过您的下次社交媒体活动，发现自己陷入金融监管机构或广告主管当局的麻烦中？研究表明，即使规模最大、资源最丰富的公司也会违反财务法规，披露受管制的个人数据以及泄露股价敏感信息。[1]

市场营销人员及其团队在社交媒体方面始终未能遵守行业法规或业务守则。在监管机构和公众眼中，无知并不是什么借口。如果事情出了差错（社交媒体活动违反了广告守则，没有披露影响者的报酬，或客户的个人数据遭到滥用），那么市场营销人员将备受指责。

英国特许营销学会的一项调查表明，一半以上的营销人员对影响社交媒体营销的法规知之甚少。英国特许营销学会对此非常担忧，因而发起"保持社交诚实"运动，旨在促进透明和诚实地使用社交媒体。该协会首席执行官克里斯·戴利提出："企业面临监管或法律行动的严重风险，但它们也需要明白，在社交媒体

---

[1] 合规专家 Nexgate 分析了《财富》100强公司的社交媒体活动，并在12个月内发现近7000次违反各种法规的行为。关于 Nexgate 研究的最令人震惊的事情是，这些多次违规行为是由地球上一些资源最丰富的公司实施的，这些公司拥有超级聪明的合规团队\先进的技术和经验丰富的领导者。——Nexgate: 社交状况 III（2016）。

上误导客户的惩罚远远不止这些。企业正将其品牌声誉置于危险境地。"①

在社交媒体营销方面，营销人员需要注意三大主要监管风险领域：

（1）违反行业法规

金融服务和医疗保健等业务部门均受制于各种通信方式的严格规定。在多数管辖区域，监管机构视社交媒体为公众渠道，因此受制于有关收入披露、健康索赔和广告真相的法规。

大多数监管机构将社交媒体的帖子或推文视为广告。这点在诸如酒精、医疗保健或金融服务等高度管制的行业中特别重要，在这些行业，严格规则规范着所有形式的客户沟通。英国监管机构认为迪阿吉奥（Diageo）可能会吸引未成年消费者，因此，迪阿吉奥被迫在全球摩根船长运动中暂停使用 Snapchat。这凸显了与社交媒体渠道（依赖于用户年龄的自我验证）合作的风险。虽然迪阿吉奥的律师辩称，其创意工作针对 18 岁以上的人群，但英国广告标准管理局却对 Snapchat 年龄控制的公正性持怀疑态度。此外，它还暗示，Snapchat 的创意理念，包括创建一个 Snapchat 镜头，让用户的脸看起来像海盗，可能会吸引 18 岁以下的人群。

员工使用社交媒体进一步加重了监管合规的负担。规范适当沟通的准则适用于员工发布的帖子或推文，同样也适用于官方的公司渠道。例如，一家饮料公司的员工在照片墙上发布了一篇帖子，清楚地展示了消费者在喝其品牌饮料时的醉酒状态，这实际

---

① 特许营销学院，2016 年 6 月 29 日。

上违反了饮料行业的广告规定。同样的限制也适用于金融服务或医疗保健行业的员工。

（2）未披露影响者的报酬

使用影响者或品牌大使已成为大多数品牌使用社交媒体的核心要素，但可能会模糊广告和社论之间的界限。监管机构的观点是明确的，任何有偿认可必须明确标志，例如，通过使用清晰可辨的标签，比如 #Ad 或 #SP 等。

监管机构对违反法规的反应一直很慢，但是有迹象表明这种情况正在发生变化。全球领先品牌拥有者之一宝洁公司被迫从其美容推荐 YouTube 渠道中删除一篇化妆教程。尽管视频开头明确指出该内容受到赞助，但美国标准协会裁定它违反了一项 CAP 准则，因为它没有"明显的市场传播标志"。

（3）滥用个人数据

在许多国家，数据隐私都是一个严肃的问题，这就是各国政府制定越来越多的法律来管束他们认为是滥用消费者个人数据的原因。欧盟立法者威胁要重罚任何滥用个人数据的组织，其中包括来自社交媒体的数据。研究人员和营销人员可以查看出现在谷歌搜索中的单个推文或帖子，不过，一旦他们将其用于研究目的，则需要注意使用私人数据的敏感性。杰里米·霍洛向我解释了其分析师如何谨慎遵守市场研究准则和道德规范。"我们浏览可公开获取的社交数据，并始终确信评论或其他形式的内容不属于特定个人，这意味着我们需整合数据与其他个人数据，或需更改其中细节，以使特定个人成为无法识别。"

使用个人数据要格外小心，即使在公共论坛展示某人的推文或帖子，实际上也是违法的。营销人员还应确保所有可能使用社交媒体数据的人都充分了解有关权限和"选择加入"的相关规定。

如何避免走到监管机构的对立面

1. 确保您和您的团队了解相关管理您所在行业的法规和准则。

2. 与监管机构保持紧密联系，因为管理社交媒体的规则几乎都在不断变化。

3. 建立适当的系统、合规流程、政策和培训，以确保您的团队和代理合作伙伴遵守规则。

4. 避免突破界限，尤其是在确定付费活动时——诚实和透明应该是不可协商的。

5. 保持警惕——社交媒体有一个讨厌的习惯，会给营销人员带来意想不到或无法预料的挑战。

4. 员工对社交媒体的不当使用

这包括员工针对其雇主、客户或同事发布的不恰当评论，表达一些被认为是不可接受的观点，这些观点可能会损害客户或其雇主的声誉，以及分享敏感信息。

社交媒体的亲密性质倾向于使人们误以为他们只是在私下交谈，或与朋友和同事沉迷于善意的"玩笑"中，而不是在公共论坛上分享他们的观点。不可避免的是，这种"玩笑"包括了对客户或同事的评论或批评——偶尔，我们都喜欢抱怨一下——这往往会给人们的职业生涯以及雇主的声誉带来灾难性的后果。澳大利亚的一家行业法庭甚至裁定，在脸书上与同事"解除好友关系"

等同于职场欺凌。①

它还包括以"私人身份"发表评论的员工,这些评论被认为有损于雇主的声誉。这是一个复杂问题,个人的言论自由权利与雇主保护其声誉的可理解的愿望相冲突。以下的案例研究突出了这种复杂性。

案例研究:使雇主声名狼藉

英国一家公营机构的一名高级员工在一篇有点令人反感的脸书帖子(由另一位脸书用户撰写)中加注了支持性评论,批评乔治王子3岁生日的官方照片。她的评论引发了其与好友在脸书和推特上的一系列争论,在这些争论中,她为自己的行为辩护——"作为一名社会主义者、无神论者和共和党人,我有权批评王室年轻成员的特权地位"。这场争论引起了《太阳报》的注意。该员工所在机构持有皇家特许状,且女王是其赞助人。《太阳报》想利用这个事实来做点文章。它成功让一位国会议员发表了看法,他说:"在这样一个开放的论坛发表这些评论无疑是极为不合适的。"很快,其他媒体也转载了《太阳报》的文章,该机构的雇主被迫迅速发布以下新闻声明:"本组织一向高标准要求员工,并根据我们的行为准则,对有关个人进行纪律处分。涉事评论是在员工的私人社交媒体账户上发布的,它与本组织绝对没有什么关联,也不代表我们的观点和价值观。"

重要的是要记住,该员工只是对他人的帖子发表评论,

---

① 2015年9月27日《电讯报》报道。

而不是发布该帖子,尽管她确实在随后的推文中重申了自己对王室子女特权地位的看法,"看到这个笑容灿烂的孩子,人们不禁想到一个(众所周知的)现实,即他生在皇家,地位尊崇,将来绝不会体验任何人间疾苦。我知道雇主制定了社交媒体政策——该机构告诉《太阳报》它将调查该员工是否违反了其制定的社交媒体规则"。不过,政策制定得再详细,也无法包罗万象,预测到会发生这样的事情。雇主怎么也想不到,员工的私人评论居然会给组织惹来这么大的麻烦。

涉事的员工在其推特账户上发布了一则明确的声明,坚称她是以私人身份发表评论,并强烈捍卫自己的言论自由权。事发后,雇主还在网站帖子中表示,该评论发布于私人社交媒体账户,与该组织毫无瓜葛,并不代表该组织的观点,同时重申该组织期望其所有员工都以高标准要求自己。

在撰写本文期间,争端似乎已平息,很可能双方已达成某种形式的秘密协议。如果该员工遭到解雇而要求劳资仲裁法庭主持公道,那么陈述雇主立场的一系列理由会显得相当有趣。

使雇主名誉扫地

在古德曼·德里克律师事务所主持的有关社交媒体研讨会上,我们讨论过该案例。这表明人们愿意使用"让雇主名誉扫地"的论点,英国医学委员会正是根据该论点谴责医生和医学院学生,认为他们发布了不当的社交媒体内容。这可能包括违反为患者保密、在社交媒体渠道上骚扰同事、与患者建立不恰当的社交媒体关系,以及"让这个行业蒙羞"等。随后,有些医生和学生被认为"不适合行医"。①

应该提醒每位员工,即使以私人身份在社交媒体上发表评论或发帖时,他们都是其所在组织的形象"大使"。员工因在脸书上批评客户而遭解雇的大量备受关注的案例表明,该信息在员工中未得到有效的传达。

在古德曼·德里克研讨会上,该公司的就业专家带我们浏览一系列的法庭案例,这些案例是因员工"不适当的"社交媒体行为或使雇主声名狼藉而遭到雇主解雇所造成的。其中包括批评同事和雇主(通常使用极具攻击性和冒犯性的语言),以及表达了一些可能被视为极端的政治或宗教观点。

研讨会邀请与会观众判断他们是否认为仲裁庭支持雇主行为或认为解雇是不公正的。在许多情况下,持相反意见的观众人数比例均是一半对一半,凸显出决策过程的主观性。

这些讨论强调了一个观点,即使员工认为他们以纯粹的私人身份使用社交媒体——尽管法庭也承认隐私权和言论自由权(受《人权法案》约束),但如果社交媒体行为损害他人声誉或权利,或泄露机密信息,则员工也无法辩护。就法官而言,社交媒体上的私人评论易于被他人所分享的事实表明,个人不可能期望有真正的隐私。

如何避免不公正解雇的索赔

在那些因不当使用社交媒体或使雇主蒙羞而对员工采取行

---

① 以下是 GMC 的指导:《医生使用社交媒体》,http://www.gmc-uk.org/guidance/ethical_guidance/21186.asp。

动的事件中，总会有由劳资仲裁法庭审理的案件。通常，这些法庭会判断雇主是否遵守正当程序并"合理"行事，而不是判断原始帖子或推文在这种情况下是否适合。

作为雇主，如果您能提供以下证据，您避免不公平解雇索赔的机会将会增加。

1. 详细的社交媒体政策（请参阅上一章节）。
2. 对所有员工进行适当培训。
3. 书面流程——在一个案例中，雇主的案由因无法证明被解雇的员工参加过社交媒体培训研讨会而遭到削弱。

在工作论坛上针对员工负面评论的回应

诸如Glassdoor和The Job Crowd之类的就业讨论论坛，人们在其中发布有关其所在公司的评论，这些论坛正在为雇主带来声誉挑战。

从理论上讲，如果某个员工对某家公司发表贬损性评论，组织可能会采取行动（例如提出诽谤诉讼），但在实际操作中很难做到这一点，因为许多评论都是匿名发表的。如果雇主对任何批评的自动反应是召集律师，而不是试图解决问题，则会传递出一种不好的信息，即使是最优秀的组织也不能奢望时刻受到每位员工的喜爱。

最佳反应则是从任何批评中吸取教训，并鼓励（不得施压）广大员工在工作论坛上发布自己的评论，希望借此消除任何负面评论所带来的影响。

员工在社交媒体上共享敏感信息的风险

在违反有关信息披露的明确规定情况下,解决这个问题需要采用培训和制裁结合的措施。虽然这被普遍认为是千禧一代的问题,但需要提醒所有员工注意过度保密的危险以及机密信息的重要性。

在上市公司中披露不适当信息的风险尤为严重。监管机构对价格敏感信息的披露有严格的规定。即使是高级经理发表的最无辜的评论,从技术上讲也可能违反规则。2015 年,特斯拉汽车公司备受瞩目的首席执行官伊顿·马斯克向其 500 万推特粉丝发布了以下推文:"主要的新产品线——不是汽车,将在霍桑设计工作室亮相。"在您明白之前,这一切看上去都是无辜的,但就美国证券交易委员会而言,这些信息在通过特斯拉官方渠道与公众分享之前,是不应该被告知给马斯克的粉丝的[①]。马斯克回避了谴责,但在该条推文发布后不久,特斯拉的股价上涨了 4%(相当于 9 亿美元),这表明马斯克在冒险。

引用社交媒体安全和合规专家莱克斯盖特所撰写报告中的主要结论之一:"高管参与社交媒体对业务可能带来巨大的好处,不过,合规专业人员对这些高管进行培训,并采取措施以发现无意中的错误。"[②] 对于高管团队来说,这有助于他们就一些永远不会

[①] 美国证券交易委员会(SEC)于 2013 年 4 月宣布,"只要投资者获悉哪些社交媒体将用于传播此类信息,公司就可以使用脸书和推特等社交媒体来发布符合《公平披露条例》的关键信息。""公告新闻稿中的重点由 SEC 执行部门的 SEC 代理主管 George Canellos 所撰写:一些股东不应该仅仅因为公司有选择地披露重要信息,就抢在其他股东之前行动。"——美国证券交易委员会新闻发布,2013 年 4 月 2 日。

[②] Nexgate: 社交状况 III(2016 年)。

发表评论的主题达成一致，例如投资决策、潜在的合作关系（甚至表扬潜在伙伴的表现可能也会有风险）、公司结构和人力的变化。

5. 欺诈

欺诈是所有业务活动的不幸现实：社交媒体只是诈骗者的下一个目标，他们设置账户提供假冒产品或欺骗不知情的客户。①

> 英国《太阳报》提醒读者注意一个假冒的乐购促销脸书页面，如果人们点击一个不同网站的链接并输入个人信息，便有机会赢得价值1000英镑的代金券。该页面带有乐购的徽标和专业的外观图像，看上去是真的，但眼光尖锐的脸书用户会发现该页面并没有验证官方账户的"蓝色对钩"。②

有时，虚假不实的或非官方的账户可能来自更不寻常的来源。

> 在收到英国政府的投诉后，推特暂停了俄罗斯支持的新闻渠道RT（前身为《今日俄罗斯》）所开立的账户，以纪念1917年大革命的100年周岁。英国外交部工作人员发现违规账户@BritshEmb1917，并提醒英国驻莫斯科大使馆，推特对这个账号采取了行动，他们认为这个账号冒充其他用户违反了规定。

---

① 专家Proofpoint对与全球十大品牌（包括耐克、星巴克和三星）相关的4840个社交媒体账户展开的调查显示，其中19%的账户具有欺诈性，也就是，这些账户不是由似乎与它们有关联的品牌所创建。这些账户正在假这些品牌之名出售假冒产品。

② MARKET SCAM伪造的Tesco社交媒体页面，承诺提供价值数千英镑的虚假凭证。——2017年6月27日上午8：33。

品牌所有者需要时刻留心注意这种类型的欺诈行为，并将此报告给社交媒体公司，然后社交媒体公司会将此网址从其网络中删除，尽管不是那么及时。

创建风险管理流程

高级经理必须确保拥有必要的资源和流程，以避免或减少社交媒体风险，这点至关重要。高级经理需要问的关键问题是："我们有信心能够（及时）识别和回应可能对组织产生声誉影响的任何批评、投诉、评论、讨论或内容吗？"

任何风险管理流程不可避免地涉及一些协调工作：如果高度官僚化审批和合规体系造成响应速度过于缓慢，它本身可能会成为一种风险。同样地，预算不是用之不竭的，也是不可避免的问题，"我们应该在社交媒体风险管理上投入多少钱？"很难回答：您给声誉带来什么价值？

风险管理流程需要合适的监控工具和受过适当培训的人员，以识别、评估相对水平的风险并减轻您遇到的任何问题。持续测试和学习是所有社交媒体活动的基石。风险管理领域尤其如此。即使是最佳风险管理系统，有时也很难应对某些事件，因此，吸取教训并完善风险管理流程非常重要。

风险评估模板

以下模板将有助于您确定组织内的潜在问题区域并计划缓解措施。

常见的社交媒体问题	要注意什么	脆弱性的感知水平	可能需要改进或更改	行动/职责
运营故障	管理问题,例如访问账户和密码。 现有公关政策的质量和有效性。 现有流程的有效性 ·监控——您是否能及早发现问题? ·对话管理——您对您的员工训练有素、资源充足有信心吗? ·审查——是否必要? ·信息管理——您是否相信重要的信息会很快被分享? ·危机升级——您是否可以扩展现有的流程和系统?			
处理客户投诉不当	现有客户投诉流程的质量。			
未能遵守行业规则或业务准则	了解相关行业准则和法规。 披露影响者的报酬。 处理个人数据。			
员工对社交媒体的不当使用	所有员工的社交媒体培训质量有关"使雇主声名狼藉"条款的要求。			
欺诈	监控系统的质量。			
其他				

我建议大型组织执行年度风险评估活动。这应该是彻底的、结构化和协作的活动,需要涉及广大人员和部门,他们对风险领域有不同的看法。同样重要的是需要将其记录在案,以便对讨论的内容、每次情况带来的可感知风险水平、目前准备的状况,以及已商定的缓解计划等均有明确的记录。

引入外部危机或风险管理专家来进行危机模拟活动,以测试系统和流程的稳健性,也可能会有价值。

> **飞利浦照明公司如何管理风险**
>
> 飞利浦照明进行全公司范围的社交媒体风险评估过程,在此过程中,每个对社交媒体有潜在兴趣的人都会对潜在风险领域进行审查和分级,并确定缓解措施。然后制定升级程序,以确保根据事件的性质及其对公司声誉的潜在影响来采取适当的行动。该公司在其社交媒体管理系统上安装了一个"始终在线"的危机仪表板,以监视全球范围内的潜在问题,并运行一个电子邮件警报系统,以便在危机情况下增加发布某些关键词的频率。该系统包括一个"变暗"设施,一旦发生重大事件,该设施可以叫停飞利浦照明在全球任何地方的社交媒体活动。

危机管理

当社交媒体系统和流程崩溃时,问题往往会成为危机。无法发现新的问题,无法及时回应投诉,未向高级管理层报告不断升级的问题,或未监控后续沟通是否进行。

危机管理始终是一个高压的、高风险的行为准则，在紧迫的最后期限作出的决策可能具有深远的影响。不过，社交媒体改变了危机管理的规则，迫使组织完全改变其方法。接近事件的相关公众人士发布的帖子或推文往往暗示着危机发生的第一个迹象。危机的后果是显而易见的。真相和谣言混杂在大量帖子、推文和主题标签中，使得人们难以从背景嘈杂声中识别出重要的信息。

詹姆斯·塞勒森从事企业公关工作，致力于帮助组织应对危机情况，并建议高级客户采取最佳办法，以保护其名誉、关系和收益免受不公平或不合适批评的损害。他曾是凯维公关（Cohn & Wolfe）和爱德曼公关公司的常务董事。我问他对社交媒体如何发生变化或其他企业危机管理方法的看法："社交媒体是商业模式的颠覆者，它对您所描述的'危机管理模式'具有类似的支撑作用。智能的、更精通于数字的企业将社交媒体监控和管理集成于其危机处理程序中，这些企业视社交媒体为预期和保护其品牌的又一强大武器，因为它改变了危机沟通的方式。其他组织则更加谨慎，这可能是因为社交媒体在其风险管理和业务连续性程序中暴露出了弱点或漏洞。"

"很显然，决策和响应时间框架已经凝聚在'实时'新闻环境中，这暴露了政策、流程、结构和人员方面的差距。危机时刻充分展现了您在关键问题上有政策，可以获得关键事实或人员来处理危机，或发现您的人员训练有素，能够应对媒体或其他重要利益相关者。当所有这些事情都受到审查时，危机便是引爆点。"

塞勒森花费许多时间来培训首席执行官，并为他们做好应对危机情况的准备。他描述了社交媒体如何使首席执行官在危机中的角色显得格外引人注目。社交媒体将事件个人化，使董事（尤其是首席执行官）以许多人不喜欢或没有接受过培训的方式站在了风口浪尖。有时候，首席执行官需要在危机中发挥领导作用，有时候则不是，但有一个清晰的应对措施以及何时和如何让首席执行官参与进来的明确政策，不容小觑。

社交媒体改变了组织和公众之间对话的语气和性质，要求更多的情感共鸣和非正式语言，而组织有时很难对此做出回应。

危机往往在社交媒体中徘徊更长的时间。在事件发生后，它们会留下负面影响，难以消除。在未来的几个月甚至几年中，负面的头条新闻将继续主导谷歌搜索的结果，这使得公司很难与特定事件划清界限。

"社交媒体不尊重时区或地理环境。您可能随时随地受到任何人的详细检查、评论或批评。不过，针对风险和危机沟通的态度因文化而异，这意味着在不同的国家和社区，人们对它们的看法有所不同。在重大危机期间，同时要满足本地受众和全球受众的要求变得相当困难。"

但他还指出了社交媒体技术在危机情况下可以为组织带来许多好处："它可以使组织更容易动员内部利益相关者，并向公众提供关键的实时信息，例如在灾难情况下。这可以减轻更多传统渠道（例如电话热线）的负担，还可以减少寻求基本信息的媒体的查询数量。它使企业可以快速、廉价地直接与客户和其他受众进行对话，而不会受到传统媒体的干扰。它可以成为永久性的更正记录，并表明品牌愿意通过提高声望和维护收入的方式来聆听、学习、纠正和改进。"

在下表中，我总结了社交媒体出现前后危机管理之间的区别。

危机管理性质的变化		
	社交媒体兴起前	社交媒体兴起后
关键影响者	数量相对少且可识别的媒体联系人，其中大多数为经历过危机的组织所熟知。	权威和专业知识的分散程度使更多人参与其中，有影响的（以及不怎么有影响的）博主与职业记者争夺注意力。
新闻议程	由相对较少的权威新闻媒体资源主导。	受到与危机密切相关的拥有智能手机的任何人的潜在影响。
员工信息来源	高度依赖权威新闻媒体和内部通信提供的权威资源。	可以通过多个来源访问大量信息、八卦和谣言。
接触高级管理层	直接接触高级经理的机会有限。	通过他们的个人社交媒体渠道可识别和可及。
信息质量	信息在发布前由专业编辑验证和核实。	信息和谣言往往在得到核实或证实之前就进入了公共领域。
信息流的速度	在很大程度上取决于新闻媒体议程，例如，每小时的公告。	能够以闪电般的速度传播，通常是实时传播。

本章主要知识点

1. 社交媒体风险主要领域是运营故障、处理客户投诉不当、未能遵守行业规则或业务准则、员工对社交媒体的不当使用以及欺诈。

2. 通过使用适当的流程和政策，可以预见和解决大多数社交媒体问题。危机情况不可避免地反映出系统的崩溃。

3. 雇主有责任确保雇员安全地使用社交媒体，这使他们有责任制定正确的政策、流程和最重要的培训。每位拥有智能手机的员工都代表着潜在的声誉威胁。

4. 大多数危机情况是由于未能对客户或其他方的社交媒体投诉做出适当回应而引起的。如果您犯了错误，人们往往会原谅您，但不会原谅您没有响应。

阅读本章后建议采取的措施

1. 即使最佳风险管理系统有时也很难应对某些事件，因此吸取教训和完善流程相当重要。我建议您实施年度风险评估活动。这应该是：

- 彻底的、结构化和协作性强，涉及对风险领域有不同观点的大量人员和部门。
- 有文件记录的，以便清楚地记录已讨论的内容、每次情况带来的可感知风险水平、当前的准备状况和已商定的缓解计划。

2. 查看所有人力资源政策，以确保其不足之处不会使您面临原本可以避免的风险。特别是您应该：

- 查看您的核心社交媒体政策，以确保其符合目的。
- 考虑是否在员工合同中包含特定的社交媒体"声誉"条款，以保护您免受破坏性行为的侵害。
- 制定有关政策来监控员工社交媒体活动和甄选候选人。请记住，虽然人们的社交媒体内容可以公开访问，但并不意味着您自动拥有以职业身份使用该内容的权利。

3. 可以通过结构化模拟活动测试您的危机管理计划和流程，

以建立您现有团队（包括社交管理和社交媒体"一线"人员）的能力，并找出薄弱环节。引进外部危机或风险管理专家来测试系统和流程的稳健性，也可能会有价值。

文章 10.1
企业争相打击"虚假新闻"

汉娜·库克勒

企业争相打击"虚假新闻"。从星巴克到好市多,各品牌均遭受骗子的攻击。并非只有政客才有理由抱怨虚假新闻。本月,星巴克沦为在网络中闪电般传播的虚假推特"梦想日"广告的受害者。在该广告中,这家咖啡连锁店应向在美国的非法移民免费发放星冰乐,并且包括公司徽标、签名字体和饮料图片的广告均以标签" #borderfreecoffee"传播。可惜的是,该广告是一个骗子凭空想出来的。2017 年 8 月 2 日,4Chan 留言板的一名用户问道,"我们在星巴克搞个'无证移民日'怎么样?""这可能会影响他们的生意。"

星巴克迅速否认此事,并在推特上回复称,这"完全是骗局",人们"完全受到了误导"。然而,虚假新闻的迅速传播再次显示了社交平台破坏声誉的力量,并阐释企业在应对危机时应该提高警惕和创造力。事实核查机构 Snopes 编制了前 50 个"热门"虚假新闻报道,最近一周内有 12 篇是关于公司的。它们包括有关美妆连锁店 Ulta 在被买断后关门,Xbox 游戏机杀死一名少年,以及仓储连锁店好市多不再出售会员资格等虚假报道。

伪造星巴克新闻的这位 4Chan 用户是出于政治动机。他写道，他正在寻找一个"自由地方"，并指出，如果非法移民聚集星巴克，他将打电话给美国移民局和海关执法局。可疑的特朗普拥趸也将其他公司作为目标，例如，百事可乐首席执行官英德拉·努伊告诉总统的支持者"将业务转移到其他地方"等之类的假新闻。然而，许多虚假新闻并非出于政治动机，而是希望产生广告收入，或只是寻求关注而已。

Snopes 公司执行编辑布鲁克·本科夫斯基表示，"虚假新闻给企业带来经济上的伤害，还破坏信任并营造一种人们不知道该信任谁的氛围，这对企业而言是有害的。这和我们国家采取的策略是一样的"。社交新闻网站 Storyful 的新闻主管曼迪·詹金斯表示，长期以来，企业不得不应对那些声称"某种品牌的苏打可以致癌"的新闻报道。

但现在，随着不满的客户或员工的问题在全球公开，这些问题会受到一定程度的歪曲。她指出，"几年前，您无法想象这是您必须处理的事情。也许，您会收到某人的来信。如今，无数人知道这起事件，因为也许有人在堪萨斯州的麦当劳店度过了糟糕的一天"。主要互联网企业采取措施，试图减缓今年错误信息的传播。脸书和谷歌努力将虚假新闻网站从其广告平台上删除，这样那些虚假新闻网站便无法赚钱。脸书与 Snopes 等事实核查机构合作，这样用户可以标记任何他们怀疑是假的新闻。如果事实核查机构宣布它是虚假的，它会被标记为"有争议性"，那它在信息流中的排名会降低。推特拥有一种系统，可以举告试图假冒品牌的账户。

不过，在虚假新闻可能影响股价或销售之前，这些平台尚未为企业创建专门渠道来举报虚假新闻。公关和危机管理团队正依靠其他服务。目前，Storyful 公司有一个部门，负责为社交媒体上的言论提供商业情报。公关公司万博宣伟正在推销一款名为火警铃的危机模拟软件，以帮助企业做好应对社交媒体风暴的准备，无论是假新闻还是总统推文。万博宣伟首席声誉战略家莱斯特·盖恩斯·罗斯表示，企业现在意识到它们必须提高警惕，招聘员工作为其在社交媒体上的耳目。

多年来，孟山都一直在处理有关其转基因农作物的传闻。它认识到，需要将其注意力从与农民和投资者接触转移至更广阔的互联网世界。孟山都千禧年参与总监万斯·克劳表示，他投入大量时间与不同"部落"在网络中"闲逛"，努力制止谣言的起源。他指出，"农业部落的确在推特上占有很大份额，他们坐在联合收割机和播种机上，并聆听播客。持怀疑者会在诸如 Reddit 之类网站花费大量时间，并拥有自己的 YouTube 频道"。他不会直接与报道发生冲突，但努力将"该部落的潜在价值联系起来"。

他说在社交媒体上分享的内容是集体忠诚的一种表达。他表示，"如果您攻击它，人们不认为您在攻击他们的创意，而认为您在攻击他们的朋友"。孟山都的策略在"世界真相"的假新闻报道中受到了考验。该电视台称，巴西小头畸形症的罪魁祸首是孟山都的杀虫剂，而不是寨卡病毒。克劳先生表示，孟山都鼓励员工使用社交媒体向朋友和联系人陈述自己的情况，并宣称自己为孟山都工作。该公司相信员工的信息可以像直接来自该公司的信息一样得到有效的传播，即使信息量不大，也可以成为员工的一个

"骄傲点"。克劳先生认为，这是在与虚假新闻斗争中取得的一个小胜利。

资料来源：汉娜·库克勒的《企业争相打击"虚假新闻"》(2017年8月22日《金融时报》)

第十一章
审核绩效

为什么这很重要

持续测试、基准衡量和学习是所有社交媒体活动的基石。它有助于您确定相对不佳的领域、潜在的风险和机会,以产生更好的结果。

审核的目的是:

- 衡量社交媒体产生的总体投资回报率。
- 确定风险领域。
- 审查个别活动的有效性。
- 测试系统和流程的有效性,并确定需要改进的地方。
- 确定投资需求。
- 突出技能/知识差距和培训需求。
- 突出潜在的错过机会。

这不是一份详尽的清单,但这些是在审核期间我经常遇到的问题:

- 社交媒体投资和活动与组织优先事项或利益相关者的需求不一致。

- 政策和流程的不完善性使组织面临重大声誉风险。
- 高级管理层认为结果令人失望或不相关。
- 负责开展社交媒体活动的团队感到沮丧和缺乏支持。
- 缺乏对工具、培训和资源的投资。
- 渠道和账户的组合缺乏任何战略性逻辑。
- 来自社交媒体的情报和信息并未在整个组织中广泛共享。
- 缺乏高级管理层的参与及/或融入。

我创建了一个结构审核流程，以帮助您查看绩效，并确定需要改进的地方。它将审核过程分为 6 个阶段——目的、绩效、人员、政策、流程以及最终审核后的行动重点。对于每个阶段，我都提供了一系列您可能要问的问题，捕获实证结果的模板以及提供建议和指导的脚注。

第一阶段：目的

要问的问题	评论
社交媒体策略如何支持您组织的目标？	我建议同时向高级管理层和负责交付社交媒体的团队询问此问题。您会得到不同的答复。负责社交媒体的团队往往会努力确定组织的优先事项。
有什么证据表明社交媒体计划支持利益相关者的需求和期望？	重要的是要确定是否已经考虑过为利益相关者提供服务的想法，进行了哪些研究或分析来确定他们的需求和期望，以及做出了哪些努力来衡量他们的满意度。

第二阶段：绩效

要问的问题	评论
用来评估社交媒体活动和投资的关键绩效指标（KPI）是什么？对于有关当前绩效的可用数据是什么？ 注意：如果涉及付费媒体，则应区分通过自然活动和付费活动获得的结果。	正如我之前所解释的，考虑以下社交媒体指标会有所帮助： • 覆盖率——曝光次数、观看次数。 • 参与度——点赞、提及、活动系列主题标签的使用。 • 倡导——分享、转发、评论（正面的）、关注。 • 行动——网站访问、下载、注册。 • 影响力——销售、客户满意度、品牌指标、节省成本。
个别社交媒体渠道的表现如何？	这一层次的细节在评估不同渠道的相对表现时有用。您需要决定是要解决相对表现不佳的特定渠道，还是仅仅将其关闭。 所有社交媒体渠道均提供相对简单（及免费）的分析工具，以帮助您评估粉丝数量、曝光次数、点赞、观看次数，等等。这些可通过与您的历史业绩（例如与之前 28 天的相比较），以及与主要竞争对手相比较来评估。
您在自己的领域里获得了多少话语权？	通常通过计算您的品牌提及次数占您所在领域主要竞争对手的全部提及次数的份额来评估。
哪些活动可以被证明最有效？	我将重点关注由单个渠道、格式和信息所引起的参与率。简而言之，我们的目标是多做有用的事，少做无效的事。 它有助于我们捕获表现最好的 5 个帖子 / 推文的视觉效果，从而得出有关最有效的信息和创意执行的结论。

是否有证据表明在一周/一天的特定时间发布的内容更有效？	这将有助于微调活动的安排。
您有什么证据表明您正在与行业内的关键影响者互动？	通常这是定性指标，分析您的社交媒体在行业内与影响者互动是否有效，例如，确保从您所在行业的专家或舆论影响者那里转推。

第三阶段：人员

	要问的问题	评论
企业传播经理	有什么证据可以证明好的（或不好的）表现？	尽管一些较为复杂的社交客户服务团队设置了服务标准，例如，一小时内回复至少 90% 的推文查询或问题，但这通常依赖逸事反馈。
	是否有足够的资源来管理高峰需求或假期/疾病？	这是过度依赖单个小型组织的常见漏洞。
	正在为他们提供哪些持续的支持和培训？	核心社交媒体平台以及它们用来决定新闻推送内容算法的特性和功能不断变化，这意味着持续不断的教育需求。我期望社交媒体团队积极研究这些常规变化，但更正式的培训也是有用的。
	在技术、工具和内容方面有哪些投资可以帮助他们更有效地发挥作用？	日程安排工具对于提高社交媒体团队的效率特别有用。

发言人	您的发言人有多活跃？	我将专注于产出指标，例如，它们在领英和推特上有多活跃，等等，尽管您可以分析它们在不同级别的活动，从"简单"共享到创建自己的内容（例如撰写领英文章）。这还有助于他们积极地提供社交媒体团队可分享的内容或想法。
	有没有不当活动/评论的例子？	这可能包括披露敏感或机密信息或发表可能被认为与公司官方立场有所不同的观点。
	他们接受了哪些培训？	除了社交媒体培训之外，这可能还包括网络技能培训。
分享者	您的员工中有多少是认可的社交媒体内容的积极分享者？	在动员员工担任组织大使的最有价值情况下，这显然是最相关的。
	他们接受了哪些培训？	如果员工没有接受合适培训，则不能期望他们成为有效的组织大使。
其他员工	是否有员工滥用社交媒体的例子？	从过去的错误或失误中吸取教训很重要。
	他们接受了哪些培训？	每位员工都应接受社交媒体培训，这可作为标准员工入职计划的一部分。

第四阶段：政策

要问的问题	评论
是否有关于员工使用社交媒体的适当政策，并且有证据表明在整个组织中都进行了沟通？	在第3章中，我提供了有关在您的社交政策中包括哪些内容的建议。许多政策的经常失败是其过度的负面基调——突出了风险和后果。结果，许多组织不鼓励其员工以专业身份使用社交媒体，剥夺了他们作为潜在大使动员其劳动力的机会。
是否有监控员工使用社交媒体的政策，是否有证据表明该行为得到遵守？	即使您认为此行为属于公共领域，也不要假设您拥有监视员工社交媒体活动的自动权利。
是否有甄选潜在候选人的政策，是否有证据表明该行为得到遵守？	如上所述，您无权自动筛选候选人的社交媒体历史记录。
社交媒体是否已纳入该组织的网络安全政策的一部分？	随着犯罪分子获取他们访问私人或公司所需的重要信息，社交媒体正在成为网络风险的重要领域。

第五阶段：流程

要问的问题	评论
是否有一个监控过程，且有什么证据表明这是有效的？	您正在寻找证据表明当前系统足够全面，可以获取有关组织的任何相关内容／会话。是否需要进行非工作时间监视的问题值得考虑。

是否有对话管理流程，并是否有证据表明这是有效的？	您正在寻找可以有效处理对话的证据，尤其是在处理大量对话时。一个典型的"危险信号"是，一个问题或评论以推文或帖子的形式发在该组织的脸书页面上，但在几小时内没有得到回复。
是否存在审查流程，有哪些证据表明这是有效的？	您正在寻找证据，表明在组织的社交渠道中（例如使用冒犯性语言）的不合适评论已被迅速删除。同样值得检查的是，该组织是否在其网站和社交媒体资料上发布了有关其审核政策的声明。
是否有信息管理流程，有哪些证据表明这是有效的？	您正在寻找证据，表明社交媒体活动产生的结果、信息和见识正与合适人员/部门共享，例如，社交媒体结果是否在高级管理层会议期间共享及/或用于营销计划。
是否有作为独立活动或作为公司战略风险登记册一部分的风险管理流程？	虽然大多数组织都有风险管理流程，尤其是多年前已获得发展的组织，不过，该流程未能考虑到社交媒体的重要性。

第六阶段：优先事项

希望您会发现此模板有助于捕获优先级和投资需求。

要问的问题	评论			
在审核过程中确定了哪些行动？ 谁负责实施这些行动？	优先事项	行动	职责	截止日期
确定了什么投资需求？ 以及可以从哪些预算中拨款	投资	需求描述和解释	成本	预算的潜在来源

本章主要知识点

结构化的审核流程将帮助您确定绩效不佳、潜在风险、新机会和投资需求的相关领域。

阅读本章后建议采取的措施

1. 组成一个跨职能团队,以审核您现有的社交媒体运营和绩效。

2. 至少每年一次重复审核过程,如有可能,请高层管理团队参与。

第四部分
成为——完善个人资料与提高领导技能

社交媒体首先是个人的。它起源于将志趣相投的人们联系起来的技术。就脸书而言,其设计目的仅在于方便联系哈佛大学的学生。[①] 尽管它可以作为品牌和公司的商业和营销工具发挥作用,但它在联系真实人群方面仍然最为有效。与其领导的公司相比,大多数备受关注的首席执行官拥有更多的社交粉丝。与匿名公司或品牌渠道相比,我们所有人都更有可能参与某人发布的帖子或推文。公司的名声越来越多由高级管理团队的综合数字资料来定义,就像官方公司渠道一样。

我们"社交媒体足迹"——我们在帖子、推文、共享以及个人资料更新中所提供的信息——日益影响着朋友、同事、客户和潜在商业伙伴对我们的看法。我们需要成为我们在线品牌的经理,采取结构化方法来处理我们的资料、隐私和促销活动。

教育顾问普伦斯基在其 2001 年的文章《数字原住民、数字移民》中创造术语"数字原住民"且宣传它,并描述新一代学生是电脑、视频、视频游戏、社交媒体和互联网其他网站中数字语言的"母语使用者"。我们其余人则沦为这个新世界的移民。这本

[①] 脸书在 2004 年启用之时就广为人知。

书旨在挑战这种"技术种族隔离"（它认为 30 岁以上的专业人员无法像精通技术的千禧一代那么知识渊博，那么技术熟练）。现在我们都是数字原住民，请别再找借口，别再将责任委派给团队中的初级人员，别再玩世不恭或自满。我们需要以数字原住民的方式思考和行事，精通社交媒体，并提高知识水平和技能。这将使您的业务受益，并确保您的职业生涯永不过时。

不断变化的领导才能是一个令人着迷的话题，杰出的学者围绕该主题可源源不断地出版商业书籍和发表主题演讲。在上一本书《宽松》中，我分析了新技术以及一系列社会经济和文化趋势对领导风格的影响，并得出结论，虽然领导才能的基本原理没有发生变化，但新一代领导人（后婴儿潮一代的领导人）绝对认为他们与上一代在风格和语气方面有所不同。他们的着装和语言更随便，对真实性、开放性和协作的重要性更敢于直言不讳，对新技术更得心应手。在最后一章中，我重点关注社交媒体在重塑领导力的性质和实践中的具体作用，并研究了以下问题：是否存在所谓的"社交领导者"，以及我们组织的主要领导人是否需要掌握各种技能才有利于发展。

关于领导力的章节还包括对首席执行官和高级管理团队其他成员积极参与社交媒体活动的利弊的评论。并非所有高级专业人员都积极参与社交媒体活动。在研究本书过程中，我发现富时指数 100 家公司中只有 8 个首席执行官，道琼斯工业指数 30 家公司中只有 5 个首席执行官，以职业身份积极使用推特，尽管许多首席执行官可能会私下使用推特和其他社交媒体平台。根据《经济学人》报道，"多亏数字革命，现在首席执行官生活在玻璃房里。

一句失策的话可以很快传遍全球"。[①] 我希望让更多的高级专业人员相信,风险可以控制而且所得的回报远超过所付出的时间和精力。

---

① 2014年10月11日《经济学人》的《小心愤怒的小鸟》。

第十二章
提高社交媒体素养

为什么这很重要

尽管社交媒体呈现爆炸性增长，但人们很容易忘记它仍是一个相对较新的现象。我们认为在市场上已站稳脚跟的大多数社交媒体平台，实际上最近才庆祝了其成立10周年纪念日。因此，如果我们对自己坦诚，我们中的许多人都将努力了解如何充分利用这些新技术及其对我们工作和社交方式的影响，这不足为怪。[1] 无论年龄和技术兴趣如何，我们每个人都必须进行这场斗争。

特别重要的是，组织中的高层人士必须具有更高的社交媒体素养，以便他们能更好地理解如何充分利用机会和最大限度降低风险。如果您不具备财务知识，就不可能成为董事会或高级管理团队中的一员，您不可能理解资产负债表，不知道如何阐释商业计划中的财务数据。我可以将同样的逻辑应用到社交媒体中。每位经理、董事和领导者（无论以什么身份）都需要具备社交媒体

---

[1] 英国特许管理研究院委托的调查表明，"80%的商业领导者认为充分利用社交媒体很重要，不过，70%的商业领导者承认他们的努力在目前是无效的"。——特许管理研究院，2014年2月

素养。这意味着理解社交媒体如何提高组织的绩效,了解充分利用技术需要什么资源、流程和工具,可以有助于确定风险并缓解风险。

罗兰·迪瑟和其同事西尔文·牛顿认为"组织的社交媒体素养正在迅速成为竞争优势的来源"。[①] 我喜欢他们在此背景下使用"读写能力"一词,这表明他们熟悉和了解社交媒体核心要素,但不必成为专家:这项工作最好还是留给专门的专家为好。

在我参加的一次有关新技术颠覆性影响的研讨会上,一家大型金融服务机构的首席执行官发表了一番评论,这表明,许多董事会仍存在一定程度的自满情绪:"我手下有人主管数字业务,但我不知道他在做什么。"这可能是英伦自嘲和低调陈述的典型例子,董事会其余人员太客气了,无法做出明显的回应:"如果您不知道他在做什么,您怎么知道他是否用我们投给他的钱在好好工作?"我们可能同样会问,"当他接下来提出昂贵的建议时,您将如何判断它是否代表一项明智的投资"?无知可能会很昂贵。

幸运的是,根据我的经验,大多数高级专业人员比研讨会上这位首席执行官要更为开明,他们对提高社交媒体知识和能力的需求也持开放态度,尽管有时他们不愿在其下级面前承认无知。如果您习惯成为会议室中最聪明的人,您需要一定的勇气才能承

---

① 《每位领导者必备的六大社交媒体技能》,刊登于 2013 年 2 月《麦肯锡季刊》。

认您不知道主题标签是什么。①

> **乐高公司如何考验高级经理**
>
> 乐高公司甚至要求其管理团队参加社交媒体考试，以确保他们都具备社交媒体素养。该公司社交媒体主管拉尔斯·西尔伯鲍尔解释说，高级经理接受为期一天的培训课之后，必须通过理论和实践考试，最后以书面形式发帖到乐高公司的脸书页面："您看到了，当他们发现需要与客户交流时整个房间弥漫着紧张的气氛，不过，当他们获得500个点赞后，他们才意识到社交媒体的全部意义。"②

这可能看起来有点极端，但它发出一个明确的信息，就

---

① 偶尔有人在研讨会上走到我面前，在其他代表听不到的地方问我："主题标签是什么？"因此，这里简要说明一下它们是什么以及它们如何工作。人们普遍认为，在推特上使用话题标签作为一种标记手段，要归功于社交技术专家克里斯·墨西拿。2007年他发布一条推文《您认为使用#（英镑）来代替团队如何，就像#barcamp [msg] 一样？》，他建议使用主题标签为收集有关特定主题的讨论的方式。Hashtag 已被广泛用于开发人员社区之间基于文本的对话中，并且自此变得非常有用。每当您将主题标签添加至一条帖子或推文上，它便自动编入索引。这意味着它可以被对特定主题感兴趣的其他用户搜索。如果单击主题标签（或将其用作搜索词），则会为您提供使用该主题标签的推文和帖子的集合。它们在跟踪特定事件、谈话的流行话题或生活方式兴趣（如最喜欢的电视节目）的对话和内容方面特别有效。他们通常扮演一种集体角色，使志趣相投的人几乎可以围绕某个特定主题聚集在一起，或者在发生危机时表现出团结一致。标签还用作情绪状态（#MondayBlues）和日常场合（#HappyHour）的简写。要记住的重要一点是，标签不是拥有者的，任何人都可以使用标签，因此，如果您要评估特定活动的离散结果，则需要谨慎选择活动特有的内容。主题标签的使用因所使用的平台而异。在推特上使用多个主题标签不仅会对140个字符限制产生不良影响，还会造成相当难看的推文。在照片墙上，最多可以使用30个标签，这不是在每个可能的单词后加上#符号的借口，不过，这确实提供了更多机会来使内容与不同主题领域保持一致，并增加了通过一系列搜索词来发现它的机会。

② 2013年2月，在营销的社交品牌会议上的演讲。

是高级管理团队对社交媒体重视有加。有趣的是，乐高公司强调实际技能的重要性，比如写作和发帖的能力，而不是仅仅注重理论知识。乐高并未说明未通过考试的经理的下场，但鉴于最近几年该公司社交媒体活动大获成功的事实（有助于改变最终模拟玩具的命运），充分说明了丹麦人真正理解了其中的奥妙所在。

有时，正如英国前内阁大臣埃德·鲍尔斯的奇异经历所证明的那样，我们中一些人不得不付出惨痛代价才能认识社交媒体的重要性。

埃德·鲍尔斯如何成为社交媒体现象

去超市购物期间，鲍尔斯的一位政治助手建议他看看推特上提及他姓名的文章。为什么助手选择这个时刻尚未清楚，但鲍尔斯确实那么做了。不幸的是，他没有在"搜索推特"框中键入自己的名字，而是无意中在"发生了什么？"框中键入了自己的名字，然后发布了一条推文，神秘地写着"埃德·鲍尔斯"。

对于手指不灵活、视力老化的任何人而言，这是使用智能手机时很容易犯的错误。鲍尔斯还声称在输入姓名时，他受到电话的打扰。在某种程度上，这类似于金融市场中所谓的"黄油手失误"，即在外汇交易市场（或类似的地方）工作的白痴，由于其笨手笨脚，在电脑上按错键从而导致全球股市陷入崩溃。毫无疑问，批评鲍尔斯的人会认为，他应对其担任政府官员期间的类似行为负责，尽管就流氓推文而言，他只是引发了一种社交媒体现象。

像对待名人和社交媒体的方式一样，一个相对平凡的错误导致一段故事的发生，鲍尔斯的推文开始在推特上被分享。它最终被转发了61575次，并开始成为热点话题。自那时起，4月28日，鲍尔斯（Balls）的无意推文周年纪念日被称为埃德·鲍尔斯日，人们用一连串的笑话，以他为主题的诗歌和恶搞的照片来庆祝这一天。迅速捕捉到社交媒体商机的商家开始采取行动：多米诺比萨在推特上发布照片，上面有以鲍尔斯的脸为特征的面团球，在开吃吧上则是带有沙拉三明治的照片，标题为"可食用的鲍尔斯"。他的妻子、前内阁部长伊薇特·库珀在2016年也参与了这一乐趣，她在推特上写道："我们坚持让他烤蛋糕。"您怎么庆祝埃德·鲍尔斯日？她的丈夫开玩笑地在推特上发了一张他烘焙的庆祝蛋糕的照片，照片上是最早的"埃德·鲍尔斯"推特。这个埃德·鲍尔斯日的主题标签被使用了2.6万次，并成为英国最受欢迎的话题。

讲社交语言

古拉·阿伦兹曾是博伯利公司首席执行官（其在这家时尚零售商的数字变革中扮演了重要角色），目前担任苹果公司零售和在线商店的高级副总裁。她指出，"我在现实世界中成长，会说英语。我们的下一代正在数字世界中成长，他们讲社交语言"。[①] 这

---

① 引用于2013年10月22日的《财富》杂志。

种讲社交语言的能力需要能适当地运用语言，基本理解社交媒体准则和惯例，并具备相当高的视觉素养。

社交媒体对话的特点通常是语言和语调的非正式性，以及常常令人困惑的表情符号和首字母缩写词的组合①。对于习惯了董事会报告和政策文件等更为正式、公司化语言的高级专业人员而言，采用这种风格和语言语调可能是一个挑战。由于受到专家和沟通顾问的束缚，以及担心发表不适当的评论，许多人倾向于坚持这种安全、平淡的新闻发布语言，而不是他们与朋友和家人进行交流时所使用的自然、真实语言。最好的建议就是向专家学习，在推特、领英甚至照片墙上关注您所在行业的资深人士，您会明白如何在专业和非正式之间取得适当的平衡。

所有形式的语言都是有机发展的，这使得我们很难跟上各种语言代码的发展。2012 年，英国前首相戴维·卡梅伦与丽贝卡·布鲁克斯在莱韦森调查期间的短信交流被曝光后，他发现自己被卷入了一场后来被称为"LOL 门"的事件。当时，卡梅伦错误地认为 LOL 的意思是"很多爱"，而不是"放声大笑"。在许多推特用户的眼里，首相所犯的错误并非什么严重罪行，却凸显出理解社交媒体语言和会话礼节的重要性。

一旦您掌握了基本代码和语言惯例，在社交媒体上写作时，

---

① 对于初学者来说，表情符号是基于文本的字符，例如：—），而表情符号（日语为图片字符）是数字图像或图标。2015 年，《牛津英语词典》宣布"欢乐之泪"表情符号为年度流行词。有一则有关它们创造性应用的例子，达美乐比萨及其代理团队因使用一种以一系列比萨表情符号为特色的推文来订购比萨饼的方式而荣获 2015 年戛纳雄狮营销奖。我们还目睹了 bitmoji 的出现，这是一种"表情包"形式动画自拍，它是您可以适应自己形象的化身和表情符号的混合体。

这种技巧有助于您找到自然的声音和适当的对话语调。询问问题、提出建议或征求意见都是鼓励对话的好方式，如同回应他人的问题或意见一样。当您习惯于"播音"模式——向下属表达您的观点，并向媒体和分析师发布简报——您需要进行一定的调整才能学会这种更有协作性的双向沟通方式。

所有高级专业人员想成为社交媒体达人均需面临语言挑战，不论是撰写一篇引人入胜的推文还是更长的博客帖子。大多数人会使用主题标签的传统做法，并能使用适当的首字母缩写词，甚至偶尔使用表情符号。他们经常感到困难的地方是如何在视觉上表达自己。

视觉素养的重要性

社交媒体是一种视觉媒介。研究表明与基于文本的帖子或推文相比，以图像为特色的帖子或推文总会产生更高的参与度，并且发展最快的社交媒体网络通常是那些可以提供视觉自我表达的理想平台。人们描述 Snapchat 为图片中的对话：图片（通常通过增强现实）、电影和表情符号之间的连续相互作用几乎替代了对文字的需求。[1] 值得一读的是 Snapchat 创始人埃文·斯皮格尔于 2012 年所写的第一篇博客文章，其中他描述了当时尚未成熟的应用程序背后的想法："Snapchat 并非捕捉传统的柯达瞬间，而是与人类情感进行全方位交流……我们开发这个照片应用程序，它与美丽或完美等不切实际的概念不吻合，而是创造了一个空间，让

---

[1] Snapchat 创始人埃文·斯皮格尔的博客帖子，2012 年 5 月 9 日。

您在拍照和分享照片的那一刻感到有趣、诚实或其他任何您可能想要的东西。"

我们居住在图像至关重要的世界。餐馆正在调整菜单和内部装潢，大众参与城市赛跑的组织者正在改变路线，以使它们在照片墙上显得好看些。① 与首席执行官的自拍照正在取代激励性的内部备忘录。

习惯于撰写报告、论文并使用文字进行通信的高级专业人员需要发展其视觉技能，以便更好地在照片、信息图甚至电影中表达想法和观念。学会提高视觉素养比学习如何使用推特或领英更具挑战性。实际上，在这里，备受争议的文稿演示软件在教导一代高级管理人员使用照片、图像和图案成为更有效的交流者方面发挥了重要作用。仍然有不少人试图将最大数量的单词填入文稿演示软件图表中，但总体而言，近年来商务演示的质量已显著提高，这表明有关视觉传达重要性的信息终于得以普及。

为什么马克·扎克伯格具有视觉素养

我请《导演》杂志前编辑莉桑·柯里选择一位她认为是社交媒体有效用户的商业领袖时，她提名脸书的马克·扎克伯格，主要是因为他能巧妙地运用图像："他看上去似乎是一个孤僻的人，但他通过照片（例如，休完陪产假回来工作的第一天时，他的衣柜里满是灰色T恤衫的照片，或他狗狗的照片）让您充分了解他这个人。"扎克伯格在一篇帖子中

---

① 已成为人们判断他们购买的产品、参观的地方，甚至宠物的关键。作为一只漂亮的黑猫的主人，我很不安地了解到宠物抢救中心里到处都是黑猫，因为它们在照片墙上看上去不好看。

> 调侃了自己"特立独行"的名声，并在 T 恤上写了一个问题："休完陪产假回来的第一天，我该穿什么？"并配以困惑的表情符号和"感到困惑"的说明。

此外，也有案例表明，最新一代的商业领袖似乎更愿意采用自我贬损的语气来进行自嘲。未来基金会的趋势预言者甚至建议，社交媒体的发展促使企业在董事会议上使用较为温和、随意、轻松的语言，企业和企业领袖也希望以谦逊和通才的形象出现在公众面前。①

企业领袖还必须在使用视频方面变得更有信心和更能胜任。20 世纪 90 年代初期，我开始参与拍摄首席执行官的演讲和演示，这些影片的制作数量颇为可观，大量时间和金钱都花在工作室租用、剧本写作、高质量的照明设备以及偶尔的化妆费用上。首席执行官需要反复排练，以展现完美的企业形象。20 年后的今天，您会发现一些首席执行官在向股东拍摄无脚本的演示文稿或在智能手机上实时直播对员工的演讲。这需要一定程度的勇气和自信，尤其是现场直播时，与事先录制的内容形成了鲜明对照。但不出意外的是，研究表明这种原始的、真实内容比完美企业形象影片更容易获得观众的信任。②

受害者的女友将明尼苏达州一起枪击黑人现场拍摄下来并上传至脸书，这一事件的后果使得新技术实时流媒体经历了一个奇

---

① 未来基金会：《2015 年仲夏趋势》。
② 值得注意的一点是，绝大多数社交视频的观看量都不大，这通常是因为人们在家里以外的地方用智能手机观看它们——而且观看时间不到 5 秒。实际上，这意味着文本是必不可少的，您只需几秒即可产生影响。

怪的"成熟阶段"。一个垂死的男人和他的女友满身是血的画面产生了超过 400 万的浏览量,并为世界上大多数主要的电视网络所采用。多年来,Periscope[①]等移动应用程序一直支持实时视频流,但是 Facebook Live 是真正的游戏规则改变者,不论是在街头(希望并非总是在发生此类暴力事件之后)还是在董事会议上。[②] 如果您认为企业已经在努力应对社交媒体上几乎是即时响应的需求,那么您可以想象,当流媒体直播成为常态时,审批流程和合规系统所面临的压力。

保持好奇心

培养社交媒体素养固然重要,但也需要正确的态度。马特·巴兰汀曾为 O2 和苹果公司等一系列科技企业做过咨询服务,他以简洁有力的言语而著称,很少出尔反尔。他坚定地相信保持好奇心对新技术的重要性,他将新技术定义为"对新事物充满好奇心的探索精神"。据巴兰汀说,"对于没有好奇心的人,推特根本没有任何意义"。

他描述了所谓的"技术的三个阶段",从"玩具阶段开始,您在看东西,然后问'那该死的地狱是做什么的',而答案是'仅仅因为它在那里'。第二个阶段是破坏性阶段,精明的人们开始将玩具应用到有用的地方。第三个阶段是显而易见的阶段,当您事

[①] 2015 年推特收购 Periscope 直播应用程序。
[②] 根据脸书介绍,其用户观看实时视频的时间是预录素材的 3 倍,这是脸书将实时视频定位高于其新闻推送的原因。Facebook 提供了一系列有用的技巧,可帮助您充分利用 Facebook Live,https://www.facebook.com/facebookmedia/best-practices/live。

后回顾说'当然,它总是会起作用'。无论在组织层面还是个人层面,您都需要熟悉事物才能进入破坏性阶段,在那里您可以发现机会并探索事物。但是,如果您认为所有事情都必须有一个清晰、立即的回报,那么破坏性阶段将永远无法进行,因为您仍在尝试并且无法保证某些事情会奏效"。

麦肯锡的一群咨询师分析了高管如何从聆听社交媒体对话中受益,并重申保持好奇心的重要性。马丁·哈里森、埃斯特尔·梅塔和雨果·萨拉津在《麦肯锡季刊》上撰文,赞颂"高管对社交媒体新兴主题感到好奇并能适应"的价值,因为他们能更好地捕捉到深藏于社交媒体噪声中,有价值的"微弱信号"。这些信息片段"可以帮助公司找出客户想要的东西,并先于竞争对手之前发现迫在眉睫的行业和市场的动荡"。①

小孩天生好奇,这可以解释为什么他们如此乐意拥抱社交媒体,无论是在 YouTube 日益增加的怪异电影库中进行搜寻,还是参与 Sanpchat 上奇怪的视觉"对话",或是在 Tumblr 中找到有趣的东西。作为成年人,我们努力寻找时间保持好奇心,并最终在社交媒体上提出明智而务实的问题,例如"这是为了什么"和"它将如何使我的工作受益",而不是单纯地接受它。花时间在社交媒体上闲逛似乎是在浪费时间,但不久您会发现它却是打发时间的最好方法之一。

---

① 马丁·哈里森、埃斯特尔·梅塔和雨果·萨拉津:《弱信号的强度》(《麦肯锡季刊》,2014 年 2 月)。

本章主要知识点

我们需要成为"数字原住民",熟悉社交媒体的核心特性,并能接受其传统风格,无论是在写作上,还是在图像的使用上。

阅读本章后建议采取的措施

1. 我注意到,在我的研讨会上,那些经常使用社交媒体的代表(哪怕只是管理一下他们的社交生活,并与朋友和家人保持联系)与那些太忙、太害怕或对社交媒体不感兴趣的代表之间存在很大差异。如果您真的想使用照片墙或 Pinterest,您最好阅读一下有关它们的所有资料,或至少花时间请同事或家人向您展示如何使用它们。一般来说,对于它们的工作方式,客户和员工为何使用它们,最重要的是,它们如何使您和您的企业受益,等等,您都很难理解。我也是经过我的孩子的一番指点,才真正了解 Snapchat 的吸引力和潜力。如果您正在读本书,却不确定是该注册推特、Pinterest 还是照片墙,或者自从多年前注册了领英账户后就再也没碰过您的领英资料,那么现在是时候赶快试一试了。如果您想了解 Snapchat 或 WhatsApp 的工作方式,请找人给您演示一下。

2. 挑战团队中的初级成员,让他们告诉您,组织应该如何充分利用这些新兴技术。

3. 致力于持续学习。社交媒体不会消失,它已成为我们职业生涯和私人生活中不可或缺的一部分。但它也是不断地在发生变化,因此掌握最新情况的唯一方法是继续学习、不断阅读和关注。①

4.尝试提高您的视觉素养，例如挑战自己，用视觉或信息图表代替标准的书面交流内容。

延伸阅读

约翰·诺顿（Quercus）编著的《您真正需要了解的互联网知识：从古腾堡到扎克伯格》，是一部优秀的介绍网络经济的书籍。

社交业务：米歇尔·卡维尔和大卫·泰勒（克里姆荪）合著的《利用脸书、推特、领英、YouTube 和其他社交媒体网络为所有企业服务的实用指南》，是有关主要社交媒体渠道的不错入门书籍。

---

① 如果您有兴趣跟上社交媒体的最新发展，我建议您订阅非常有用的 Mashable.com，该网站由早熟的 19 岁阿伯顿皮特·卡什莫尔于 2005 年创建，该网站自称为"互联一代的主要新闻、信息和资源来源"。

# 第十三章
管理个人品牌

为什么这很重要

"不管年龄、职位、我们从事的业务如何,我们都需要理解品牌创建的重要性。我们是自己公司(即 Me Inc)的首席执行官。在当今的商业时代,我们最重要的工作就是成为 You 品牌的头号营销人员。"[1] 富有传奇色彩的商业顾问汤姆·彼得斯早在 1997 年就写下了这些话,当时我们还没有意识到我们拥有"数字足迹"。因此,有关个人品牌管理的理念并不是什么新颖内容,所有社交媒体所作的一切便是增强它的重要性。

在潜在的雇主、利益相关者和同事的眼中,我们越来越由我们的"社交媒体足迹"(领英的个人资料和推特的过往记录)所定义。显然,商学院是基于候选人的社交媒体历史记录来甄选他们的。[2] 美国政府甚至已经开始要求一些外国访客披露其社交媒体

---

[1] 引用于 1997 年 8 月 31 日的《连线》杂志。
[2] 《粗心的推文会让您失去商业学校的职位》,FT.com,2018 年 1 月 26 日。

第四部分　成为——完善个人资料与提高领导技能

活动，以此帮助他们发现潜在恐怖分子的威胁[1]。与此同时，保险公司试图使用通过分析司机的脸书页面资料所获得的数据来确定保险费。保险公司希望使用单个驾驶员喜欢和张贴的快照来提供某些个性特征的指示。脸书认为，使用其数据来决定是否符合资格违反了其条款和条件。这不可能是最后一次，企业尝试使用个人资料数据来进行此类的商业甄选。

我主持个人品牌管理研讨会，旨在为首次规划职业生涯的学生和寻求重申其资历的高级管理人员服务。无论我们处于职业生涯的何种阶段，如果我们想建立有效的网络，创建有用的联系并参与未来的工作或商业机会，我们都需努力发展和培育自己的个人品牌。[2]

幸运的是，成为自己的品牌经理从未像现在这么容易，它不需要形象顾问、媒体顾问或其他"黑魔法"大师。在主要社交网络上建立自己的网站只需几分钟，即使是最业余的设计师，只要稍加努力，也应该能够创建貌似专业的个人资料。

不利的是，我们所有人都受到了前所未有的严格审查。雇主和招聘顾问可以看到我们写过的东西，我们发表的演讲，我们分享和评论的内容，以及我们参与的辩论，所有这一切对于他们比了解

---

[1] 从2016年12月起，在线电子旅行授权系统"邀请"人们添加其脸书、推特、谷歌+、照片墙、领英和YouTube的账户名。尽管该系统官方表示，这不会禁止拒绝添加详细信息的任何人进入系统，但此举令隐私权活动家感到担忧。

[2] 对美国招聘专家的一项调查显示，在招聘过程中，有87%的招聘人员认为领英在审核候选人时最有效，而使用脸书的受访者为43%，使用推特的为22%，使用照片墙的为8%。有趣的是，同样的调查表明，72%的招聘人员对候选人的社交媒体个人资料中的拼写错误表示不满，几乎同样多的招聘人员（71%）对候选人在社交媒体个人资料中有使用大麻的经历持否定态度。——《Jobvite 2016招聘国家报告》

我们上哪所学校要有用得多。他们还可以看到我们不想让他们看到的东西。不幸的是，在脸书上发生的事情往往会传得沸沸扬扬。

通过关闭社交媒体来远离社交网络的可能性变得越来越小，因为用谷歌搜索的文章会提及您，朋友或家人会要求您加入WhatsApp团队，或潜在雇主会要求您提供领英个人资料。您可以选择任凭他人评说，或采取必要措施，积极管理您的网上品牌。

社交媒体参与的层次结构

社交媒体参与的层次结构始于以下简单行为：关注少数同事、熟人或有影响力的专家，然后聆听他们的讲话。

通过在推特、领英和潜在的照片墙上关注您的同龄人，您会更好理解所采用的语气和风格。通过积极搜寻相关话题或主题标签，您可能获得一些与您的职业或其他兴趣有关的宝贵信息。

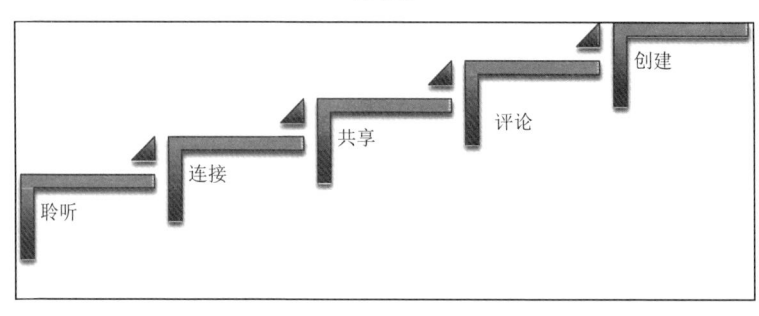

图 13.1

一些用户从来没有超越聆听阶段，他们乐于将社交媒体用作信息、灵感和想法的宝贵来源。

为什么社交媒体聆听可以节省您的时间

我们面临的最大工作挑战之一是掌握相关专业新闻、指南、法规、研究、趋势和其他信息。"太多的电子邮件使我应接不暇,我哪有时间来吸收社交媒体所传来的新信息?"这是参加研讨会的许多代表经常提出的问题。令人啼笑皆非的是,社交媒体可能更多地代表一种解决方案,而不是一个问题。在社交媒体上关注合适专家或消息灵通的评论员,他们往往只分享一些值得一读的资料,从长远来看,您可能发现这能节省您的时间。

一致性或规律性要比您使用社交媒体所花费的时间更重要。每天花 10 分钟查阅一下领英或推特上发生的事情要比每两周花几个小时的效果好。形成良好日常习惯,您可能发现这样做会上瘾。

使用社交媒体如何节省您的时间

美国家庭保险集团的首席执行官杰克·萨尔兹韦德尔被《财富》杂志评选为"推特上最忙碌的财富 500 强首席执行官"。他描述了首席执行官从社交媒体聆听中所获得好处:"我喜欢了解世界上正在发生的事情。推特在这方面特别有效,它可以提供更快捷的新闻和信息。无论是推特的朋友圈、Snapchat 上的故事,还是脸书的热门话题,您都可以通过社交媒体简化新闻和信息消费。推特节省了我们的时间,因为我们不需要到处查找新闻或相关信息。它在推特上,而且可以首先在这里获得信息。"[1]

---

[1] 达米安·科贝特的访谈,作为"社交首席执行官"系列的一部分,2016 年 8 月 11 日。

社交媒体具有一种意外发现的特征，可以访问意想不到的信息或有关客户和利益相关者的最新见解。这是为什么高级经理愿意偶尔花时间在社交媒体上聊天，快速调整一下客户情绪，显然这样做是有好处的。

对不同的平台有所了解后，可以根据需要向上移动层次结构。

- 喜欢他人的内容（最简单的表示感谢的方式）。
- 与您的人脉共享该内容。
- 在他人的评论旁添加您的评论。
- 向粉丝发帖提问。
- 最后，如果您愿意，可以制作自己的推文、帖子，甚至电影。

在此过程中，您可以开始积极主动地建立人脉关系，同时，希望其他人也开始关注您，不久之后，您会发现社交媒体已成为您的商务生活中不可或缺的一部分。

如何采用结构化方法进行个人品牌管理

我建议应对个人品牌管理挑战的方法是使用"3Ps 模式"：个人资料、隐私和促销。

图 13.2

1. 个人资料

我们需要完善自己的社交媒体资料，而不是简单地导出一些平淡无奇的个人信息，并上传一张来自遥远过去的低劣照片。汤姆·彼得的"您的品牌"值得花时间和精力。您想传递什么形象？在适当的专业背景下，如何更好地反映您的风格和个性？您如何在芸芸众生中脱颖而出，同时又不会疏远您想打动的人或您的偶像？不真实往往很容易被发现。您如何在职业和个人生活之间取得适当的平衡？如何存在疑惑，不妨问问同事或伙伴，看看他们是否认为您给他们留下了正确的印象，因为一般情况下，他们都是诚实的。

爱德曼数字集团亚太、中东和非洲地区总裁加文·库姆斯说，"社交媒体是您讲述故事的舞台。""您应该把您的个人资料当作是有人在做一个 18 分钟的 Ted 演讲，而不是无休止的讨论。您讲述故事的最简洁、最有趣的叙事方式是什么？这是一个讲述故事的时代：一切都需要叙述，而不仅仅是事实的集合。"

了解到绝大多数招聘人员使用领英来搜索和筛选潜在候选人，您可能不会感到奇怪。我询问过通信行业的一位主要招聘顾问迪·卡希尔，她告诉我在审查潜在候选人的社交媒体个人资料时，她需要查看的信息："我使用领英核对事实和他们的职业情况，并全面了解他们的近况和想法。我倾向于查看他们的个人资料，他们所说的事件，他们发表的内容和他们说的话。"她指出，领英个人资料与简历在日期和职称方面存在不一致的现象是"危险信号"，需要招聘人员在甄选候选人时引起注意：令人震惊的是，人们经常发现有人在领英夸大其职业经历或公然制造谎言。此外，卡希尔还查看候选人在推特上说过的话，了解谈话内容以及是否他们有一些有趣的见解。不过，卡希尔对那些长时间在推特进行直播，却不从事全日制工作的候选人持谨慎态度。

我们的多数在线个人资料都是由我们的离线活动决定的。我们在活动中发言、面对面会议中我们接触的人员（我们后来在领英上联系的人），以及鼓励我们撰写博客文章的会议演讲，这些都对我们社交媒体生活的有效性至关重要。

为什么社交媒体免责声明浪费时间

社交媒体中最大的废话之一是在推特或脸书个人资料中出现的免责声明，其中指出"这些观点纯属个人的，并不反映雇主的观点"，尤其当作者在同一个人资料中清楚地说明他们为谁工作时。如果您发推文或发布愚蠢或令人反感的内容，这似乎是一种使雇主免于任何责备的明智方法，但实际上，这基本上无关紧要。免责声明对保护声誉免受损害效果不佳：如果您说了不适当的话，则任何免责声明，都有可能损害雇主的声誉。

《福布斯》杂志的一篇题为《为什么像"观点是我自己的"这样的免责声明不能挽救您的工作》的文章中，引用了各种法律专家的意见，他们确认，免责声明，无论其措辞如何，均不具有法律效力且不能使雇员避免法律责任。该文章引用了尼尔＆麦克德维特律师事务所的丹·谢弗律师的话，"如果您说一些反映不好的内容，免责声明不能阻止雇主解雇您，同时，也不能阻止人们将您的观点与您的雇主联系起来"。[①]

如何修复不讨人喜欢的在线个人资料

如果您用搜索引擎检索自己,您会看到什么?有人是不是多才多艺并拥有有趣的见解?有人值得交谈吗?如果您用搜索引擎检索自己,请确保清理缓存,或在谷歌浏览器上使用隐身搜索浏览器,或在苹果浏览器上使用私人浏览,以免您的搜索受到近期搜索记录的影响:其他人用搜索引擎检索您的姓名时,您希望他们看到您想展示的内容。

每隔一段时间,我会收到客户的请求,他们希望更改谷歌搜索产生的一组不讨人喜欢的结果。在最极端的情况下,如果我们的在线品牌的名声因不准确的或不相关的故事而受到损害,居住在欧盟的我们会利用"被遗忘的权利"。这是基于欧洲法院于2014年作出的一项裁定,它要求搜索引擎删除那些被视为"不充分、不相关或不再相关的"内容链接,以应对任何相关人员的投诉。谷歌网站上有一份有关此删除请求的表格,它声称已接受大约40%的删除链接请求。

使用"被遗忘的权利"可能会删除指向特定文章或内容的链接,请记住该链接不会在互联网上消失,仅仅消失在搜索结果中而已。但更常见的是,更改不讨人喜欢的一组谷歌搜索结果需要更结构化的流程。一些专业机构承诺,他们可以改变您的在线声誉,并使"坏东西"从谷歌搜索中消失。但实际上,要获得更讨人欢心的结果并不难,只是不要期望马上见效。我

[①] 引用于2013年6月11日的《福布斯》。

给遇到此问题的客户的建议如下：

- 整理您的领英个人资料，以确保其更好地反映您的职业和专业知识。领英在搜索方面的表现尤其出色，一份好的个人资料肯定会出现在最初的几个列单中。
- 基于同样的原因，请开始整理推特的个人资料，因为推特在任何谷歌搜索中扮演着重要角色。
- 制作自己的内容——博客文章等，所有这些内容均可出现在您的列表中，特别是在您希望其他人链接它们的情况下。链接是谷歌算法优先考虑的事项之一。
- 通过在线媒体（例如，行业或部门标题）获得个人资料/撰写有关个人资料。这意味着需要做一些积极向上、可以写入个人资料的事情，例如，参与颁奖小组、在大会上发言或在新闻稿中被引用等。
- 您还可能会考虑创建自己的网站，这需要一番努力，但会让您成为一位高效的个人资料建设者。

2. 隐私

我们面临着左右两难的困境：如何在社交媒体赖以发展壮大的开发性与人类保护隐私的自然本能之间取得平衡。社交媒体可能使用一种封闭的方法，例如，保护您的推文，只让经您批准的粉丝查阅。您还可以选择限制非联系人随意查阅您的领英个人信息。如果您选择采用这种方法，几乎可以肯定会限制社交媒体的潜在价值——有价值的对话可能来自现有链接的封闭网络之外，领英认为受限的个人资料不可避免地会影响您在搜索引擎中的存在——但是它最终取决于您感到最舒服的方式。

了解您的隐私设置是您可能收到的较为无聊的建议之一，但它实际上是最重要的建议之一。主要社交媒体网络中的默认设置通常是开放的，人们可以随意访问有关您的大量信息。这归根到底是个人选择的问题，但需要花时间研究这些选项，以便您可以从网络活动中获得最大的价值，且仅共享您希望共享的内容。不过，无论您认为自己的隐私设置有多聪明，千万不要假设任何事情都可以完全保密。我在学校开设过社交媒体培训课程，因此建议，如果老师想拥有有趣的私人生活，最好不要在脸书上乱逛。无论他们多么善于调整脸书的设置，孩子们都会发现他们是如何打发空闲时间的。

更为重要的隐私问题是管理欺诈风险。英国反欺诈协会的一项研究强调了诈骗犯如何从人们的社交媒体资料和活动中获取他们的个人信息。[1] 英国反欺诈协会首席执行官西蒙·杜克斯在接受英国广播公司采访时说："诸如脸书、推特、领英和其他在线平台之类的东西不只是社交媒体网站，它们还是身份盗窃者的狩猎场。我们敦促人们今天检查他们的隐私设置，并要求他们对共享内容要三思而后行。就诈欺犯而言，我们在线发布的信息是一座大金矿。"[2]

如何避免成为网络欺诈的受害者

来自英国政府支持的"网上安全"项目的建议包括：

---

[1] 英国反欺诈协会，2016 年 6 月。
[2] 引用于 2016 年 7 月 5 日的 BBC 在线新闻。

- 避免在社交媒体配置文件中包含任何个人信息,例如电话号码、地址、出生日期——一些反欺诈专家建议您在注册任何东西时始终使用错误的出生日期。
- 注意朋友通过社交媒体活动无意中传递了您的个人详细信息。
- 当心"网络钓鱼"诈骗,例如虚假的朋友请求,或个人或公司发布的具有指向其他页面或网站的链接帖子。从某种意义上讲,这与我们得到的建议没有什么区别,即不要点击来自我们不认识的人或组织的电子邮件链接。
- 请使用强密码,且在跨社交媒体网络中尽量不要使用相同密码。

2016年年初,几乎被人遗忘的MySpace发现自己因错误的原因而出现在新闻中。超过3.6亿个基本上处于休眠状态账户的个人详细信息(包括密码、电子邮件地址和用户名)遭到黑客攻击。鉴于我们倾向于跨多个网络使用相同的登录详细信息,这起严重事故提醒我们,我们极易受到基于社交媒体的欺诈。此外,这还促使我们删除未使用的社交媒体账户。

3. 促销

一些高级专业人员似乎对自我促销的概念有异议。莉桑·柯里告诉我:"有一些年长的董事,通常是男性,他们缺乏自信,担心被人嘲笑。他们倾向于将在社交媒体上发布的内容当成是吹嘘或炫耀,而实际上这是一种个人公关。"就她而言,"您再也不能是害羞的董事,您必须展现自己的能力,不必担心有时会出错。"

展现自己的能力需要积极主动性。数以百万的专业人员在争夺关注，除非您准备玩自我宣传游戏，否则您很难建立自己的个人品牌和网络。最初我开始创业时，我得到的最好的建议之一是"尝试每天联系一个新朋友"。领英在全球拥有 3.5 亿用户，尽管仍然需要付出努力，却使这一挑战变得相对容易，例如，养成与社交网站上的人建立联系的习惯。①

在美国董事会上，害羞似乎是一种不常见的现象，人们普遍期望商业领袖具有推销自己和组织的能力。据保罗·弗兰普顿介绍，"在英国，在推销自己和我们的业务方面，我们倾向于寡言少语，而在美国，首席执行官的角色往往等同于'首席推销员'，这是因为他们看到展现自己能力并参与对话的价值所在"。

如同品牌所有者必须花费时间和精力来培育自己的品牌一样，您也需要积极主动地推广自己的在线品牌。您分享、上传、发布、评论、发推和点赞的内容越多，人们越有可能查阅您的个人资料，您的网络也会变得越强大、越有价值。您还需花时间进行自我评估：分析活动的有效性并不断寻求改善绩效的方法。简而言之，这意味着要多做更多的事，少做不起作用的事，例如，如果您的帖子未能产生很多观看次数、点赞或评论，也许您应该重新调整工作重心，或写一些不同的内容。

学习网络知识，以便充分利用社交网络

网络技能对于任何想精通社交媒体使用的人来说都是至关重

---

① 一般来说，在领英上质量比数量更重要——我们只能和这么多人保持有意义的联系——尽管人们普遍认为，领英上建立至少 500 个联系人是一个合适的目标。

要的。尽管网络被视为重要的业务或生活技能，但在工作场所或大学很少有人传授网络知识。参加我的研讨会的许多董事承认，他们过去从未以一种结构化或纪律化方式来建立人脉关系，这只是您要做的事，而不是您考虑的。

数字业务顾问马特·巴兰汀对大型公司的大多数高级经理的网络技能相当鄙视："他们没有很好的网络策略，也无法理解为什么需要网络。这可能反映了一个简单的现实，即要想成为大型组织的领导者，您的所有人际关系需要建立在组织内部，而不是在组织外部，因此您需要专注内部建设。"

朱莉娅·霍布斯鲍姆是公认的网络专家。伦敦卡斯商学院聘请她为名誉客座教授，因此她是世界上第一个网络教授。毫不奇怪的是，她认为每个人（不仅仅是高级经理）都需要学习如何创建和培育个人网络："如今，信息和社交媒体如海啸般涌现。人们越来越希望与好主意以及与会激发他们的其他人建立联系。20世纪80年代，建立网络是为了销售的便利。如今，建立网络在于为了与聪明建立联系，方便您学习并从中得到启发。"[①] 霍布斯鲍姆甚至预言，首席网络官的出现（这是高级管理人员阵容的又一个成员）将负责采用一种结构化的方法来发展公司关系。

如何成为更有效的网络使用者

1. 拥抱互惠精神——如果您与网络专家（例如，霍布斯鲍姆）交谈时，他们常使用的关键词是"互惠"和"慷慨"。基本原则是，您应该为他人做一些有用的或慷慨的事情——共享

---

① 引用于2014年7月10日的《旗帜晚报》。

有用信息、为他们的工作做出积极贡献、提供免费建议，与您的网络共享他们的资料，每隔一段时间说说"谢谢您"——反过来，他们也会报答您：也许不是立即，但会在将来某个时候。

2. 确定共同感兴趣的领域——与他人共享并可以与他人讨论或辩论的主题或兴趣。

3. 打持久战——经验丰富的销售人员认为，需要多次接触或会面才促成一次销售，同样的原则也适用于网络建立。如果您想马上把关系转化成有形的价值，比如销售线索，您可能会失望。

4. 不要忘记现实生活中的联系——社交媒体改变了我们的网络连接能力，开放了无穷无尽的有用联系，但它并没有取代面对面联系的重要性。即使在复杂的、技术为基础的销售时代，传统事件（大会、研讨会、展览会和会议）仍是最有效的销售技巧，与通过领英进行对话相比，一边喝咖啡或啤酒，一边进行网络交流（如果不是更多的话）效果更好。

共享和谈论的内容

有关高级经理是否应该就其工作之外的生活方式或兴趣发帖、发推文或写博客，而不仅仅囿于其专业工作中，在社交媒体专家中一直以来都争论不休。这不是一种新的辩论：20世纪90年代，我在公司通信部门工作时，我记得与首席执行官的一次对话，英国《金融时报》一篇严肃的人物特写文章提及其热衷于跑马拉松，他对此很不高兴。他担忧，这会显得他对跑步更感兴趣，胜过他掌舵企业度过困难时期。自从那时起，情况发生了变化，大多数高级专员人员现在似乎乐于从事公司活动时，谈论他们喜欢航海、骑自行车或打高尔夫等。同样，分析师和其他行业观察人士似乎也看到了高级经理在工作场所之外的生活的价值。

> 苹果公司首席执行官蒂姆·库克发推文"@YosemiteNPS 徒步远足，使我一天都心旷神怡。向公园管理处表示敬意"。这条推文引起了其260万粉丝近6000条点赞，同时，并没有人指责他本应充分利用时间进行工作，而不是徒步远足。库克还使用其推特简讯来攻击种族歧视，并支持同性恋权利。

安·查尔斯向我解释她的团队如何与一群首席执行官客户打交道的情况："我们帮他们选择他们希望最出名的主题或话题。他们谈论的大约1/3的社交内容是他们的个人爱好：他们喜欢汽车、运动团队、母校、慈善活动以及事业。这使得他们看上去更像普通人。"

谈论生活方式，而不是专业话题，对一些高级专业人员而言风险较小。蒂姆·库克谈论徒步远足时，违反任何公司管理法规和行业行为守则的机会要比在通过适当渠道预先宣布一项重要的企业新闻时要少得多。

您需要如何积极地发展有效的社交媒体形象

安·查尔斯建议的有关建立有效社交媒体形象的方法，其中包括不断地发推（每天一次或两次）。她指出，如果您希望保持社交媒体的粉丝数量，重要的是"不要中途退出，然后就消失了"，每周更新领英资料两次或三次，或偶尔发送一条长格式内容，例如，领英季刊。

尽管在理想情况下，所有的内容均应由高级经理自己撰写，但在现实中，许多都是由顾问代笔编写的。我曾为首席执行官写过大量的博客文章。社交媒体纯粹主义者辩称，这缺乏真实性，但这与使用演讲稿撰写人没有什么区别。我们很高兴地称赞巴拉克·奥巴马担任美国总统期间的出色演讲，尽管我们很清楚，一个才华横溢的写作团队始终精心为奥巴马准备稿子。

避免问题

在您喝醉酒或生气时，建议您不要发推。以下是使用社交媒体时需要避免的最常见问题：

• 遵守规则，尤其是在财务合规方面。援引美国社交媒体保护与合规专家莱克斯盖特所撰写的精彩报告中的一句话，"高管社交越广泛，美国证监会①披露的可能性会越大。非正式场合鼓励分享，有时甚至连受过训的高管也会分享"。②

对于希望在社交网络中活跃，但又担心制作原始内容（或者仅仅是太忙）的风险和审批复杂性的高级专业人员而言，其中一个选项是分享指向现有在线资料的链接。许多高级经理通过"内容策展"这种形式获得了大量的粉丝：分享指向现有内容的链接，例如，公司新闻、相关文章和有趣的研究报告。

• 社交媒体不能太具有对抗性——您可能认为社交媒体使您看上去像个强硬的壮汉，不过，这往往会适得其反。特别是推特，

---

① 美国证券交易委员会，旨在规范金融证券行业并保护私人投资者。
② Nexgate：《社交状况第三部分》，2016年。

可能会成为一个颇具对抗性又令人不快的地方。人们在推特上聊天时，他们会变得不那么受约束，可以说一些在公共论坛上不敢说的话。由于受到一些备受瞩目事件的影响，推特可以帮助人们阻止一些令人不快的事情发生，并通报一些虐待行为。大家过得开心，不要经常吵闹，不要在喝醉酒或生气时发推文，不要说一些您不希望母亲伤心的话。请记住，法官已裁定，推特是公共论坛并受诽谤法的管辖。

即使转发或点赞冒犯性或诽谤性评论也会使您陷入麻烦，您需要确信员工也能理解这一点。

本章主要知识点

1. 个人品牌管理需要努力和专注。这是您的品牌与您的职业，跟其他人不相关。潜在雇主、业务伙伴、客户和员工对您的看法很重要，这可能决定您未来职业生涯的走向，而您对高级团队的看法将对组织的整体声誉产生重大影响。

2. 应对个人品牌管理挑战的最佳方法是专注于"3Ps"——整理您的在线个人资料，管理您的隐私并愿意推销自己。

3. 我们需要发展在线和离线网络技术。

阅读本章后建议采取的措施

1. 在个人品牌资料方面需要花时间，尤其是在领英上，您可以展示大量的信息，这意味着：

• 拍摄一张体面的照片——不是那张糟糕的护照相片，也不是上次聚会时看起来不错的自拍照。

- 撰写有趣又引人入胜的摘要。①

2. 确定如何平衡公共和私人角色——也许您更喜欢使用脸书与朋友和家人进行交流。

3. 检查您的隐私设置——您愿意与陌生人共享多少隐私？

4. 致力于通过定期活动来提升品牌形象。领英在这方面要求不高——您只需每周发布3—4次内容或评论，每天登录5分钟即可从渠道中获得价值。脸书、照片墙和推特需要高水平的输出。

5. 遵守这些广泛的原则，以保护您和雇主的声誉。

- 若对潜在的敏感主题发帖或评论，请咨询。
- 切勿披露机密、商业敏感或专有信息。
- 不要引用任何员工的电子邮件或内部通信。
- 尊重版权，合理使用其他相关法律。
- 不要升级激烈的情况或讨论：尽量和解和尊重。
- 使用良好判断力和常识。

6. 提高在线和离线的网络技能。

---

① 花时间整理一下您在领英上的个人简历，尤其是专业背景摘要的前120个字符，也就是说，这是人们首次在领英上遇见您时所看到的内容。撰写专业背景摘要时，您需要有选择性——重点描述您的现状——不是简单地描述您目前的职位，而是清楚地说明您的能力。领英个人简历应该内容翔实，引人入胜（可以选择包括视频）、具有真实性（请不要试图对简历渲染发挥，因为前同事或熟人肯定会看到它，并发现您有美化简历的嫌疑），与您的其他个人简历信息保持一致，以及对使用关键词搜索您的业务领域进行优化处理。当使用领英时，主要招聘人员越来越多地自动执行初始候选人搜索过程，因此关键词相当重要。领英鼓励用户完善其在背景、职业、教育、刊物和义工服务方面的大量信息。您选择分享多少信息完全取决于您自己，尽管领英认为，您提供的信息越多，您收到的内容和联系就越相关。领英声称，如果您有一个几乎完善的个人简历，您获得工作的可能性会增加40多倍。

延伸阅读

希瑟·汤森编著的《"金融时报"商业网络指南：如何使用在线和离线网络力量实现商业成功》与朱莉娅·霍布斯鲍姆编著的《完全连接：在超负荷时代中生存和繁荣》是有关业务网络的艺术和科学的有用指南。

文章 13.1
个人品牌提高了销量
艾玛·雅各布斯

自由职业的兴起使得在社交媒体的喧嚣中推销自己变得尤为重要。

个人品牌顾问阿鲁达先生表示,"强大的品牌通常会排斥对方。如果您一直试图取悦他人,则不会激发任何灵感"。在不断变化的工作世界里,自由职业者和承包商必须向雇主大力推销自己的素质和竞争优势,由此可见,个人营销日益变得重要了。管理专家汤姆·彼得斯在1997年撰写的文章中首次提到下面的一段话:"我们是我们自己公司(Me Inc)的首席执行官。在当今的商业中,我们最重要的工作是成为名为You品牌的首席营销员。"这篇文章引起了当时在IBM公司从事企业品牌推广的阿鲁达先生的共鸣。以至于在2001年,他将自己打造成个人品牌专家。但是,这种新角色遭到人们的质疑。"人们认为这是有史以来最疯狂的想法。没有人知道它是什么,也没有人认为它是必需的。"在经济上,情况相当糟糕。"业务花了很长时间才起步。"但随着社交媒体的兴起,情况发生了变化。"在过去的5年中,它发展迅猛。"以英格兰北部约克郡为据点的个人品牌顾问珍妮佛·霍洛威指出,随着工作场所的变化，这份工作也发生了变化。她说，"当我开始工作时，我与同样的人一起工作，这样更容易引起人们的注意"。如今，人们经常跳槽。虽然社交媒体易于提升个人形象，"但也有很多噪声，您必须大声说话。"《推销您我2.0》一书的作者丹·舒贝尔表示，技术可以发展，但通过媒体、社交网络和公众演讲选择小众市场并进行品牌宣传的核心策略将保持不变。据霍洛韦女士介绍，个人品牌是您的招牌菜。"您不能放太多的调料。它不会令人愉快，只会令人困惑。"如今，公司高管聘请阿鲁达先生来评估是什么使他们在同行中脱颖而出，并打造出个人品牌，从而在雇主、同行或消费者等合适观众面前展现出他们的风采。为此，他收取了为期6个月的约2.5万美元的费用。阿鲁达坚持认为，公司仅仅拥有一个品牌是不够的。消费者希望公司领导者也拥有一个品牌。"社交媒体使企业更加人性化和透明，我们希望可以通过社交媒体看到和接触企业高管，并与他们交流。"通常，个人品牌顾问首先会与客户交谈，了解他们想要塑造的形象，以及他们与同行的不同之处。之后，他们采访或发电子邮件给朋友、雇主、员工和同事。在这个时代，许多人被指责认为自己是"特殊的雪花"，因此资格审查这种事情往往不会有什么好结果。阿鲁达先生说，负面偏见总是存在的。"人们收到一个负面评论，这会让他们抓狂。"他回忆说，一位客户收到一份热情洋溢的报告，但有条评论称她"故意夸大其词"。事实证明，这很清楚：她彻底崩溃了。卡伦·利兰曾担任管理顾问，后成为个人品牌顾问，著有《品牌映射策略》。她在硅谷工作，帮助定义客户品牌的收费高达6万美元：修订客户的领英上的个人资料，协助客户撰写书籍，介绍客户认识记者和播音员,以及创建播客。她指出,接触社交媒体之前定义您的品牌是重中之重。我请顾问检查我的在线品牌。利兰女士查阅我领英上的个人资料时,笑了起来,称其"严重不足"。她说,即使我不找新工作,我也要精心设计,这样用谷歌搜寻的任何人才会对我有个好印象。这张照片(在假日拍摄的)未能表现出我的专业形象。尽管我因有 500 多个链接而受到表扬,但链接较少显然太弱了。阿鲁达先生认为,我的总结反映出我的资格,而非我的专业知识。"借用《写作 101》,我犯了讲而不是展示的错误。我的搜索结果中很少有显示头像的。"他补充道,"网络是一个没有人情味的地方。照片让您变得真实。"从本质上说,我需要更多的多媒体、图像、信息图表和视频。"视频更有可能在谷歌搜索中出现,让您与观众建立情感联系。"对我来说,这听起来很难,我认为这可能会让人们望而却步。而且,追求名誉似乎危机四伏。阿鲁达坚持认为,个人品牌就是要有选择地出名。"在推特上您可能只有 500 个粉丝,但您需要确信他们正是您需要的。"在西雅图工作的梅尔·卡森是《个人品牌介绍》的作者。他说,人们在这一领域犯的最大错误是认为这全是广播和自我宣传。"实际上不是。从您的个人品牌建立受众群体意味着您需要与人们建立共鸣。这意味着要学会倾听、参与和创造一种体验,在这种体验中,您会被视为一个真实、值得信赖的新人"。一家搜索引擎营销公司 Big Click Co 的创始人丽莎·瑞斯勒表示,卡森先生帮助她获得了更多关注。结果,她在 6 个会议上发表演讲,并被列入 10 个行业专家名单。托马斯·查莫罗·普鲁米兹是伦敦大学学院商业心理学教授,著有《自信》一书。然而,克服自卑、不安全感和自我怀疑的人，对个人品牌推广建议的价值表示怀疑。他对自我销售的方式感到绝望，这远比发展专业知识和渴望一个世界更重要，在这个世界里，我们可以高效、合理的方式来识别人才。他说，"世界需要少一些自以为是的人，多一些认真的思想家和专家"。

资料来源：艾玛·雅各布斯的《个人品牌提高了销量》（2016年1月14日《金融时报》）

文章 13.2
MBA 学生如何充分利用领英
珍妮娜·康博伊 劳伦·莱特比

商学院鼓励学生塑造自己的良好个人形象。

克莱尔·高迪萨特的工作不同寻常。埃塞克高等商学院的职业发展经理指导 MBA 学生如何在领英（专业人士的社交网络）上发挥最大的作用。一位日本学生告诉她，他不用参加她的研讨会，因为在日本没人使用领英。她劝他还是参加为好，毕竟，除了花一点时间，他没有损失什么。她的日本学生学会了改善其形象并吸引雇主关注的技巧。后来，他受到一家久负盛名的日本公司的青睐。过去，MBA 毕业生的全球最大雇主通过校园走访和招聘会来物色新员工，但如今，领英已成为重要的直接招聘工具和扩大传统就业途径的方式。高迪萨特女士表示，"我见过任何人，也没查阅他们的领英个人资料"。最佳建议：如何最大限度地利用领英，掌握标题，思索搜索引擎优化，并确保在标题和摘要中使用的词在任何自定义链接的搜索中获得较高排名。高质量专业照片至关重要。找到这种照片比较容易，您可以在电子邮件签名和商业名片中使用它。潜在雇主和猎头喜欢点击附有照片的个人资料。您的概述应包括将来的打算——未来的目标必须明确。

避免使用标准的"简历"语言。仅与您认识和信任的人联系。接触陌生人需要谨慎：若您发布评论和分析，请不要滥发邮件，需要事先请经验丰富且值得信赖的顾问浏览一下内容。据研究生入学管理委员会于 2013 年进行的一项调查表明，使用社交媒体网站求职的 MBA 学生中，有 92% 的使用领英求职。自那以来，这一比例可能会攀升，因为现在领英拥有 5 亿用户。麻省理工学院斯隆管理学院校友就业服务处副总监布林·潘妮·布尔哈特举办领英研讨会，面向的学生包括那些正在攻读 MBA 的学生。她表示，该平台对于招聘策略"绝对至关重要"。就这一观点而言，没人提出质疑，因为"人们发现在该平台求职获益颇多"。一些公司，例如，大型咨询机构，声称聘用 MBA 学生时不会查看领英，但"我不这么认为"，潘妮·布尔哈特女士表示。南加州大学马歇尔商学院的职业服务团队从上课第一天起，便强调拥有一个完备领英个人资料的重要性。学院副院长兼 MBA 就业服务主管马克·布罗斯托夫指出："我们发现，这是与校友建立联系的最强大工具之一。"高管教练德里克·潘多是 MBA 毕业生，他在个人博客 Tech Waffles 上为同僚撰写有关使用领英的建议：利比·格雷夫斯，领英个人资料可以让您有机会……多谈谈您是谁，您在做什么，您为什么要做这些。在杨百翰大学攻读 MBA 期间，他希望到一家公司工作，于是他使用领英来搜索该公司的杨百翰大学校友信息。潘多先生的努力得到了回报。领英显示，在该公司他与一位杨百翰大学校友有联系。校友答应介绍他认识公司相关职员。潘多先生获得了实习岗位，毕业后还在该公司工作了 3 年。他指出，对于那些希望加入未在校园招聘的公司的 MBA 毕业生，以及不按传统职业路线就业的 MBA 毕业生（换句话来说，是不打算在银行或咨询行业工作的）而言，在领英上建立人脉联系尤其有用。

保持领英个人资料与时俱进的最佳做法不仅仅适用于求职者。潘妮·布尔哈特女士指出，在攻读 MBA 课程期间及之后，领英都可用于业务发展和人际交往。那么，MBA 学生如何才能最大限度地发挥个人形象？乔治敦大学麦克多诺商学院的高管教练利比·格雷夫斯表示，"领英个人资料为您提供了摆脱基于编年体履历束缚的机会，可以多介绍您是谁，您做什么工作，为什么做这些工作。"格雷夫斯女士在担任教练或主持研讨会时，建议求职者使用领英的标题和概述来传达与众不同的内容。如果您希望留下良好的第一印象，请多考虑您的领英标题和概述。埃塞克高等商学院的高迪萨特女士表示，MBA 学生应该重视标题。"因为您说的有关自己的一切都在标题中。"她指出，学生必须掌握搜索引擎优化的原则，最大限度地利用关键词，使自己最终排在搜索列表的首位——因为招聘者会使用它。她说，"学生一般不会意识到正确的流行语。"潘妮·布尔哈特女士补充道，领英是详述个人资料的机会。她指出，概述部分应包括"您是谁，您擅长什么，您接下来想做什么"等内容。

随着使用领英的增多和良好做法的普及，如何脱颖而出？潘多先生说，许多 MBA 学生通过创建突出自己专业技能的内容，来显示自己与众不同。他表示，在领英上，他们或发布长篇内容，分享他们所写的博客帖子，或对正在发生的事情发表评论，不过，这一切均需谨慎为好。如果 MBA 学生误解了好文章的内容，则就此发布博客帖子和评论会适得其反。使用领英的另一种方法是进行个性化处理。格雷夫斯女士表示，对于那些通过领英撰写出措辞巧妙的个人请求的人而言，许多高管常不吝啬时间为他们提出诸多建议。高迪萨特女士指出，滥发电子邮件是不可取的。您的在线行为要与现实生活中的形象相吻合。她说，"如果您在火车站台上，您会不会走到一个您不认识的人面前，对他说：'嘿，您愿意做我的朋友吗？'领英是一个宝贵的工具，如果我们使用不当，会毁掉它的。"专家们一致认为：学生投入了什么，就会得到什么。高迪萨特女士建议，每周最多需要3个小时来更新个人资料。她指出，"您需努力保持您的个人资料与时俱进"。

资料来源：珍妮娜·康博伊、劳伦·莱特比的《MBA学生如何充分利用领英》（2018年1月30日《金融时报》）

第十四章
使用社交媒体作为领导工具

为什么这很重要

一代领导者正在利用社交媒体力量来展示他们开放、协助的领导风范,分享他们的见解并联系员工和其他利益相关者。他们所服务的组织还认识到"社交领导者"可以成为重要资产——促进组织的利益,与利益相关者建立关系,最重要的是有助于人性化企业声誉。

马歇尔·曼森说:"社交平台和思维迫使领导者变得更加透明和开放,它正在将过去等级森严的企业结构拉平,迫使我们以不同方式思考如何组织复杂企业结构,并认识到最重要、最有价值的知识往往掌握在初级员工的手中。现在企业领导者成长于或学习社交技术,他们倾向于人性化管理风格——更有同情心、更信任并更愿意与员工互动。通过恐吓的指令性管理旧模式变得越来越没有效果。"

理查德·布兰森如何成为社交领导者

我采访过的许多人都提及布兰森,认为他是一位充分利用社交媒体作为沟通工具的商业领袖的典范,尽管他已经快70岁了。这说明社交领导这一代人并不是由年龄自动定义的,他能够比较迅速地发现机会来使用社交媒体促进其商业和慈善的利益。布兰森于2012年发表的领英文章中向其他首席执行官发出了战斗号召:"拥抱社交媒体不仅很有趣,它还是沟通、密切关注并改善业务的重要途径。像其他商业领域一样,首席执行官有机会设定标准。如果忽视了社交网络,他们可能会错失机会。许多企业领导者都在使用社交媒体,您会很高兴成为他们中的一员。不过,网络的魅力在于,每个人都有足够的网络空间。还有其他人加入这个团体吗?入场规则只有一条:不允许联系!"[1]

布兰森的推特简讯简直是令人眼花缭乱的大杂烩,其中包括个人观点、针对企业家的商业建议、维珍企业的各种促销方案、演说预约的消息、对员工的赞誉、支持他喜欢的事业(例如,死刑的废除),还有他的异国生活方式的大量照片,等等。与那些在内克岛不潜水、不骑自行车和不在家开派对的典型商业领袖相比,他可能会得到更多有趣的东西,但对于曾经被彭博社称为"技术恐惧症的人"而言[2],显而易见,他已经掌握了社交技术。

《财富》杂志的卡尔米内·加洛这样描述布兰森亲手实践社交媒体的方法:我惊奇地看见他手持一部智能手机并发送一则自己的推文。例如,当营销经理向他展示一张维珍员工的照片,他说,"把照片发给我。我会想出一则有趣的标

---

[1] 发布于2012年10月22日的《为什么没有更多商业领袖上网》。
[2] 彭博,2000年1月31日。

题并将其发布。"① 最重要的是，布兰森已将自拍照转变成领导工具。维珍的员工中可能很少有人会在布兰森的自拍照中露面——上面的照片来自他最近的澳大利亚之行。对于诸如布兰森之类的开明领导者而言，最简单的自拍照已取代了会议演讲，公司的备忘录或首席执行官的博客文章，以此成为吸引员工的工具，营造出一种社区意识和共同的努力——用他的话来说，"每一个都可以参加这个派对"。

领导者需要的社交媒体技能

我非常喜欢罗兰·迪瑟和西尔文·牛顿的《每位领导者都需要的六种社交媒体技能》，这些技能于2013年在《麦肯锡季刊》上首次发布。此后，他们已将其变成有关领导力和组织变革的未来的众包对话平台。② 迪瑟和牛顿的"六项技能"旨在为社交时代的领导者提供一个框架。我建议您查看他们最初发表在《麦肯锡季刊》上的文章③，从中可以得到有关重要观点的阐释。

他们认为，从个人的角度来看，领导者需要培养三个核心能力，他们用角色来描述这些能力：

1. "制作人"能够涌过包括视频在内的新技术力量来讲述真实故事。

2. "发行人"，负责组织内部社交媒体的使用，以此作为与内

---

① 2013年10月《福布斯》。
② http://www.futureorg.org/sixskills。
③ http://www.mckinsey.com/industries/high-tech/our-insights/six-social-media-skills-every-leader-needs。

部和外部利益相关者进行交流的方式。

3."接收者",具有处理和过滤接收到的大量信息并根据其提供的任何情报采取行动的能力。

从战略的角度,他们认为领导者可扮演三项核心角色:

• "顾问"的任务是提高团队的社交媒体技能和素养,使人们能够使用社交媒体,并有可能利用组织中较年轻的("数字原住民")的专业知识作为"反向导师"。

• "架构师",他将系统和流程置于有效的组织文化的核心位置,在对自由和非正式性日益增长的需求与风险管理之间取得平衡。

• "分析师"负责监控趋势并发现机会。

就我而言,他们对社交时代领导力的思考重申了两个基本观点:肯定需要一些新技能组合,但用他们的话来说"社交媒体的动态增强了对长期以来一直是有效领导必备素质的需求,例如,策略性创造力、真正的沟通、处理公司的社交和政治动态的能力,以及设计敏捷、响应迅速组织的能力"。我采访迪瑟时,他指出,"技术使得领导者回到领导力的根本上:它能让他们做过去50年来一直在宣扬的事情"。

社交领导力的崛起

达米安·科贝特是英国公关专家,也是社交网站C-Suite的创始人。他花了大量时间采访他的推特名单上的一位高管,该名单上有近1000名活跃在社交媒体上的高层管理人员。他希望通过展示技术手段,可以说服董事会中那些对社交媒体优点持怀疑态度的人。有趣的是，当您读到这些采访时，您会发现他们描述社交型首席执行官的好处和自己的领导风格的方式是一样的。他们对科比特问题的答复中不时地穿插着诸如"透明""平易近人""真实可信"等词以及"故事讲述"的重要性之类的词语。他们是社交首席执行官，不仅仅是使用社交媒体的首席执行官。

科贝特采访的一名首席执行官叫保罗·弗兰普顿，是英国和爱尔兰的哈瓦斯媒体集团的前首席执行官。多年前我与保罗共事过，那时他经营着早期数字媒体的一家专业机构，因此他热情地宣传社交媒体作为领导工具的诸多好处就不足为奇了。他向我讲述了他的观点："社交是一个平台，在这里您不但展示思想领导力，还展示人性、同理心、可及性以及一定程度的脆弱性，不过，您必须接受您无法控制的事实。它为社区和与您互动的人们所控制。人们对社交媒体中的负面因素和与人打交道的困难感到困惑，但许多规则与您在现实世界中处理一场艰难的对话，或在新闻发布会上被要求进行艰难的对话，并无不同。作为领导者，我们必须接受积极或消极对话只是生态系统的一个自然组成部分。"

社交领导力作为管理风格的延伸

弗兰普顿的客户之一是电信公司O2，其前首席执行官罗南·邓恩被业界评论员公认为是将社交媒体作为领导工具的主要业务用户之一。据弗兰普顿介绍，邓恩成功使用社交媒体只是其管理风格的延伸："他是一位进步的、友善的和无私的领导者，非常了解社会中的广泛挑战，以及这些挑战如何影响其客户。无论是在会议平台上交谈还是在社交媒体

> 上参与活动,均彰显他的人性和对社会变革的渴望。他是典型的一代首席执行官,其议事日程中有许多与过去不同之处。使用社交媒体只是他们谈论组织更广泛的社会目标的一种方式,同时展示了他们对新想法的包容性。"

领导者是否应该积极参与社交媒体

有关首席执行官和高级团队的其他高级成员是否应该在推特等平台上公开露面的辩论,颇具有争议性。在我为英国企业董事协会举办的研讨会中,我通常将与会代表分成两组:一组辩论为什么一位典型的首席执行官应该将使用社交媒体作为其公司沟通职责的一部分,而另一组提出一系列原因,认为这是多么荒谬的想法。这往往导致一场激烈的辩论,一方是强调积极利益的支持者(展示组织的人性一面,表现透明性、吸引利益相关者,尤其是员工),另一方是认为风险太大、投资回报太小、不值得付出时间和努力的人。下表总结了其优缺点:

领导者积极参与社交媒体的利弊	
优点	缺点
1. 增强企业声誉。安·查尔斯的BRANDfog机构多年来一直在从事一项有关首席执行官社交媒体和品牌声誉的调查，凸显了高管参与社交媒体如何增强她所说的"支撑品牌声誉的三大支柱：品牌信任、有效领导力和与利益相关者的有效沟通"。 2. 为其他组织提供积极的榜样。在PWC顾问公司的一次调查中，有86%的首席执行官表示，他们认为自己亲身倡导使用数字技术意义非同小可。① 3. 增强领导者"技术通"的声誉。查尔斯承认，"任何通讯渠道都存在明显的风险，但同时也存在隐形的风险。领导者面临被边缘化的风险，而其他善于社交的商业领导者则变得越来越突出。使用社交不仅需要精通技术，还需精通领导才能。"她预计未来会出现更懂技术、更懂媒体的一代首席执行官："仅拥有本行业的高深专业知识将不再适应时代的发展。" 4. 提高员工的敬业度。据安·查尔斯介绍，"以前，除非企业发布新闻稿，否则您根本不知道高层在做什么。现在，首席执行官使用社交媒体帮助员工保持联系并理解他们领导公司的方向。"值得一提的是，大多数首席执行官的博客或帖子的主要受众是广大员工。 5. 促进与未来员工的互动。英国兄弟公司的董事总经理菲尔·琼斯描述了她如何通过入职咖啡日的早晨了解到，大多数新员工在加入公司之前，早已通过社交媒体来了解她。"通过这样做，他们希望知道我是什么样的人，我可能拥有的领导风格，我的原则和信念以及我们作为企业在数字世界中是否具有社会相关性。因此，如果您希望聪明的人加入您的团队，确保您有数字痕迹，并容易追溯，这是很有意义的。"②	• 将领导和组织暴露在不必要的风险之下。为什么要故意将自己置于可能使您和您的组织面临声誉风险的位置？ • 与其他执行任务相比，这需要更多的时间和精力。Kreab公司企业和金融服务总监马修·耶沃斯提供了有关许多高级董事面临两难困境的一段精彩描述，"尽管人们越来越期望首席执行官使用社交媒体为外部利益相关者和员工提供陈述，但合规和法规的负担日益加重，这意味着仅仅完成工作本身，就已是一项成就了"。

---

① 普华永道全球首席执行官研究，2015年1月。
② 社交高管访谈。

决定领导者接受社交媒体意愿的因素

根据我的经验，领导者决定使用社交媒体作为沟通平台是基于以下 5 个方面的考虑：

1. 他们的个人管理风格——开明、自信的领导者善于即兴发挥，善于自我宣传。这些喜欢针锋相对的辩论，且脸皮厚得足以应付批评的领导者，往往在使用社交媒体时表现出色。用迪瑟和牛顿的话来说，他们还需要获得一种开放和不完美的心态，以及表现出原始和粗糙的勇气。①

2. 他们工作组织的文化——与其他文化相比，有些文化更沉默寡言，会规避风险，且不太愿意看到自己的领导人高调亮相。当然，领导者的行为有助于塑造和改变组织的文化，但承受住来自过于强调所涉及风险的同事和顾问的压力也是一种挑战。据"三"公司前企业事务总监休·戴维斯介绍，"如果您是活动类型组织中一位自信、具有活动能力的人员，您可能会有所作为，不过，您还需要谨慎，因为您的言论会造成分歧；尤其是如果高级团队未将您的意见分享给其他人。"

3. 业界同人的行为——领导者倾向于相互模仿，尤其是在特定业务类别中。我的团队对某个特定行业进行一项调查，该行业很容易受到他人对其一些活动的批评，并且发现没有一个行业领先者在社交媒体上公开露过面。相反，他们依靠自己的行业机构在社交媒体上代表其行业的利益。在某一阶段，他们中有人会勇敢地贸然出头，这样做可能会鼓励其他人仿效，但这种情况不会

---

① 2013 年《麦肯锡季刊》的《领导者必备的六种社交媒体技能》。

很快发生。在其他领域，例如媒体和技术领域，几乎所有的领先者都积极活跃在社交媒体中。

4. 他们所经营的业务部门的感知风险水平——事实是，某些业务部门比其他业务部门受到更多的监管或更具有争议性和挑战性。一家英国博彩公司的首席执行官发现自己陷入与固定赔率博彩终端对手的持续在线争论之后，在设置账户后几天内退出了推特。如果您的推特信息流只是成为吸引那些吵吵闹闹的批评者的磁石，而对理性的文明辩论毫无兴趣，您便会理解为什么许多备受瞩目且偶尔有争议的行业领导者会选择避开。

5. 他们的数字素养和信心水平——强迫那些没有技能或信心的人使用社交媒体，完全会适得其反。

精通社交媒体的首席执行官的崛起之一

美国T-Mobile公司的首席执行官约翰·莱格里被视为打破规则者。他经常不受约束地使用社交媒体，帮助他塑造了一个直言不讳、标新立异的消费冠军形象。他声称每天在社交媒体上花6—7小时，在此期间他批评对手，嘲讽唐纳德·特朗普，与流行明星聊天，以及谈论自己的私生活。他甚至有自己的表情符号，当任何人使用#TweetJohn主题标签时，该表情符号便会出现。

在接受《哈佛商业评论》的采访中，他描绘了"社交媒体如何成为其领导策略的关键部分"。"这件事发生得有点意外。我和女儿一起吃晚饭，女儿认为为我设置一个推特账户会很有趣。于是，我将我的智能手机递给她。我们完成账户设置几分钟后，T-Mobile公司安全部门打电话说有人在推特上冒充我。我告诉他那就是我本人。我们的律师指出，我登录推特这件事是一个糟糕的想法，但我不予理睬。现在，我拥有300多万的粉丝（目前，粉丝数量已超过400万），由于许多粉丝是名人（包括奥普拉），我通过转发获得巨大影响力。我们对此做了分析，并发现其中我的一条推文得到150万点击量，这是不同寻常的。因为这不是游戏，而是推动我业务发展的一种方式。"①

精通社交媒体的首席执行官的崛起之二

电信行业的一位首席执行官拥抱社交媒体，这不足为奇——莱格里的T-Mobile公司的大部分收入来自社交媒体活动。更令人惊讶的是，高盛投资公司的首席执行官在金融服务行业受到法规和合规的约束，往往因害怕说错话而裹足不前，居然也成为社交媒体的倡导者。高盛投资公司的首席执行官劳埃德·布兰克费恩是一位广受关注的推特用户，经常就英国脱欧、气候变化和美国总统特朗普等问题分享自己的看法。尽管他并非特朗普总统的支持者，但布兰克费恩声称，他的灵感来自特朗普对推特作为一种沟通工具的掌控，尤其是它在规避充满敌意媒体时的用途——"我当时没有认出媒体上描述的我。现在，人们看到我是有个性的，以为我在开玩笑。"②

---

① 2017年1—2月《哈佛商业评论》。
② 有关此案例研究的扩展版本，请阅读吉利安·泰特于2017年11月2日发布于FT.com上的《劳埃德·布兰克费恩从唐纳德·特朗普身上吸取推特经验》。

领导者如何降低使用社交媒体的风险

- **计划和准备**

英国兄弟公司董事总经理菲尔·琼斯在接受社交高管网站的采访时,解释了他如何挤出时间来做主题演讲、写博客、担任非执行董事,以及担任一家大型企业的领导。他认为,他之所以能兼顾所有这些竞争利益并成为社交媒体活跃用户,是因为他学会了委派工作,并聘用高效能干的行政助理。他自豪地指出,他的助理曾当选为曼彻斯特年度最佳私人助理,擅长区分优先级,并使用 Hootsuite 等社交媒体工具来管理其社交活动。

- **了解并遵守法规**

在受到监管的行业,领导者在使用社交媒体方面显然受到一定限制——例如,上市公司高级经理必须谨防在社交媒体上披露可能对价格敏感的信息,金融监管机构对有关金融产品的哪些信息可以传达、哪些信息不能传达非常严格,但这不意味着他们不能使用社交媒体。

- **建立支持系统**

董事会中最高效的社交媒体用户往往会建立一个支持系统来处理大量的评论和帖子,这无疑是相当聪明的。因为他们认识到,他们无法坐在出租车后座上或穿梭于各种会议之间来管理自己的社交媒体活动,因此,需要他们的私人助理和社交媒体团队的支持。这种做法可能冒犯了社交媒体纯粹主义者,后者声称依赖他人偶尔代表您来发推文是不可信的。不过,被公认为专业社交媒体传播者的所有全球领导者,包括巴拉克·奥巴马和理查德·布兰森在内,均在一定程度上依赖支持系统,特别是需要回复他们收到的大量社交媒体信息时。我知道，当理查德·布兰森回复我的一条推文消息时，敲击回复键的可能不是他的手指，但至少我收到了回复。甚至连被评论人士形容为"越来越像总统"的马克·扎克伯格也是如此，他雇用了团队来撰写他的帖子和视频内容，处理他与粉丝的互动并保护他的在线品牌。[①] 他使用与巴拉克·奥巴马相同的专业摄影师来拍摄他和孩子们玩耍或奔跑的照片。

不公开露面的决定并非首席执行官对社交媒体无知的借口。他们仍需要了解主要网络的工作方式以及潜在的利益和风险。如果他们未能偶尔利用主要网络来了解员工和利益相关者的真实想法，我会认为他们错过了机会。高居大型组织的权力顶端会有高处不胜寒的感觉。使用社交媒体作为聆听工具可以减轻这种孤立感。

总有一天，大多数领导者会将社交媒体作为企业沟通的一部分。社交媒体会成为职位描述的标准部分，同时，具备使用文字描述组织情况的能力有可能成为选择首席执行官候选人的决定性因素。

如果您不确定或对社交媒体的潜在利益心存疑惑，我希望至少可以鼓励您尝试一下。为了帮助您，英国企业董事协会制作出这张信息图，它为那些希冀充分利用社交媒体的高级专业人士总结了 10 条建议：[②]

---

① 2017 年 1 月 20 日《泰晤士报》标题《扎克伯格》的脸书帖子是由全职员工仓促制作的。
② 经英国董事协会许可后转载。

图 14.1 领导者的社交媒体建议

- 亲身实践——只有您亲身尝试不同平台时，社交媒体才有意义，即使只是以私人身份而非专业身份。
- 寻找反向导师——要求初级员工或家庭中年轻成员展示他们如何充分利用 SnapChat 等新兴平台。
- 从战略角度进行思考——太多的社交媒体活动是战术性的。您的角色是确保社交媒体活动和投资与组织优先事项保持一致。
- 使社交媒体成为风险管理流程的一部分——社交媒体已成为操作风险的关键领域，因此确保您已做好准备、受到保护，以及确保安全发帖、发推文和发表评论。
- 充分利用社交媒体聆听——您有机会在真实情况下，免费实时聆听真人对话（包括您的客户）。
- 积极管理个人社交媒体资料——（在员工、利益相关者和同事的眼中）我们越来越由领英个人资料和推特历史记录所定义。
- 用图表思考——与基于文本内容相比，以照片、图像或信息图为特色的社交媒体内容往往会产生更高的参与度。

• 忘记免责声明——意味着这纯属个人观点,不能反映雇主的意见,也不能为您或雇主提供任何法律保护。

• 保护自己免受欺诈者侵害——社交媒体已成为识别盗贼的主要猎场,因此分享个人信息时务必谨慎。

• 养成使用社交媒体的习惯——即使每天只花短短 5 分钟,对您和您的企业都会有重大好处。

本章主要知识点

1. 社交媒体可以成为寻求展现开放、透明和引人入胜的领导风格的领导人的有力武器。但它并不适应每种领导风格,一些组织和商业部门比其他部门更能规避风险,不过,它会成为未来领导者的核心技能。

2. 通过计划和准备,了解相关法规(特别是涉及财务披露的法规),并建立有助于管理社交媒体活动的同事支持系统,领导者可以降低使用社交媒体的风险。

阅读本章后建议采取的措施

1. 若您是领导者,应该召集您的沟通团队,讨论如何通过个人使用社交媒体来最好地支持组织的战略重点。

2. 若您是领导者,并且当前不以专业身份使用社交媒体,休·戴维斯提供了我认为对任何高级专业人士而言都是明智的建议,用他的话来说,就是"做第一个吃螃蟹的人"——从一些真正风险低的事情开始,例如,以纯粹私人身份追求爱好或当地社区利益。这可以帮助您理解社交媒体的潜在价值，并明白人们参与社交媒体的原因。如果您感到舒适，则可以融入自己的个人爱好，然后涉足业务。我还建议从领英入手，因为与其他社交媒体渠道相比，它费时少，对抗性低——是社交媒体的"入门药"。

3. 如果您想说服领导者加入社交媒体并抛弃他们的疑虑，则可以多讲述从吸引利益相关者和使组织人性化方面带来的利益。股东，员工和越来越多的客户期望领导者拥有自己的形象，并对公众负责。

延伸阅读

沙琳·李（2015年）编著的《数字化转型战略》为我们介绍了数字时代领导力所面临的挑战。

文章 14.1
"菜鸟"首席执行官在社交平台上大展宏图
迈娅·帕尔默

向少数活跃在推特上的老板学习。

亚航 QZ8501 航班从泗水飞往新加坡的旅程中失踪,该公司首席执行官托尼·费尔南德斯发推表达悲痛之情,并发布最新消息,鼓舞士气低落的员工。"作为集团的首席执行官,我将与大家患难与共,同舟共济。"费尔南德斯先生的推文如是说,"请大家保持积极和坚强的心态。我对所有遇难的机组成员和乘客的亲属深表同情。对于我们来说,没有什么比这更重要。"费尔南德斯先生的推文中存在打字错误,看上去是发自其内心的真心实意,这使其在这暗淡糟糕的情况下赢得了人们的赞誉。万博宣伟公关公司首席声誉策划师莱斯利·盖恩斯·罗斯表示,"这表明,社交媒体在首席执行官处理危机时是多么强大。它是员工与客户建立更深入、更紧密关系的一种方式。"加入推特的首席执行官相对较少,尤其是在大公司。全球最大的上市公司中,只有 14% 的首席执行官将社交媒体平台用作交流的方式。Socialbro 是一家帮助企业在推特上推销自己的公司。该公司研究了富时 100 指数、纳斯达克 100 指数和道琼斯 30 指数的 224 家上市公司,发现尽管

94%以上的公司拥有企业推特账户，但只有32家公司的首席执行官在推特上发布消息。其中，只有20人活跃在社交媒体平台上。Socialbro公司营销主管琳达·博尔格说，"这么低的人数确实令我大吃一惊。我个人总是建议多上推特，因为推特可以提升公司形象，并在需要的时候，给首席执行官一个澄清事实的机会"。一些商业领袖可能害怕，虽然目前每个月有2.84亿人在使用推特，但推特最终会成为一种过时的时尚，或被其他社交媒体平台所取代。不过，这种担忧越来越难以自圆其说。盖恩斯·罗斯女士表示，许多首席执行官担心自己犯错误，不慎泄露有关公司的信息，或说出一些引起强烈反对的言论。这并非毫无理由的担忧。很多人因为在推特上不明智的言论而丢掉了工作。2014年11月，英国一位工党议员因有人认为其推文嘲笑工人阶级而遭解雇。鲁珀特·默多克和唐纳德·特朗普等领导人在推特上直言不讳，经常引发愤怒的抗议。但推特具有与潜在数千人进行即时交流的强大功能还是说服一些人打消了顾虑。杰奎琳·金是一家女内衣连锁公司安·萨默斯的首席执行官，如今，她因活跃于推特而为众人所知。她说，"说实话，起初我很害怕。我设置了账户，但是起初我什么都没做。我只是坐在那里。不过，后来我发现，尽管我什么都不说，人们仍然在关注我，我意识到他们希望听到我说的话。"可见，领导者对推特信息的需求是巨大的。沃伦·巴菲特仅在推特上发送过5条推文，其中最后一条还是一年前的，但他仍拥有超过93.6万名粉丝。如今，戈德女士不但使用推特与客户交流业务，还在每周三举办比赛，宣传崭露头角的女性企业家。她表示，"我热衷于增强董事会中的女性权能，推特允许我指导女性，尽管只有140个字符，但通常我无法做到这一点。"Brandfog是一家帮助首席执行官管理在线声誉的公司。据其于2012年进行的一项调查表明，如果某品牌的首席执行官积极参与社交媒体，人们更愿意信任该品牌。另外，推特也是一个有用的招聘工具，特别是雇用年轻员工时。盖恩斯·罗斯女士指出，"当年轻的千禧一代找工作时，他们会在社交媒体中查看公司及其首席执行官，以了解他们的情况"。具有社交媒体存在的公司和高管似乎更具前瞻性。纳菲萨·纳塔尼是一位自称"千禧一代"的公关顾问。在推特上接受采访时，他简要地说，"没有哪个千禧一代想要为一家没有个性的公司工作，首席执行官是公司的脸面。社交媒体有助于员工与首席执行官建立联系"。在线营销机构Distilled的首席执行官威尔·克里奇洛积极使用推特。他说，"我在推特上与客户建立联系，并雇用我在推特上认识的人员，等等"。然后，他又补充道，这种关系可以转化为销售。面对客户在推特上的直接抱怨似乎令人生畏。但戈德女士说，无论如何，客户都会在推特上发布投诉，最佳处理方法是在那里聆听他们的投诉并表示感谢。她指出，"如果某人确实很有攻击性或经常抱怨，则可以忽视它，就像打电话给浊重呼吸者一样。但如果是真正的投诉，则需要认真对待。因为向客户展示首席执行官的关注至关重要"。有关CEO发推文的指南，值得一提的是苹果公司首席执行官蒂姆·库克和特斯拉汽车公司首席执行官埃隆·马斯克，他们是推特上最受欢迎的首席执行官。马斯克先生的粉丝最多，超过151万。不过，库克先生的参与度更高，有更多粉丝转推或将其信息标记为收藏。博尔格女士指出，"蒂姆·库克倾向于分享来自苹果公司的鼓舞人心的幕后花絮，而埃隆·马斯克先生则略有不同，更时尚、更年轻、更时髦些，说话带有非常人性化的语调。"马斯克先生最近针对火箭飞行失败的推文展现了他诙谐的风格："下一枚火箭将在 2 周到 3 周内降落在遥控船上，这次用的是液压油。至少它会因不同原因而爆炸。"许多首席执行官在推文中经常不经意地提及他们喜爱的球队。例如，库克先生在推特上常对其情有独钟的奥本大学橄榄球队评头论足，只要浏览一下费尔南德斯先生的推文，不难发现其中常出现他旗下的橄榄球队——女王公园巡回队，而戈德女士则喜欢发布对《名人老大哥》节目的固执观点。盖恩斯·罗斯女士认为，对于那些未准备好分享这些的人而言，在推特上发布有关公司事件和有趣文章则不失为安全举措。如果高管担心合规问题，她建议，不妨请公司律师检查刚开始几周内发出的推文，"直至您摸清情况为止"。在推文中透露过多公司和产品的信息是不可取的。博尔格女士指出，"如果您只是在谈论您自己的产品，或者只是在推特上发布公关标题，推特粉丝不会关注您。"因此，如果可能的话，建议自己编写推文。戈德女士表示，"我认为，可以判断推文是否由枪手代笔，因为，推文必须是自己的声音，否则客户会流失。"盖恩斯·罗斯女士说，首席执行官不能忽视这个问题，因为这已经成为一种惯例。她指出，"这种问题发生在基层，但没有得到纠正，还在不断发展。到 2020 年，它会成为普遍现象"。据亚当·琼斯报道，投资者卡尔·伊坎的推特个人简介这样写道，"有人靠研究人工智能发财，而我则靠研究天生的愚蠢来挣钱。"可见，他已经是一名久经沙场的推特用户。这位推特积极分子使用 handle @Carl_C_Icahn，拥有 20.3 万粉丝，尽管他仅发送185次推文。他的140个字符中的许多干预措施均经过仔细权衡，以支持他的投资活动。2013年的一条此类推文透露，他在苹果公司任职，并常与首席执行官蒂姆·库克交谈。这条推文被转发了2000多次。

资料来源：迈娅·帕尔默的《"菜鸟"首席执行官在社交平台上大展宏图》(2015年1月30日《金融时报》)

结语

很难想象还有什么技术创新能像社交媒体一样,在如此短的时间内对我们的行为和期望产生如此深刻而迅速的影响。在不到 10 年的时间里,它改变了我们与朋友、家人和同事沟通的方式,挑战了既有媒体的霸主地位,并培养了新一代的社交影响者。

影响并非总是积极的。在"假新闻"、涉嫌操纵竞选活动以及宣传不当内容之后,脸书、推特和 YouTube 的名声一度遭到重创。在脸书成立的初期,马克·扎克伯格谈论要通过人际关系的力量使世界变得更美好。但考虑到网络欺凌、恶性人身攻击的增加,越来越多的证据表明社交媒体对社会健康和幸福的危害,以及所谓的"回音室"的出现,人们只与观点和信仰相似的人交流和辩论,这一愿景似乎没有那么引人注目。鉴于公众对欺凌、假新闻和不当在线内容的强烈反对,立法者也开始对社交媒体公司采取更强硬的立场。脸书和谷歌一直努力声称,它们只是评论和内容的被动传递者。

不容置疑,我们所有人都需要做得更好,以帮助社交媒体代(那些几乎不记得脸书和 YouTube 之前的时代)适应这种新的沟通方式。若您听说年轻人对社交媒体的依赖正在损害他们的心理健康时,您明白需要采取一些措施。特别是,社交媒体公司需要做得更多,将其部分巨额收入用于帮助年轻人从社交媒体中获得最大收益而又不成为受害者。如果组织有义务关心员工，帮助他们安全地使用社交媒体，那么脸书、谷歌和推特——英国政府称之为"通信服务提供商"——便有义务关心整个社会。

然而，我们从社交媒体早期过于理想化的观点（技术使世界变得更美好）转变为过于消极的观点（社交媒体正在摧毁社会），这是很危险的。

自 1995 年以来，技术研究专家加特纳就一直使用其"炒作周期"模型来跟踪新技术的引入。[①]

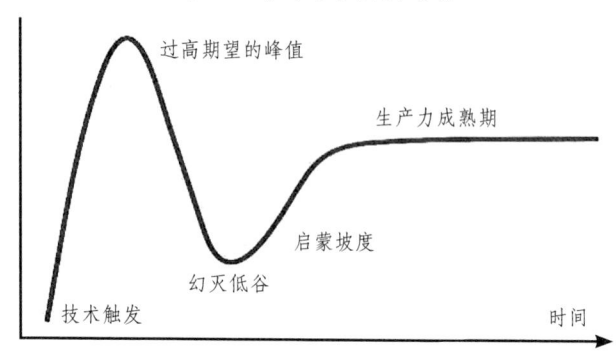

图 1 加特纳定义的技术炒作

在加特纳模型中，成功的技术创新需要经历五个不同的阶段：最初是"技术触发"，其后是美妙的"过高的期望峰值"，这时人们的热情和夸张达到顶峰。当技术不可避免地无法满足其启动阶段的过高期望值时，随之而来的是"幻灭低谷"。

某些技术永远无法摆脱"幻灭低谷"，但成功的创新会通过"启蒙坡度"逐渐复苏。这最终导致技术变得稳定或成熟，其优势被主流消费者广泛接受和采用：加特纳将此阶段恰当地描述为

---

① http://www.gartner.com/technology/research/methodologies/hype-cycle.jsp。

"生产力成熟期"。

2011年我撰写《宽松》一书时——试图描述社会经济、文化和技术趋势的结合如何迫使组织变得松散——我描述了当时社交媒体正处于加特纳的"过高期望峰值"顶峰的情况。所用的夸张手法极为罕见；社交媒体被描述为社会弊端的解决方案，一种重振民主进程的手段，以及解决所有商业问题的灵丹妙药。它将清除所有传统的营销形式，使政治变得更好，并从根本上改变消费者和公司之间的力量平衡。

在我看来，加特纳模型将会生效，并且随着企业开始质疑他们从其初始投资中获得的价值，社交媒体的命运将不可避免地出现短期崩溃，这并不需要过多的想象。千禧年前后，我们曾目睹第一次互联网繁荣崩溃后的惨状，那时大量英镑投资于先进的网站建设却只能带来相对微薄的有形价值。过去几年的大部分时间都在加特纳的"幻灭低谷"中度过，因此犬儒派提醒各位，他们一直都清楚社交媒体遭到了过度炒作。

我是从一个稳步进入"生产力成熟期"的行业视角撰写这本书的。它不再那么执着于噱头，而是更关注社交技术如何真正实现变革——提供更好的、响应更快的客户体验，并提高工作场所的生产力。在这里，不起眼的聊天应用程序似乎扮演着越来越重要的角色。为此，微信赢得了"所有应用"的美誉。《连线》杂志的大卫·皮尔斯描述："人们如何使用它与朋友和同事交谈，预订火车票、洗衣服、订餐、玩彩票、挑选衣服和玩视频游戏。它是您的智能家居和移动银行的遥控器，也是续签签证的一种方式。"①

脸书的增强现实试验同样值得我们重视。脸书EMEA副总裁尼克拉·门德尔松表示，她将视脸书为"未来五年的所有视频"，其中大部分是沉浸式360度电影内容。这在一定程度上解释了该公司收购Oculus VR的原因。Oculus VR是虚拟现实技术的领导者，拥有Oculus Rift耳机。创始人马克·扎克伯格在其脸书页面上描述了此次收购背后的想法："想象一下，您可以坐在球场旁边看比赛，边与来自全球各地的同学在教室聆听老师上课，或面对面地咨询医生——所有这一切只需在家戴上护眼镜即可实现。这是一个全新的沟通平台。通过感受真实的存在，您可以与生活中的人们一起分享无限的空间和体验。想象一下，您不仅仅与朋友在网上分享时刻，而且还分享整个体验和冒险经历。总有一天，我们相信这种身临其境的增强现实必将成为数十亿人们日常生活的一部分。"②

扎克伯格还认为，由增强现实（AR）驱动的社交视频最终将取代电视，但这并没有阻止他宣布有关脸书电视计划、收购体育版权以及开发系列格式。鉴于脸书的辉煌往绩和财力雄厚的事实，您没有必要怀疑这（虚拟或增强）现实会好梦成真。

在编写这本书的过程中，我尝试在乐观主义者和愤世嫉俗者、新旧经济，以及技术爱好者和技术恐惧者之间找到平衡。对新技术充满热情是件好事，但不要因为太过热情而忽略了企业正在努力实现的目标。鼓励创新和实验，而不丧失重点或浪费投资；

---

① 2015年6月8日《连线》杂志。
② 马克·扎克伯格于2014年3月25日发布的帖子。

平衡风险和回报，拥抱新经济实践，同时捍卫"旧经济"思想和理念的完整性。社交媒体可能会改变许多事物，但有意义的业务和优秀战略的基本驱动力在数字革命的推动下保持不变：即使是"新经济"企业，也会由于现金流问题、拙劣的雇用决策或管理失误而失败，但不会因为其最新应用程序无法运行而垮台。在本书中，我希望倡导的是重新发现所谓的"传统"规划和战略思想，以及社交媒体技术所提供的令人兴奋的潜力。策略仍然相当重要。